T0018043

CLÁSICOS

Diario
Anne Frank

GRANTRAVESÍA

Diario
Anne Frank

Epílogo de
Juan Domingo Argüelles

GRANTRAVESÍA

Se ha puesto todo el empeño en la localización de los propietarios de la traducción.
En reimpresiones futuras se rectificará cualquier error u omisión que sea notificado.

DIARIO

Título original: *Het Achterhuis*

Autora: Anne Frank

Traducción:
Juan Cornudella y Ana María de la Fuente

**Concepto gráfico de la colección, dirección de arte
y diseño de portada:**
Carles Murillo

Ilustración de portada:
Laura Meseguer

D.R. © 2021, por la presente edición,
Editorial Océano de México, S.A. de C.V.
Guillermo Barroso 17-5, Col. Industrial Las Armas
Tlalnepantla de Baz, 54080, Estado de México
www.oceano.mx
www.grantravesia.com

Primera edición: 2021
Primera reimpresión: enero de 2023

ISBN: 978-607-557-401-1
Depósito legal: B 12332-2021

Todos los derechos reservados. Quedan rigurosamente prohibidas,
sin la autorización escrita del editor, bajo las sanciones establecidas
en las leyes, la reproducción parcial o total de esta obra por cualquier
medio o procedimiento, comprendidos la reprografía y el tratamiento
informático, y la distribución de ejemplares de ella mediante alquiler
o préstamo público. ¿Necesitas reproducir una parte de esta obra?
Solicita el permiso en info@cempro.org.mx

HECHO EN MÉXICO / *MADE IN MEXICO*
IMPRESO EN ESPAÑA / *PRINTED IN SPAIN*

9005510020123

DIARIO

Espero poder confiártelo todo como no he podido todavía hacerlo con nadie; espero también que serás para mí un gran sostén.

ANNE FRANK

El viernes 12 de junio me desperté antes de que dieran las seis, cosa comprensible, pues era el día de mi cumpleaños. Como en casa no me dejan levantarme tan temprano, tuve que contener mi curiosidad una hora más. Al cabo de cuarenta y cinco minutos, ya no podía aguantarme. Me levanté, fui al comedor, donde *Mauret*, el gato, me recibió frotando su cabeza contra mí y haciéndome mil gracias.

A las siete fui a dar los buenos días a papá y a mamá, y por fin, en el salón, pude desenvolver mis regalos. La primera sorpresa fuiste *tú*, probablemente uno de mis regalos más hermosos. Sobre la mesa había, además, un ramo de rosas, una pequeña planta y dos ramas de peonias. Éstos fueron los regalos mañaneros, a los que siguieron otros muchos durante el día.

Papá y mamá me han colmado, sin hablar de los amigos y conocidos de casa, que han sido muy amables conmigo. He recibido, entre otros regalos, un juego de salón, un rompecabezas, bombones, chocolate, un broche, los libros *Mitos y leyendas neerlandeses*, de Joseph Cohen, *La cámara oscura*, de Hildebrand, *Daisy's Bergvacantie*, un libro estupendo, y un poco de dinero que me permitirá comprar *Los mitos griegos y romanos*. ¡Magnífico!

Más tarde, Lies vino a buscarme para que fuéramos juntos a la escuela. Durante el recreo, ofrecí unas galletas a los profesores y a los alumnos, y después debimos volver a clase.

Por hoy nada más. ¡Te saludo, Diario, te encuentro maravilloso!

Ayer por la tarde tuve mi pequeña fiesta de aniversario. La proyección de una película, *El guardián del faro,* con *Rin-tin-tin,* gustó mucho a mis compañeros del colegio. Resultó todo muy bien y nos divertimos mucho. Éramos muchos. Mi madre quiere siempre saber con quién me gustaría casarme cuando sea mayor. Desde luego, no pensará más en Peter Wesel, pues a fuerza de hablarle decididamente, sin ruborizarme ni pestañear, he conseguido quitarle esta idea de la cabeza. Durante unos años he estado muy unida con Lies Goosens y Sanne Houtman. En este tiempo, conocí a Jopie de Waal en el colegio judío. Siempre vamos juntas y ella ha llegado a ser mi mejor amiga. A Lies la veo con frecuencia, pero se ha hecho muy amiga de otra niña, y Sanne, al ir a otro colegio, ha hecho también amistades.

Sábado, 20 de junio de 1942

Hace días que no escribo. Necesitaba pensar de una vez por todas lo que significa un Diario. Es para mí una sensación muy singular expresar mis pensamientos, no sólo porque no he escrito nunca todavía, sino porque me parece que, más tarde, ni yo ni nadie se interesará por las confidencias de una colegiala de trece años. En fin, la cosa no tiene ninguna importancia. Tengo ganas de escribir, y más aún, de sondear mi corazón sobre toda clase de cosas.

"El papel es más paciente que los hombres." Esta frase me impresionó un día que me sentía invadida por una leve melancolía y me aburría mucho, con la cabeza entre las manos, demasiado malhumorada para decidirme a salir o a quedarme en casa. El papel es paciente, en efecto, y como me imagino que nadie va a preocuparse por este cuaderno con tapas de cartón dignamente titulado *Diario*, no tengo la intención de darlo a leer nunca, a menos de que encuentre en mi vida al *Amigo* o la *Amiga* a quien pudiera enseñarlo. He llegado al punto de partida, a la idea de empezar un Diario: no tengo ninguna amiga.

A fin de ser más clara, me explicaré más. Nadie querrá creer que una muchachita de trece años se encuentra sola en el mundo. Claro está que esto no es del todo verdad: tengo unos padres a los que quiero mucho y una hermana de dieciséis años; tengo, además, unas treinta compañeras y entre ellas algunas, digamos, amigas; tengo admiradores que me siguen con la mirada, y los que en clase están mal colocados para verme, intentan captar mi rostro por medio de espejitos de bolsillo.

Tengo otra familia, tíos y tías que me tratan con cariño, un hogar grato; en fin, en apariencia no me falta nada, excepto la Amiga. Con mis compañeras me limito a divertirme: no puedo hacer otra cosa. Las conversaciones versan sobre banalidades, y esto incluso con mis amigas, pues no existe la posibilidad de intimar, ésta es la cosa. Quizás esta falta de confianza sea un defecto mío, pero, sea como sea, estoy ante un hecho que lamento no poder ignorar.

Ésta es la razón de ser de este Diario. En él no me limitaré, como hacen muchas, a anotar simplemente los hechos. Mi Diario va a personificar a la Amiga, la Amiga que espero siempre. Y se llamará Kitty.

Kitty no me conoce aún, y por ello debo contarle a grandes rasgos la historia de mi vida. Mi padre era un hombre de treinta y seis años cuando se casó con mi madre, que tenía veintiocho. Mi hermana Margot nació en 1926, en Fráncfort del Meno. Yo, el 12 de junio de 1929. Nuestra condición de judíos cien por cien nos obligó a emigrar a Holanda en 1933, donde mi padre fue nombrado director de Travies N. V., empresa asociada con la Kolen y Cía., de Ámsterdam. Las dos razones sociales, de las que mi padre poseía acciones, estaban domiciliadas en el mismo edificio.

Desde luego, al verse nuestra familia bajo la férula de las disposiciones hitlerianas contra los judíos, la vida nos deparó bastantes sobresaltos. A consecuencia de las persecuciones de 1938, mis dos tíos maternos consiguieron huir y llegar sanos y salvos a Estados Unidos. Mi abuela, que a la sazón contaba con setenta y tres años de edad, se reunió con nosotros. Después de 1940, la situación empeoró rápidamente. En primer lugar, la guerra, la capitulación y la invasión alemana, que para nosotros significaba la miseria. Las medidas contra los judíos se sucedían una a otra. Los judíos se vieron obligados a llevar la estrella distintiva, a ceder sus bicicletas. Se les prohibió subir a los tranvías y conducir coches. Debían hacer sus compras exclusivamente en los almacenes señalados con el distintivo de "tienda judía", únicamente de tres a siete de la tarde. Se les prohibió salir de casa después de las ocho de la noche e incluso pasear por sus propios jardines o quedarse en casa de algún amigo. Se les prohibió ir al teatro, al cine o a cualquier lugar de diversión. Se les prohibió practicar cualquier deporte en público; no se les permitió entrar en las piscinas, en las pistas de tenis y de hockey, ni en ningún otro lugar de entrenamiento. Se les prohibió frecuentar a los cristianos. Se les obligó a asistir a las escuelas judías; todo ello sin contar con muchas otras restricciones de esta clase.

Y así seguimos malviviendo, sin poder hacer esto ni aquello ni lo de más allá. Jopie suele decirme: "No me atrevo a hacer nada por miedo de que esté prohibido". Nuestra libertad ha sido objeto de severas restricciones; sin embargo, la vida aún se puede soportar.

Mi abuela murió en enero de 1942. Nadie sabe cuánto pienso en ella y lo mucho que la quiero todavía.

Ingresé en la clase de preescolar de la Escuela Montessori en 1934, y seguía asistiendo a ella. Al alcanzar la clase 6 B, tuve como profesora a la directora del establecimiento, la señora K. A fin de curso, lloramos las dos en una emotiva despedida. En 1941, mi hermana Margot y yo ingresamos en el Instituto judío de Segunda Enseñanza.

Nuestra reducida familia de cuatro personas no tuvo demasiados motivos de queja. Así llegamos hasta el día de hoy.

Sábado, 20 de junio de 1942

Querida Kitty:

Heme aquí dispuesta: hace buen tiempo y reina la calma. Mis padres han salido y mi hermana Margot está con otros compañeros en casa de una amiga suya, jugando al ping-pong.

Yo también practico mucho el ping-pong en estos últimos tiempos. Mis compañeros de juego son muy aficionados a los helados, sobre todo en verano, cuando el juego nos hace sudar a chorros. Entonces la partida acaba generalmente en la pastelería más próxima —autorizada para los judíos, claro—, es decir, en casa Delphes o en el Oasis. Casi nunca debemos preocuparnos por el dinero, pues acude tanta gente al Oasis, que casi siempre se encuentra un señor, o un admirador de nuestro extenso círculo de amistades, que nos ofrece helados sin cobrar.

Probablemente te sorprenderá oír hablar de admiradores a una muchacha de mi edad. ¡Válgame Dios! Hay que resignarse a lo que parece constituir un mal inevitable de nuestra escuela. Un compañero me pregunta si le permito acompañarme a mi casa en bicicleta; empezamos a hablar por el camino y nueve de cada diez veces se trata de un muchacho con la fastidiosa costumbre de inflamarse en el acto, y se pone a mirarme insistentemente. Al poco rato, la pasión disminuye por la sencilla razón de que yo no hago caso de sus ardientes miradas y sigo pedaleando a buena marcha. Si se da el caso de que el joven se precipite y pida permiso para "hablar con papá", me inclino un poco en mi bicicleta, dejo caer mi bolso y el pretendiente se ve obligado a pararse para recogerlo, cosa que yo aprovecho para cambiar de conversación.

Te he puesto uno de los más inocentes ejemplos. Los hay, naturalmente, que me envían besos o intentan tomarme del brazo. Éstos se equivocan. Yo me apeo y les digo sin rodeos que puedo prescindir muy bien de su compañía, o me hago la ofendida y les ruego que me hagan el favor de marcharse.

Y con esto creo que han quedado sentadas las bases de nuestra amistad. Hasta mañana.

Tuya,

ANNE

Domingo, 21 de junio de 1942

Querida Kitty:

La quinta clase entera está temblando en espera de la junta de profesores. La mitad de la clase se dedica a apostar sobre los alumnos o las alumnas que van a aprobar los exámenes. Miep de Jong y yo nos partimos de risa ante nuestros vecinos de clase Win y Jacques, que han apostado uno contra otro todo el dinero del que van a disponer para sus vacaciones. Todo el día están con las mismas: "Vas a aprobar". "No." "Sí." Ni las miradas que Miep les dirige suplicando que se callen, ni mis accesos de cólera, bastan para calmar a aquellos dos energúmenos.

A mi entender, la cuarta parte de la clase debería quedar para septiembre, dada la cantidad de asnos que hay en ella, pero los profesores son la gente más caprichosa del mundo y, a lo mejor, por una vez les da por el capricho de sentirse generosos.

Por lo que se refiere a mis amigos y a mí, no me da ningún miedo: creo que aprobaremos. En matemáticas no estoy muy fuerte, la verdad; pero, en fin, esperaremos y procuraremos, mientras tanto, darnos ánimos mutuamente.

Mis relaciones con los profesores, nueve en total, siete hombres y dos mujeres, son bastante buenas. El viejo profesor de matemáticas, el señor Kepler, estuvo enfadado conmigo bastante tiempo porque yo no dejaba de hablar durante sus explicaciones: tras repetidas advertencias me castigó. El castigo consistió en mandarme escribir un ensayo sobre el tema: "La parlanchina". ¡Una parlanchina! ¿Qué se podía decir sobre el particular? ¡Bueno, más tarde pensaría en ello! Anoté el tema en mi cuaderno y traté de permanecer callada.

Por la noche, en casa, después de haber acabado mis deberes, vi la nota del castigo. Me puse a pensar, mordiendo la punta de mi estilográfica. Podía llenar las páginas que me había impuesto mi profesor con algunas ideas expresadas en letra grande y separando mucho las palabras, claro. Pero lo que yo quería era demostrar la necesidad de hablar. Seguí pensando, y de pronto, ¡eureka! Me sentí satisfecha de poder llenar las páginas sin gran esfuerzo. El argumento era el siguiente: ser parlanchina es un defecto femenino del que yo bien quisiera corregirme todo lo posible en vista de la imposibilidad de deshacerme del todo de él, pues mi madre habla tanto como yo, si no más. Por consiguiente, como se trataba de un defecto hereditario, poco podía hacer.

Mi argumentación hizo reír al señor Kepler, pero cuando en el curso siguiente volví a las andadas, me castigó con un segundo tema a desarrollar: "Una parlanchina incorregible". Cumplí el castigo y el señor Kepler no tuvo motivo de queja durante dos clases. A la tercera, me pasé de la raya.

—Anne, me veo obligado a imponerle un nuevo castigo por habladora. Va usted a desarrollar el tema: "La cotorra".

La clase entera soltó la carcajada, y yo con ella, como es natural. Pero ya sabía yo que mi imaginación no daba más de sí con respecto al tema. Tenía que encontrar algo original. Tuve la suerte de que mi amiga Sanne, buena poeta, se prestase a redactar el tema por mi cuenta, de cabo a rabo. Me puse a saltar de gozo. Si el señor Kepler quería ponerme en evidencia ante la clase, se iba a encontrar con la horma de su zapato.

El tema en verso resultó magnífico. Se trataba de un pato y una pata, con sus tres patitos, y éstos, por meter demasiado alboroto con sus cua-cuá, fueron muertos a mordiscos por su padre. Por fortuna, la broma fue del gusto del señor Kepler, que la leyó ante nuestra clase y ante otras varias y la comentó favorablemente.

Después de este acontecimiento, no volví a ser castigada por hablar. Al contrario, el señor Kepler es siempre el primero en gastar alguna broma sobre el tema.

Tuya,

ANNE

Querida Kitty:

¡Qué bochorno! Nos estamos asando, nos ahogamos y todo el mundo anda con la lengua de fuera. Lo peor del caso es que me veo obligada a ir a pie a todas partes. Ahora empiezo a comprender lo maravilloso que es un tranvía, pero los judíos nos vemos privados de este placer. El único medio de locomoción que se nos permite es el de nuestras piernas. Ayer por la tarde tuve que ir al dentista, que vive en la calle Jan Luykens, bastante lejos de la escuela. Al volver, casi me dormí en clase. Por fortuna, se está generalizando la moda de invitar a tomar algún refresco y la ayudante del dentista es verdaderamente gentil.

Todavía se nos permite el acceso a las barcas que hacen la travesía del río. En el muelle Joseph Israels, una pequeña embarcación presta servicio, y el barquero accedió a pasarnos. La miseria en que se ven sumidos los judíos no puede achacarse en modo alguno a los holandeses.

Desde que me robaron mi bicicleta el día de Pascua y la de mi madre fue confiscada para los cristianos, no me gusta ir a la escuela. Felizmente las vacaciones están cerca. Sólo me queda una semana de sufrimiento, que será pronto olvidada.

Ayer por la mañana tuve una grata sorpresa. Al pasar por delante de un garaje de bicicletas, oí que alguien me llamaba. Me volví, era un simpático muchacho que estaba la víspera en casa de mi amiga Eva y que no me había pasado desapercibido. Se acercó tímidamente y se presentó: Harry Goldman. Como no sabía a ciencia cierta de qué se trataba, me quedé algo sorprendida. Muy sencillo: quería acompañarme a la escuela.

—Si sigue usted el mismo camino, no tengo inconveniente —le dije.

Y nos pusimos en marcha. Harry tiene ya dieciséis años y es bastante divertido. Su conversación es amena. Esta mañana estaba parado en el mismo lugar. No veo la razón de que no venga a esperarme en lo sucesivo.

Tuya,

Anne

Martes, 30 de junio de 1942

Querida Kitty:

Hasta hoy no he tenido un momento para escribir. El jueves por la tarde estuve en casa de unos amigos. El viernes tuvimos visitas, y así hasta hoy. Mi amistad con Harry ha ido adelantando durante la semana: empezamos a conocernos. Me ha contado una buena parte de su vida. Llegó a Holanda solo y vive en casa de sus abuelos. Sus padres viven en Bélgica.

Harry tenía un flirt: Fanny. Yo la conozco: es un modelo de dulzura y de pesadez. Desde que nos encontramos, Harry se ha dado cuenta de que la presencia de Fanny era una invitación al sueño. Yo le sirvo de despertador o de estimulante, como quieras. No se sabe nunca para qué se puede servir en la vida.

El sábado por la noche, Jopie se quedó a dormir en mi casa, pero el domingo por la tarde se fue a casa de Lies, mientras yo pasaba una tarde mortalmente aburrida. Habíamos quedado en que Harry iría a verme, pero a eso de las seis me llamó por teléfono. Contesté yo misma y le oí decir:

—Soy Harry Goldman. ¿Puedo hablar con Anne?

—Soy yo, Harry.

—Buenos días. ¿Cómo estás?

—Bien, gracias.

—No voy a poder ir a tu casa, lo lamento, pero tengo algo que decirte. ¿Te parece bien que nos encontremos en la puerta de tu casa dentro de diez minutos?

—Bien. Hasta al rato.

—Hasta al rato.

Colgué. Me cambié de ropa en un momento y me arreglé un poco el pelo. Acto seguido, me asomé a la ventana, hecha un manojo de nervios. Por fin lo vi llegar, y por un milagro no me precipité escaleras abajo. Me contuve hasta que oí el timbre. Bajé yo misma a abrirle la puerta, y él fue derecho al asunto.

—Oye, Anne. Mi abuela cree que eres demasiado joven para ser amiga mía y me ha recomendado que vuelva con Fanny Leurs. Pero tú ya sabes que he roto con Fanny.

—No, no lo sabía. ¿Se pelearon?

—No, al contrario. En vista de que no nos entendíamos, le dije a Fanny que era inútil que siguiéramos viéndonos; le dije también que podía ir a mi casa cuando quisiera y que yo esperaba seguir yendo a la suya, como un buen compañero. Yo tenía la impresión de que ella frecuentaba, como se dice, a otro muchacho, y por esto traté el asunto con cierto desapego. La cosa resultó no ser cierta y entonces mi tío me dijo que debía presentar excusas a Fanny, pero no quiero. Por eso he roto con ella. Bien, ésta es una de las muchas razones que hay. Mi abuela insiste en que salga con Fanny y no contigo, pero yo no quiero. Los viejos están chapados a la antigua, ¿qué le vamos a hacer? Yo necesito a mis abuelos, desde luego, pero en cierto modo ellos me necesitan a mí... Yo tendré libres las tardes de los miércoles. Mis abuelos creen que asisto a clase de talla en madera, cuando en realidad voy a un club del movimiento sionista, cosa que mis abuelos no me permitirían porque están en contra del sionismo. Sin ser ningún fanático, este movimiento despierta algo en mí, y me interesa. Pero en estos últimos tiempos hay tal barullo en ese club que me parece que voy a dejarlo. Iré por última vez el próximo miércoles. En este caso, podría verte los miércoles por la tarde, los sábados después de comer y al anochecer, y los domingos por la tarde, incluso con mayor frecuencia.

—Pero si tus abuelos se oponen, tendrás que mentirles.

—En el amor nadie manda, ésta es la cosa.

Habíamos andado un buen rato juntos. Al pasar por la librería de la esquina, vi a Peter Wesel hablando con dos amigos suyos. Era la primera vez que me saludaba en mucho, muchísimo tiempo, y esto me produjo una verdadera alegría.

Seguimos deambulando por las calles Harry y yo, y, al fin, nos pusimos de acuerdo para una cita: yo estaría el día siguiente, a las siete menos cinco de la tarde, delante de su casa.

Tuya,

ANNE

Viernes, 3 de julio de 1942

Querida Kitty:

Harry vino ayer a mi casa para conocer a mis padres. Yo había comprado una tarta, bizcochos y bombones para el té. No faltaba nada, pero ni Harry ni yo podíamos estar mucho tiempo sentados el uno al lado del otro, así es que salimos a dar un paseo. Cuando me dejó en la puerta de mi casa eran ya las ocho y diez minutos. Mi padre se enfadó mucho y me dijo que yo no tenía el derecho de volver tan tarde, en vista del peligro que para los judíos suponía encontrarse fuera de casa después de las ocho. Me hizo prometer que en lo sucesivo estaría de vuelta a las ocho menos diez.

Mañana estoy invitada a ir a su casa. Mi amiga Jopie me fastidia sobre el asunto de Harry. En realidad, no estoy enamorada, pero creo que tengo derecho a tener amigos. Nadie encuentra nada extraordinario en el hecho de que tenga un compañero, o, como dice mi madre, un "adorador".

Eva me ha contado que una tarde que Harry estaba en su casa, le preguntó: "¿Quién te gusta más, Fanny o Anne?". Él le contestó: "Esto no te importa". Ya no tuvieron ocasión de volver a hablar en el resto de la velada, pero al marcharse, él le dijo: "Si de verdad quieres saberlo, te diré que la preferida es Anne, pero no se lo digas a nadie. Hasta la vista". Y se fue.

Mil detalles revelan que Harry está enamorado de mí. Esto me divierte y en cierto modo me transforma. Margot diría de él: "Es un buen muchacho". Esto creo yo también, y algo más. Mi madre no se cansa de alabarlo: es un muchacho apuesto, bien educado y muy amable. En mi casa todos lo elogian y esto me gusta. Por su parte, Harry corresponde. Encuentra que mis amigas son unas chiquillas, y no se engaña.

Tuya,
ANNE

Domingo, 5 de julio de 1942,
por la mañana

Querida Kitty:

La ceremonia de fin de curso, celebrada el pasado viernes en el teatro judío, estuvo muy bien. Mis notas no son malas: una asignatura suspendida, un 5 en álgebra, 6 en dos asignaturas más, y el resto un 7 y dos 8. En casa se alegraron, pero por lo que se refiere a las notas buenas o malas, mis padres reaccionan de una manera diferente a los demás. Se despreocupan de ellas, al parecer, y les basta con que mi salud sea buena, que no me porte como una muchacha insolente, aunque tenga el derecho de divertirme. Dicen que lo demás ya se irá arreglando por sí solo. Esto es lo que creen. Yo no opino así: quiero ser buena alumna, toda vez que he sido admitida provisionalmente en el Instituto de Segunda Enseñanza, pues perdí un año al salir de la Escuela Montessori. Ello fue debido a la orden de transferir a todos los alumnos judíos a las escuelas judías, aunque el director, después de haber hablado del asunto, nos admitió a Lies y a mí con ciertas condiciones. No quisiera decepcionarlo. Como de costumbre, las notas de Margot son brillantes. Si en el Instituto existiera la "Matrícula de Honor", seguro que la hubiera obtenido. ¡Qué cabezota!

En estos últimos tiempos, mi padre se queda a menudo en casa. Oficialmente está retirado de los negocios. Para él, la sensación de sentirse inútil debe ser muy desagradable. El señor Koophuis se ha puesto al frente de la casa Travies, y el señor Kraler, de la Kolen y Cía. El otro día, paseando por nuestro barrio, mi padre empezó a hablar de un escondrijo.

—Para nosotros va a ser muy difícil vivir separados por completo del mundo exterior —dijo.

—¿Y qué razón hay para hablar ya de esto? —le pregunté.

—Oye, Anne —me contestó—, tú sabes bien que desde hace un año estamos trasladando muebles, vestidos y suministros a las casas de algunos amigos. Debemos evitar que nuestros bienes caigan en manos de los alemanes y, lo que es más importante, hemos de evitar caer nosotros mismos. No vamos a esperar a que vengan a buscarnos, como es probable que pase, y por esto debemos estar dispuestos a marcharnos de casa.

—¿Y cuándo va a ser? —le pregunté.

Las palabras y el semblante grave de mi padre me habían llenado de angustia.

—No te alarmes. Ya nos ocupamos de todo. Procura divertirte y aprovecha mientras tengas todavía ocasión de hacerlo.

Esto fue todo. Dios quiera que estos sombríos proyectos no sean una realidad... demasiado pronto...

Tuya,

Anne

Miércoles, 8 de julio de 1942

Querida Kitty:

Me parece que han pasado años entre el domingo por la mañana y hoy. Los acontecimientos se han precipitado, como si el mundo entero se hubiera vuelto al revés. Sin embargo, Kitty, ya ves que sigo viviendo, y esto es lo principal, como dice mi padre.

Sigo viviendo, efectivamente, pero no me preguntes dónde ni cómo. No comprendes nada, ¿verdad? Bien, voy a explicarte enseguida lo que ha ocurrido desde el domingo por la tarde.

A las tres, cuando Harry acababa de marcharse, llamaron a nuestra puerta. Yo no lo oí, pues estaba leyendo en la veranda, perezosamente tendida al sol en una butaca. De pronto, Margot apareció, visiblemente alterada, en la puerta de la cocina.

—Papá ha recibido una citación de las S.S. —murmuró—. Mamá acaba de irse a casa del señor Van Daan.

Van Daan es un colega de papá y amigo de casa. Yo me asusté, pues nadie ignora el significado de una citación. Por mi cabeza desfilaron campos de concentración y celdas solitarias. ¿Íbamos a dejar que se llevasen a papá?

—Naturalmente, papá no se presentará —dijo Margot mientras esperábamos el regreso de mamá, las dos en nuestro cuarto.

—Mamá ha ido a casa de los Van Daan para ver si mañana mismo podemos trasladarnos al lugar elegido para escondernos. Los Van Daan se ocultarán con nosotros y en total seremos siete.

Permanecimos calladas, incapaces de pronunciar una sola palabra, pensando en nuestro padre, que, desde luego, temía lo que iba a ocurrir y había ido a visitar a unos ancianos que residían en el Asilo judío. No nos dejaban hablar la espera, la tensión y el calor.

De pronto, llamaron a la puerta.

—Debe ser Harry —dije.

—No abras —dijo Margot deteniéndome.

No hice caso porque pudimos oír a mamá y al señor Van Daan hablando con Harry antes de entrar y después cerrar la puerta tras ellos. Cada vez que sonaba el timbre, Margot bajaba sin hacer ruido, o bajaba yo para ver si era papá, pues no pensábamos abrir a nadie más.

Como el señor Van Daan deseaba hablar a solas con mi madre, Margot y yo nos vimos obligadas a salir de la habitación. En nuestro cuarto, Margot me confesó que, en realidad, la citación no iba dirigida a papá, sino a ella. Me entró miedo y empecé a llorar. Margot tiene dieciséis años. Con ello quedaba claro la intención de llevarse a las muchachas de su edad. Mamá ha dicho que, desde luego, Margot no se marchará. Cuando mi padre me hablaba de nuestro escondite, seguramente debía aludir a esta eventualidad.

¿Adónde iríamos a escondernos? ¿Sería en una casa en la ciudad, o en una choza en el campo? ¿Y cuándo? ¿Y cómo? No me atrevía a preguntar nada, aunque la curiosidad no dejaba de asaltarme. Margot y yo guardamos lo estrictamente indispensable en nuestras carteras. Por mi parte, lo primero que puse fue este cuaderno, luego mis rulos para el cabello, pañuelos, libros de texto, peines y cartas viejas. Estaba obsesionada por la idea de que íbamos a escondernos y empaqueté las cosas más inverosímiles. No lo lamento, pues tengo en más estima mis recuerdos que mis vestidos.

Por fin, a las cinco llegó mi padre. Telefoneamos al señor Koophuis para rogarle que viniera a nuestra casa aquella misma tarde. Van Daan fue a buscar a Miep, que está empleada en el despacho de mi padre desde 1933 y se ha convertido en una gran amiga nuestra, lo mismo que Henk, con quien se casó hace poco. Miep vino y se llevó un bolso lleno de zapatos, calcetines, ropa interior, trajes y abrigos, y prometió volver por la tarde. Después, la casa quedó sumida en una profunda calma. Ninguno de nosotros cuatro tenía apetito, hacía calor y todo parecía extraño. Habíamos alquilado una gran habitación del primer piso a un tal señor Goudsmit, un divorciado que pasaba de los treinta años. Aquella tarde parecía no tener nada que hacer y no pudimos desembarazarnos de él hasta pasadas las seis, a pesar de las reiteradas indirectas que le dirigimos con la idea de echarlo antes. Miep y Henk van Santen llegaron a eso de las once, para volver a salir a medianoche cargados de calcetines, zapatos, libros y ropa interior, que embutimos en un bolso de Miep y en los amplios bolsillos de Henk. Yo estaba extenuada y me dormí inmediatamente, aun cuando me daba cuenta de que era la última noche que dormía en mi cama. Mamá me despertó el día siguiente a las cinco y media de la mañana. Afortunadamente, gracias a una lluvia tibia que no debía cesar en todo el día, el tiempo era más fresco que el domingo. Cada uno de nosotros se vistió como para emprender una expedición al Polo Norte, tal era la cantidad de vestidos que llevábamos encima. En aquellas circunstancias, ningún judío se hubiera atrevido a salir de su casa con una maleta. Yo me había puesto dos camisas, tres calzones, un vestido y una falda encima, una chaqueta y un abrigo de entretiempo, dos pares de calcetas, unas botas, una boina, un chal y no recuerdo qué otras cosas más. Me ahogaba ya antes de salir, pero no hacía caso de ello.

Margot había salido en bicicleta, con la cartera llena de libros de texto, para seguir a Miep hacia el lejano destino que no conocíamos. Yo seguía ignorando dónde se encontraba el misterioso lugar que iba a ser nuestro refugio. A las siete y media cerramos la puerta de la casa. Me despedí del único ser viviente que quedaba allí, el gato, que iba a refugiarse en casa de unos vecinos, según las instrucciones que dejamos escritas en una carta para el señor Goudsmit.

En la cocina dejamos medio kilo de carne para el gato y la vajilla para el desayuno, y quitamos las sábanas y las colchas de las camas, pues queríamos dar la sensación de una marcha precipitada. Pero la impresión que pudiera producir la casa no tenía mucha importancia para nosotros; lo que nos importaba era partir y llegar a buen puerto.

Mañana continuaré.

Tuya,

ANNE

Jueves, 9 de julio de 1942

Querida Kitty:

Nos pusimos en camino bajo una lluvia persistente. Papá y mamá, cada uno con un bolso de compras atiborrado de toda clase de provisiones, y yo con mi cartera llena a rebosar.

Los obreros madrugadores nos contemplaban con un aire de lástima, y sus rostros reflejaban la pena que les causaba no poder ofrecernos medio alguno de locomoción. Nuestra estrella amarilla bastaba para impedírselo.

Por el camino, mis padres me fueron revelando poco a poco la historia de nuestro escondite. La fecha prevista para nuestra voluntaria desaparición era el 16 de julio, pero desde hacía ya algunos meses habían mandado trasladar allí parte de nuestros muebles, pieza a pieza, y asimismo ropa para el servicio de la casa y vestidos. A causa de la citación tuvimos que anticipar la marcha diez días, de modo que íbamos a tener que conformarnos con una instalación más rudimentaria. El escondite se hallaba en el edificio donde estaban las oficinas de mi padre. Esto es algo difícil de comprender si previamente no se está al corriente de las circunstancias; por esto voy a procurar explicarlo. El personal que trabajaba con mi padre no era muy numeroso: los señores Kraler y Koophuis, Miep y, por último, Elli Vossen, una mecanógrafa de veintitrés años. Todos ellos estaban al corriente de nuestra llegada. El padre de Elli, el señor Vossen y los dos hombres que lo secundaban en el almacén no habían sido puestos al corriente de nuestro secreto.

La disposición del inmueble es la siguiente: en la planta baja, un gran almacén que sirve también de depósito. Al lado de la puerta del almacén está la de la entrada principal de la casa, tras la cual una segunda puerta da acceso a una pequeña escalera (A). Subiendo por ella se encuentra una puerta cuya parte superior es de vidrio deslustrado donde tiempo atrás campeaba un rótulo en letras negras: *Despacho*. Es, en efecto, el despacho que da sobre el canal, una habitación espaciosa y clara cuyas paredes aparecen ocupadas por archiveros, y demasiado llena de muebles para el personal reducido que trabaja en ella durante el día, tres en total: Elli, Miep y el señor Koophuis. A través de una especie de vestidor, donde está la caja fuerte y un armario que contiene material de oficina, se llega a una habitación pequeña y oscura que da al patio; en ella trabajaban antes los señores Kraler y Van Daan, pero ahora es del exclusivo dominio del señor Kraler. Hay otro acceso a este despacho, una puerta encristalada, que se halla al final del vestíbulo y se abre desde el interior del despacho, pero no desde el exterior.

Por otra salida del mismo despacho se va a parar a un estrecho pasadizo, en el que se encuentra la carbonera, y al final, subiendo cuatro peldaños, se llega por fin a un digno santuario orgullo de la casa, en cuya puerta se puede leer: *Privado*. En la habitación a que da acceso se pueden contemplar unos muebles suntuosos y oscuros, el piso cubierto con unas hermosas alfombras, una lámpara magnífica y un aparato de radio, todo de primera calidad. Al lado de esta habitación hay una espaciosa cocina con dos hornillas de gas y una caldera para el baño. Al lado de la cocina, los baños. Éste es el primer piso.

Partiendo del corredor de la planta baja, se sube por una escalera de madera blanca (B), hasta un descansillo que forma un corredor, con puertas a derecha e izquierda; las de la izquierda dan acceso a la parte delantera de la casa, en la que hay unas grandes habitaciones que sirven de almacén y de depósito, con un desván y una buhardilla en la parte anterior. Se llega también a las habitaciones de delante por una segunda puerta de entrada (C), subiendo por una escalera muy empinada, característica de las casas holandesas, y muy a propósito para romperse los brazos y las piernas.

La puerta de la derecha conduce a las habitaciones del anexo, que dan sobre el jardín. Nadie sospecharía que detrás de esta puerta pintada de gris hubiera tantas habitaciones. Se llega a ella subiendo algunos peldaños, y al abrirla se entra en el anexo.

Frente a esta puerta hay una escalera muy empinada; a la

izquierda, un corredor lleva a la estancia que desde ahora va a ser el hogar de los Frank, y al mismo tiempo el dormitorio del señor y la señora Frank. Al lado de ésta, otra habitación más reducida se ha transformado en el cuarto de estudio y dormitorio de las señoritas Frank. A la derecha de la escalera hay una habitación sin ventana alguna, con una pila para lavarse, y un pequeño reducto con un lavabo. Una puerta da acceso a la habitación que voy a compartir con Margot.

Al abrir la puerta del rellano del segundo piso, uno se queda sorprendido de encontrar tanto espacio y tanta luz en el anexo de una casa tan vieja. Las casas que bordean los canales de Ámsterdam son las más antiguas de la villa. La habitación servirá de dormitorio del matrimonio Van Daan y, además de cocina, sala de estar, comedor y estudio o taller. Es muy espaciosa y hasta ahora había servido de laboratorio. Hay un horno de gas y un fregadero. Otra pequeña habitación, que en realidad es un pasadizo, va a constituir el dominio de Peter Van Daan. En esta parte trasera de la casa, hay también un desván y una buhardilla. Tengo, pues, el honor de introducirte en nuestro suntuoso anexo.

Tuya,

ANNE

Viernes, 10 de julio de 1942

Querida Kitty:

He debido de aburrirte mucho con mi larga y fatigosa descripción de nuestra nueva residencia, pero considero muy importante que sepas en qué rama me he posado.

Voy a continuar mi relato, pues no he terminado todavía. Cuando llegamos a la casa sobre el Prinsengracht, Miep nos hizo subir al anexo y cerró la puerta en cuanto entramos. Estábamos solos. Margot, que había ido en bicicleta, nos esperaba ya. En la espaciosa habitación que íbamos a ocupar, así como en las demás, reinaba un desorden inimaginable. Las cajas transportadas durante los meses precedentes estaban esparcidas por el suelo, encima de las camas, por todas partes. En la habitación destinada a Margot y a mí, la ropa blanca y las colchas se apilaban hasta el techo. Si queríamos dormir aquella noche en la cama teníamos que remangarnos y poner manos a la obra sin perder tiempo. Mi madre y Margot, extenuadas, se dejaron caer sobre los colchones. Mi padre y yo, los únicos ordenados de la familia, opinábamos que debíamos entregarnos a la tarea sin tardanza.

Pasamos el día desembalando cajas, guardando la ropa en los armarios, poniendo orden en el caos que reinaba, para poder, por fin, dejarnos caer muertos de cansancio en las camas recién hechas. Mi madre y Margot porque estaban extenuadas y nerviosas, y mi padre y yo porque teníamos mucho trabajo, no probamos bocado en todo el día.

El martes por la mañana reanudamos el trabajo que había quedado por hacer. Elli y Miep, que se ocupan de nuestro aprovisionamiento, fueron a buscar nuestras raciones. Mi padre se dedicó a camuflar las luces; fregamos y lavamos el suelo de la cocina, total que no nos dimos punto de reposo en todo el día. Hasta el miércoles no encontré un minuto para pensar, en medio del ajetreo, que de la noche a la mañana mi vida había cambiado por completo. Por fin lo he encontrado también para contarte todo esto y para darme cuenta de lo que me ha sucedido y de lo que aún puede suceder.

Tuya,
ANNE

Querida Kitty:

Ni mi padre ni mi madre ni Margot pueden acostumbrarse al campanario de la Westertoren, que toca cada cuarto de hora. En cambio, yo me he habituado enseguida y lo encuentro maravilloso, sobre todo por la noche, porque su sonido familiar da confianza. Quizá te interese saber si me encuentro a gusto en mi escondite. No puedo contestarte; ni yo misma lo sé. Me parece que no llegaré a considerar esta casa como mi casa; esto no quiere decir que me sienta desgraciada en ella. Más bien tengo la sensación de que estoy pasando unas vacaciones en una pensión original. Tratándose de un escondite, esta opinión tal vez te parezca pintoresca, pero yo lo veo así. Como refugio, nuestro anexo es ideal. Aunque húmedo e irregular, es un rincón suficientemente confortable y único en su género. No se encontraría otro igual en todo Ámsterdam y tal vez en Holanda entera.

Nuestro pequeño dormitorio, con sus paredes lisas, ofrecía un aspecto de desnudez, pero gracias a mi padre, que había llevado ya antes mi colección de postales y mis fotos de artistas de cine, he podido, con un poco de cola y un pincel, convertirlo en una vasta ilustración. Ahora es mucho más alegre, y cuando lleguen los Van Daan veremos el partido que se puede sacar de la madera que hay en el desván. Tal vez podamos construir algunos estantes y otros adornos.

Mamá y Margot se van recuperando. Ayer, por primera vez, mamá tuvo la idea de hacer sopa de chícharos, pero por estar platicando se olvidó de ella y no fue posible arrancar de la cacerola los chícharos carbonizados.

El señor Koophuis me ha traído un libro, *Boek voor de Jeugd*. Ayer por la noche fuimos los cuatro al despacho privado a escuchar la radio de Londres. Me asustaba tanto pensar que alguien pudiera oírnos que literalmente supliqué a mi padre que volviéramos al anexo. Mi madre comprendió mi angustia y subió conmigo. Vivimos en un constante sobresalto, con un miedo horrible de ser oídos o vistos por los vecinos. El día de nuestra llegada confeccionamos unas cortinas. Propiamente hablando, no son cortinas, pues para confeccionarlas hemos aprovechado unos retazos que no se parecen en nada entre ellos, ni en la forma, el color, la calidad o el dibujo. Por si faltaba algo, mi padre y yo cosimos los retazos con la poca gracia del profano en el oficio. Estos abigarrados ornamentos se sostienen en las ventanas por medio de chinchetas y allí estarán hasta el fin de nuestra estancia.

El edificio de la derecha está ocupado por una gran casa de mayoristas y el de la izquierda por un fabricante de muebles. ¿Podrían estos hombres oírnos? Cuando termina la jornada de trabajo no queda nadie en estos locales, pero nunca se sabe, y tenemos miedo de que nos oigan. Margot se ha resfriado y le hemos prohibido que tosa por la noche. Para ayudarla, la atiborramos de codeína.

Me alegro de la llegada de los Van Daan, prevista para el próximo martes. Seremos más, tendremos más distracciones y habrá menos silencio, pero será más alegre. El silencio es lo que me pone más nerviosa, día y noche. No sé qué daría por que uno de nuestros protectores viniera a dormir aquí.

Me siento oprimida, indeciblemente oprimida por el hecho de no poder salir nunca. Tengo miedo de que nos descubran y nos fusilen. Ésta es, naturalmente, una perspectiva menos halagüeña.

Durante el día tenemos que andar de puntillas y hablar en voz baja, a fin de que no nos oigan desde el almacén. Me llaman.

Tuya,

ANNE

Viernes, 14 de agosto de 1942

Querida Kitty:

Hace un mes que no me ocupo de ti, pero en realidad no ha habido novedades dignas de ser anotadas cada día. Los Van Daan llegaron el 13 de julio. Los esperábamos el 14, pero entre el 13 y el 16 los alemanes prodigaron las citaciones de tal modo que cundió la inquietud y los Van Daan prefirieron anticipar su llegada como medida de precaución. El primero en llegar fue Peter, el hijo de los Van Daan, a las nueve y media, y nos encontró desayunando. Es un muchacho de aventajada estatura que no ha cumplido aún los dieciséis años, tímido y un poco pesado. No espero gran cosa de semejante compañero. Vino con su gato *Mouschi.* Media hora más tarde llegaron sus padres. La señora Van Daan nos hizo reír al sacar un orinal de una gran caja para sombreros.

—Sin el orinal al alcance, me parece que no estoy en casa —nos dijo.

Fue el primer objeto que encontró lugar adecuado, debajo del sofá-cama. El señor Van Daan no trajo ningún orinal, pero sí, en cambio, una mesita plegable para tomar el té.

Los tres primeros días hicimos las comidas juntos, en una atmósfera de gran cordialidad. Tras estos primeros días, todos sabíamos ya que formábamos parte de una sola y gran familia.

Como toda la semana los Van Daan habían formado parte todavía del mundo exterior, tenían mucho que contarnos. Entre otras cosas, nosotros teníamos gran interés en saber lo que había sido de nuestra casa y del señor Goudsmit. El señor Van Daan nos dijo:

—El lunes por la mañana me llamó el señor Goudsmit por teléfono y me preguntó si podía pasar por su casa, lo que hice sin tardar. Estaba fuera de juicio. Me enseñó una nota que habían dejado los Frank y me preguntó si debía llevar el gato a casa de los vecinos. Yo le dije que sí, desde luego. El señor Goudsmit temía un registro y, en previsión, echamos una ojeada por todas las habitaciones poniendo un poco de orden en ellas y quitamos la mesa que estaba puesta. De pronto, en la mesita de escribir de la señora Frank, vi un librito de notas en el que había escrita una dirección de Maastricht. Simulé sorpresa y temor, aun cuando yo sabía ya que ustedes la habían dejado intencionadamente, y rogué al señor Goudsmit que quemase inmediatamente aquel papel tan comprometedor. Sostuve sin cejar que ignoraba los detalles de la desaparición de ustedes y, tras haber visto el papel escrito, se me ocurrió una idea y le dije: "Señor Goudsmit, creo recordar algo que podría tener alguna relación con esta dirección. Me viene a la memoria la visita de un alto oficial al despacho del señor Frank hace unos seis meses. Aquel oficial estaba destinado a la región de Maastricht y parecía ser amigo de juventud del señor Frank, pues le prometió ayuda 'en caso de apuro'". Añadí que probablemente dicho oficial había mantenido su palabra facilitando de una u otra forma la huida de la familia Frank a Suiza, a través de Bélgica. Le recomendé que divulgara la noticia entre los amigos que se interesasen por los Frank, sin mencionar para nada Maastricht. Después me fui. Tuve ocasión de comprobar por diversos conductos que la mayoría de los amigos de ustedes habían sabido lo que yo le dije al señor Goudsmit.

La historia nos pareció divertida y nos reímos más aún de la desbordada imaginación de la gente, según otras historias que nos relató el señor Van Daan. Había quien nos había visto a los cuatro en bicicleta una madrugada, y una señora llegó a afirmar que sabía de muy buena tinta que habíamos marchado, en plena noche, en un automóvil militar.

Tuya,

ANNE

Viernes, 21 de agosto de 1942

Querida Kitty:

En lo sucesivo, nuestro escondite puede reivindicar justamente este nombre. El señor Kraler opinaba que debíamos colocar un armario delante de la puerta de acceso a nuestras habitaciones, pues se están practicando muchos registros para encontrar bicicletas ocultas, pero un armario giratorio que se abriera como una puerta.

El señor Vossen ha trabajado con verdadero ahínco en la fabricación de esta invención. Entretanto, ha sido puesto al corriente de las siete pobres almas escondidas en el anexo, y se desvive por servirnos. Ahora, desaparecidos los peldaños que había delante de la puerta, debemos inclinarnos primero y saltar después, siempre que queremos ir a las oficinas. A los tres días, no había cabeza sin su correspondiente chichón por haber chocado contra el bajo dintel de la puerta. En vista de ello, pusimos una especie de parachoques, en forma de un pedazo de tela relleno de virutas. Vamos a ver si con ello remediamos algo.

Apenas estudio. Me he tomado vacaciones hasta septiembre. Después, mi padre será mi profesor. Mucho me temo que habré olvidado buena parte de lo que aprendí en el colegio.

Nuestra vida ofrece pocas posibilidades de cambiar. No hago buenas migas con el señor Van Daan, que, en cambio, se entiende de maravilla con mi hermana Margot. Mi madre me trata como una niña, lo que me resulta insoportable. Aparte de esto, vamos tirando. Con el trato, Peter no gana nada: es cargante y bastante perezoso. Se pasa el día tumbado en la cama. A veces se entretiene en trabajos de ebanistería para volver a descabezar un sueño. ¡Qué imbécil!

En la calle hace buen tiempo y bastante calor. A pesar de todo, lo aprovechamos lo más posible relajándonos en la cama plegable del desván, donde el sol entra a raudales por la ventana abierta.

Tuya,

ANNE

Miércoles, 2 de septiembre de 1942

Querida Kitty:

El señor y la señora Van Daan se han peleado de una manera inaudita. Nunca he visto cosa igual en mi casa, pues mis padres se guardarían mucho de gritarse de aquel modo. La causa fue una tontería que no valía la pena. ¡Qué le vamos a hacer! Cada uno es como es.

Esto es, naturalmente, menos divertido para Peter, que está siempre atrapado entre uno y otro. Pero perezoso como es y, por añadidura, delicado, nadie lo toma en serio. Ayer se puso tonto porque la lengua se le puso azul, en vez de roja, singularidad que por otra parte desapareció en un momento. Hoy tiene tortícolis y se paseó con una bufanda enrollada al cuello. El señor Van Daan, a su vez, se queja de lumbago. Es un experto en los dolores de la región comprendida entre el corazón, el pecho y los riñones. Yo creo que es un verdadero hipocondriaco. (Se dice así, ¿verdad?)

Las relaciones entre mi madre y la señora Van Daan no son precisamente muy buenas; la verdad es que hay motivos de queja. Para darte una pequeña muestra: del armario donde se guarda en común la ropa blanca, la señora Van Daan ha retirado sus sábanas, dejando sólo tres, y le parece natural que la ropa de cama de mi madre sirva para todo el mundo. Se va a quedar chasqueada al ver que mi madre ha seguido su ejemplo.

Otra cosa: la señora Van Daan está molesta, y no lo disimula, porque la comunidad se sirve de su vajilla y no de la nuestra, y por todos los medios trata de saber dónde hemos metido nuestra vajilla. Lo cierto es que no está muy lejos, está mucho más cerca de lo que ella cree: en el desván, empacada en cajas y detrás de un montón de carteles. No hay manera de encontrar la vajilla, lo que debe interpretarse en el sentido de que tomamos precauciones por si nuestra estancia se prolonga. A mí siempre me ocurren desgracias: ayer, por ejemplo, se me cayó un plato sopero de la vajilla de la señora Van Daan y se hizo pedazos.

—Ya podías tener un poco de cuidado —me gritó furiosa—. Esta vajilla es todo lo que poseo.

En estos últimos días, el señor Van Daan se desvive para atenderme. Si esto le satisface… Esta mañana mi madre me ha abrumado otra vez con sus sermones; esto me horroriza. Nuestras opiniones son completamente opuestas. Mi padre es un encanto; a veces se enfada conmigo, pero su enfado no dura nunca cinco minutos.

La semana pasada, un pequeño incidente vino a alterar la monotonía de nuestra vida. Se trataba de un libro sobre la mujer, de Peter. A título de información, a Peter y a Margot se les permite leer todos los libros que nos presta el señor Koophuis, pero tratándose de un libro sobre un tema tan delicado, se consideró que solamente debía ser leído por las personas mayores. Esto bastó para despertar la curiosidad de Peter. ¿Qué podía haber de prohibido en aquel libro? Se lo quitó a hurtadillas a su madre mientras estaba hablando con nosotras, y se fue al desván con el botín. La cosa fue bien durante unos días. La señora Van Daan se había dado cuenta de los manejos de su vástago, pero no decía nada a su marido, hasta que éste lo sospechó. Se puso fuera de sí, pero consideró que, con recobrar el libro, el incidente quedaba liquidado. El hombre no contaba con la curiosidad de su hijo, que no se dejó intimidar lo más mínimo por la cólera paterna.

Peter pretendía leer hasta el final, por todos los medios, el libro, que era muy interesante. Entretanto, la señora Van Daan había solicitado la opinión de mi madre. Mi madre opinaba que este libro no era indicado para Margot, aun cuando le permitía leer la mayor parte de los demás que teníamos.

—Entre Margot y Peter hay una gran diferencia, señora Van Daan —dijo mi madre—. En primer lugar, Margot es una muchacha, y no ignora usted que las jóvenes suelen ser más precoces que los muchachos. Además, como Margot ha leído ya bastantes libros para personas mayores, no siente ninguna inclinación por los libros prohibidos; y por último, Margot, con sus cuatro cursos de segunda enseñanza, está más ilustrada y ha desarrollado más su inteligencia.

La señora Van Daan estuvo de acuerdo con mi madre, pese a no aconsejar que se permitiese a los jóvenes la lectura de libros para adultos.

Peter seguía buscando los momentos propicios para apoderarse del botín, cuando los mayores estaban distraídos. La otra tarde, a eso de las siete y media, mientras los demás estábamos escuchando la radio en el despacho privado, se fue con su tesoro al desván. Hubiera debido bajar a las ocho y media, pero el libro era tan interesante que se le fue el santo al cielo y no se acordó de la hora. Al volver, se encontró con su padre que entraba en la habitación. Ya puedes imaginarte la escena. Un golpe, una bofetada y un minuto después el libro estaba sobre la mesa y Peter en el desván. Ésta era la situación a la hora de la cena. Nadie se preocupaba por Peter, que seguía castigado. La comida transcurría como si tal cosa; reinaba el buen humor, hablábamos, nos reíamos. De pronto palidecimos al oír un agudo silbido. Todos dejamos en el acto los tenedores y cuchillos encima de la mesa y nos miramos aterrados. Después se oyó la voz de Peter que decía por el tubo de la estufa: "Están en un error si creen que voy a bajar". El señor Van Daan dio un salto, tiró su servilleta y, rojo de ira, aulló: "Ya basta, ¿me oyes?". Temiendo el escándalo, papá lo tomó por el brazo y subió al desván con él. Se oyó una disputa y unos golpes. Peter se fue a su habitación, cerró la puerta y los hombres se sentaron otra vez a la mesa. La señora Van Daan quería guardar un bocadillo para su hijo, pero su marido se mostró inflexible: "Si no se excusa inmediatamente le voy a obligar a pasar la noche en el desván".

Los demás procuramos calmarlo, diciendo que ya era castigo bastante dejarlo sin comer. Y si Peter atrapara un resfriado, ¿adónde iría a buscar un médico?

Peter no quiso excusarse y volvió al desván. El señor Van Daan decidió que ya se había hablado bastante del asunto. Sin embargo, a la mañana siguiente pudimos comprobar que su hijo había dormido en la cama, aunque a las siete estaba otra vez en el desván. Fueron necesarios los buenos oficios de mi padre para persuadirlo de que bajase. Durante tres días se encerró en un silencio obstinado, acompañado de hurañas miradas. Después renació la calma.

Tuya,
ANNE

Lunes, 21 de septiembre de 1942

Querida Kitty:

Hoy me limito a las noticias corrientes del anexo.

La señora Van Daan es insoportable; yo me gano una reprimenda tras otra por mi parloteo interminable. La señora Van Daan no pierde ocasión para ponernos los nervios de punta. Su manía más reciente consiste en no lavar las cacerolas y en vez de quitar lo que queda en ellas y guardarlo en un plato, como solemos hacer, lo deja hasta que se estropea. Y cuando le toca a Margot el turno de fregar la vajilla y se encuentra con que hay siete platos y siete vasos que esperan ser limpiados, le dice, como si nada: "¡Margot, buen trabajo te ha caído!".

Mi padre me ayuda a establecer nuestro árbol genealógico paterno. Y me cuenta de cada uno de los personajes alguna historia sugestiva que me interesa mucho.

El señor Koophuis me trae libros cada quince días. La serie *Joop ter Heul* me entusiasma. Me gusta especialmente toda la obra de Cissy van Marxveldt. He leído por lo menos cuatro veces *Een Zomerzotheid,* y cada vez vuelvo a reírme con las situaciones jocosas que se encuentran en él.

He reanudado mis estudios. Trabajo mucho en francés y cada día me aprendo de memoria cinco verbos irregulares. Peter ha empezado a estudiar inglés suspirando mucho. Nos han traído algunos libros de texto y por mi parte dispongo de buena provisión de cuadernos, lápices, gomas y etiquetas, que había traído en previsión. A veces escucho la radio Holanda de ultramar. Ahora acaba de hablar el príncipe Bernardo. Tendrá otro hijo en enero, según ha dicho. Me alegro. Todos se asombran de que yo sea tan monárquica.

Hace unos días, los mayores opinaban que, después de todo, yo era bastante ignorante. Al día siguiente tomé la firme resolución de ponerme inmediatamente a trabajar. No me gusta nada la perspectiva de encontrarme en la misma clase a los catorce o quince años.

A continuación, hablaron de libros, pero casi todos los libros de los mayores están prohibidos para mí. Mi madre está leyendo ahora *Heeren, knechten en vrouwen*, que también puede leer Margot, pero yo no. Antes debo ilustrarme más, como mi inteligente hermana. También hablaron de mi ignorancia; no sé nada de psicología, de filosofía y de fisiología. Quizás el año próximo sea menos ignorante. He copiado estas raras palabras del diccionario.

Me he dado cuenta de una cosa desastrosa: no tengo más que un vestido de manga larga y tres chalecos para el invierno. Mi padre me ha permitido tejer un suéter blanco de lana; la lana no es muy bonita, pero en compensación me dará calor. Tenemos aún vestidos guardados en casa de algunos amigos, pero es una lástima no poder recuperarlos antes de terminar la guerra, y, además, no sabemos si nos los van a guardar hasta entonces.

Hace un momento, apenas acababa de escribir algo sobre la señora Van Daan, ésta tuvo la ocurrencia de entrar en mi cuarto. ¡Clac! Diario cerrado.

—Entonces, Anne, ¿no me dejas echar una ojeada a tu Diario?

—No, señora.

—Vamos, sólo la última página.

—No, señora, ni la última página.

Sentí un gran pánico. Precisamente en la última página la señora Van Daan no había sido muy favorecida.

Tuya,

ANNE

Viernes, 25 de septiembre de 1942

Querida Kitty:

Anoche estuve de "visita" en casa de los Van Daan para charlar un poco, lo que ocurre de vez en cuando. A veces se pasa un rato agradable. Tomamos bizcochos que saben a insecticida, pues la lata donde los guardan está metida en un ropero que huele a eso, y bebemos limonada.

Hablamos de Peter. Yo dije que Peter tenía la costumbre de acariciarme la mejilla, que esto me parecía insoportable y que no me gustaban ni poco ni mucho aquellas demostraciones.

Me preguntaron en un tono paternal si yo no podía verdaderamente sentir algún afecto por Peter, pues él me quería mucho, según dijeron. Yo pensé: "¡Dios mío!", y dije: "¡Oh, no!". ¡Qué idea!

Dije también que encontraba a Peter algo torpe y tímido, como todos los muchachos que no están acostumbrados a ver muchachas jóvenes.

Debo decir que nuestros protectores, sobre todo los hombres, demuestran mucho ingenio. Oye lo que se les ha ocurrido para dar noticias nuestras al apoderado de la Travies, el señor Van Djick, responsable de las mercaderías clandestinas y buen amigo. Nuestros protectores remiten una carta escrita a máquina a un farmacéutico cliente de la casa, que vive en la Zelanda meridional. Éste encuentra en la carta un sobre escrito de puño y letra por mi padre y entonces el farmacéutico se sirve de él para mandar su respuesta. Tan pronto como ésta llega, nuestros protectores sustituyen la carta del farmacéutico por una preparada por mi padre, dando señales de vida; la carta de mi padre se la enseñan al señor Van Djick dándole a entender que ha pasado clandestinamente por Bélgica y ha sido remitida vía Zelanda, y éste la lee sin desconfiar lo más mínimo. Han escogido Zelanda por ser limítrofe con Bélgica, donde el contrabando es cosa corriente, y también porque se puede ir hasta allá sin un permiso especial.

Tuya,

ANNE

Domingo, 27 de septiembre de 1942

Querida Kitty:

Mi madre ha vuelto a tomarla conmigo, como de costumbre en estos últimos tiempos. Es lamentable, pero no nos entendemos, y lo mismo me ocurre con Margot. Desde luego, en casa no se dan los escándalos que a veces se oyen en la de nuestros vecinos de arriba, pero no por ello la situación es menos desagradable para mí. El modo de ser de mi madre y de Margot me es totalmente extraño. Llegué a comprender mejor a mis amigas que a mi propia madre. ¡Es lamentable!

La señora Van Daan vuelve a estar de un humor desesperante. Es muy caprichosa y ahora le ha dado por guardar bajo llave sus cosas, lo que hace cada vez con menos disimulo. A la desaparición de un objeto de los Frank, mi madre podría contestar con la de otro de los Van Daan. Así aprendería aquella señora.

Hay personas que se empeñan en educar a los hijos de los demás, además de los propios. Los Van Daan pertenecen a esta categoría. No se ocupan de Margot, por supuesto, ya que es la prudencia, la amabilidad y la inteligencia personificadas. Ahora bien, las personas mayores parecen necesitar algún chivo expiatorio, alguien a quien poder llamar díscolo e insoportable, y ahora este alguien soy yo, por supuesto. Todo lo que no puede caer sobre las espaldas de Margot, cae sobre las mías. A veces en la mesa, los reproches, con sus correspondientes réplicas insolentes, suben de tono. Mis padres me defienden ardorosamente, de tal modo que sin ellos no me vería capaz de sostener semejante lucha y mantener mi amor propio. A pesar de las recomendaciones de mis padres, que me reprochan continuamente mi locuacidad y querrían que no me metiera en nada y me mostrase más dócil, debo confesar que cosecho más fracasos que éxitos. Y si mi padre no fuese tan paciente conmigo, no me quedaría ninguna esperanza de poder llegar a contentarlos. Y no es que sean demasiado exigentes, la verdad.

Si se me ocurre servirme poca legumbre o algunas papas más, los Van Daan no salen de su asombro y aprovechan la ocasión para decir que soy una niña mimada.

—Toma un poco más de verdura, Anne, vamos…

—No, señora, gracias —contesto yo—. Me basta con las papas.

—Las verduras son buenas para la salud. Tu madre opina lo mismo. Vamos, toma un poco.

Y sigue insistiendo hasta que interviene mi padre aprobando mi negativa.

Entonces la señora se desmelena:

—En mi casa no ocurriría esto, porque sabemos educar a nuestros hijos. ¡Y ustedes llaman educación a esto! Si Anne fuera hija mía, no le permitiría que se portara así…

El disco de la señora Van Daan siempre empieza y termina del mismo modo:

—Si Anne fuera hija mía…

A Dios gracias, no lo soy.

Pero volviendo al asunto, las últimas palabras de la señora fueron seguidas de un silencio total. Después mi padre repuso:

—Yo creo que Anne está muy bien educada. Incluso ha aprendido a no contestar a los inacabables reproches que usted le dirige. Y en lo concerniente a las verduras, el reproche es especialmente inoportuno viniendo de usted.

¡Buen vapuleo el que se llevaba la señora! Con esto de "reproche inoportuno" mi padre aludía a la ínfima cantidad de verdura que acostumbraba servirse la señora Van Daan, que se concede el derecho de mimarse un poco porque, según dice, padece del estómago y las verduras le sientan mal si las toma antes de acostarse. Bien, pues que cierre el pico y me deje en paz. Es grotesco ver cómo se pone colorada por cualquier cosa. Yo, en cambio, no, y esto la saca de sus casillas, pero procura disimularlo.

Tuya,

Anne

Lunes, 28 de septiembre de 1942

Querida Kitty:

Ayer tuve que dejar de escribir sin terminar la carta. No resisto la tentación de ponerte al corriente de un nuevo malentendido que se ha suscitado, pero antes de esto, otra cosa:

Me parece ridículo que las personas mayores discutan con tanta facilidad por cualquier cosa. Hasta ahora estaba convencida de que esto de pelearse era una costumbre de chiquillos, que desaparecía con los años. Puede producirse una "verdadera" disputa por una razón seria, pero las palabras ofensivas que oigo constantemente aquí no tienen ninguna razón de ser y, sin embargo, están a la orden del día. Debería acostumbrarme a ellas, pero no lo consigo, ni lo conseguiré nunca mientras estas discusiones, las llaman así en vez de "peleas", se produzcan por mi causa. No me conceden ninguna cualidad, en mí no hay nada bueno, absolutamente nada. Nunca acaban de criticar y de condenar mis maneras, mi aspecto o mi carácter. Ahora bien, hay una cosa a la que no me he acostumbrado: los gritos y palabras duras que me veo obligada a escuchar sin descomponerme. Esto es más fuerte que yo y no puede durar. Me niego a aguantar tantas humillaciones y voy a demostrarles que Anne Frank no nació ayer, y cuando les diga que antes de preocuparse por mi educación se preocupen de la suya, se quedarán de una pieza y acabarán por cerrar el pico. ¡Vaya maneras! ¡Son unos bárbaros! Cada vez que esto ocurre, me desconcierta tanta rudeza y, sobre todo, tanta estupidez (señora Van Daan), pero en cuanto me acostumbre, y esto será pronto, le devolveré los golpes uno a uno sin ningún miramiento. ¡Esta música va a cambiar!

¿Realmente soy tan maleducada y tan pretenciosa, tan obstinada, tan insolente, tan ignorante, tan perezosa, etcétera, etcétera, como ellos pretenden? No me pasan desapercibidos mis defectos, pero no hay que exagerarlos tanto. ¡Si tú supieras, Kitty, cómo estas injurias, estos insultos me hacen hervir la sangre! Esto no va a durar mucho, porque un día voy a estallar.

Bueno, ya te he aburrido bastante con mis disputas. Con todo, en la mesa se desarrolló una interesante conversación, que te voy a referir con gusto.

Ya no recuerdo cómo salió a relucir la legendaria modestia de Pim (Pim es el apodo que damos a mi padre). Nadie, ni aun los más idiotas, podrían negarlo. De pronto, la señora Van Daan, que es incapaz de sostener una conversación sin ponerse de ejemplo, dijo:

—Yo también soy modesta, incluso más que mi marido.

¡Qué desfachatez! Con sólo decir esto demuestra su falta de modestia. El señor Van Daan, que consideró indispensable aclarar lo de "incluso más que mi marido", contestó con mucha calma:

—No me tengo por modesto. Sé por experiencia que las personas modestas no llegan muy lejos en la vida.

Y volviéndose hacia mí, añadió:

—Anne, no seas nunca modesta, porque no te servirá de nada.

Mi madre se mostró de acuerdo con este punto de vista, pero, naturalmente, la señora Van Daan tenía que intervenir dando su opinión sobre el interesante tema de la educación. Por una vez, no se dirigió directamente a mí, sino a mis padres:

—Al hacer esta recomendación a Anne, demuestran ustedes una concepción de la vida bastante original. Cuando yo era joven… Bueno, había mucha diferencia. El caso es que estoy convencida de que esta diferencia sigue existiendo, excepto en familias tan modernas como la suya.

La última alusión apuntaba claramente a los modernos métodos educativos que mi madre había defendido de manera reiterada.

La señora Van Daan, como de costumbre, se había puesto roja como un pavo por la emoción. Mi madre, en cambio, permanecía impasible. Las personas que se ruborizan se ven cada vez más arrastradas por sus emociones y corren el peligro de perder la partida. Mi madre, cuya palidez no se había alterado, quiso liquidar rápidamente el asunto y, sin tomarse tiempo para pensarlo, contestó:

—En efecto, señora Van Daan, creo que es mejor prescindir un poco de la modestia. Mi marido, Margot y Peter son excesivamente modestos. En cambio, su marido, Anne, usted y yo no lo somos… Quiero decir que no nos doblegamos fácilmente.

La señora Van Daan contestó:

—Mi querida señora Frank, no lo entiendo. Yo soy la personificación de la modestia… ¿Qué motivos tiene usted para dudar de ello?

Mi madre repuso:

—Ninguno en especial. Pero la verdad es que nadie que la conozca a usted puede decir que brilla por su modestia.

La señora Van Daan:

—Me gustaría saber en qué se conoce que no soy modesta. Aquí, por ejemplo, si yo no me las arreglase por mi cuenta, nadie se ocuparía de mí y me dejarían morir de hambre. Ésta no es razón suficiente para no admitir que soy tan modesta como su marido.

Mi madre no pudo menos que reírse de esta ridícula autodefensa. La señora Van Daan, cada vez más nerviosa, siguió hablando con su prosa salpicada de palabras altisonantes, en su original lenguaje alemán-holandés y holandés-alemán, hasta perderse en el laberinto de sus propios conceptos, y acabó abandonando la habitación. Al levantarse se volvió para fulminarme con la mirada. Había que verla. Apenas hubo vuelto la espalda, tuve la desgracia de mover la cabeza con un gesto de compasión, con una chispa de ironía. Lo hice casi inconscientemente, pero bastó para suscitar la ira de la señora, que se puso a proferir insultos en alemán, haciendo gala de un lenguaje bastante grosero, como una verdulera. Estaba colorada como un cangrejo. Me hubiera gustado dibujarla en tan grotesca actitud. Bueno, es una pobre mujer, una estúpida.

Esta escena me sugirió la convicción de que, peleándose de una vez por todas, se llega a conocer a fondo a una persona y se puede juzgar sobre su carácter sin temor a equivocarse.

Tuya,

ANNE

Martes, 29 de septiembre de 1942

Querida Kitty:

Las personas que viven ocultas tienen a su alcance experiencias muy pintorescas. Como no tenemos bañera, nos lavamos en una tina pequeña. Y como disponemos de agua caliente, que está en el despacho, en el piso de abajo, los siete aprovechamos esta ventaja por turno.

Y como somos muy distintos unos de otros, para algunos se plantea el problema del pudor, que cada cual posee en diferente medida. Así, cada cual tiene su rincón preferido, que utiliza a manera de cuarto de baño. Peter lo hace en la cocina, a pesar de que sólo está separada por una puerta con cristales. Cuando se dispone a bañarse, anuncia previamente que durante media hora no se deberá pasar por delante de la puerta de la cocina, y esto le parece suficiente. El señor Van Daan se baña en su habitación y la seguridad de estar en su casa le compensa la fatiga de subir el agua hasta el segundo piso. Mi padre utiliza el despacho privado y mi madre la cocina, tras la mampara.

Margot y yo nos bañamos en el despacho de la parte del frente, allí nos pasamos un buen rato chapoteando. Los sábados, después de comer, corremos las cortinas, y la que está esperando turno acecha por una estrecha rendija a los curiosos que pasan por allí.

La semana pasada decidí buscar una instalación más confortable, pues la que utilizamos no me acaba de gustar. Peter me dio una idea. Voy a instalar mi tina en el espacioso baño del despacho, lo que me permitirá hasta sentarme y encender la luz, echar el cerrojo en la puerta y quedar al abrigo de miradas indiscretas. El domingo me he servido por primera vez de mi nuevo cuarto de baño, y la verdad es que me parece el más práctico de todos.

La semana pasada, los fontaneros estuvieron trabajando en el piso de abajo, en la conducción de agua desde el baño de los despachos hasta el corredor. Este cambio obedece a una precaución contra un invierno riguroso, con objeto de evitar que se congele el agua en las tuberías exteriores. La visita de los fontaneros nos resultó bastante incómoda, pues no podíamos abrir ningún grifo durante el día ni usar el baño. Tal vez no sea demasiado delicado contarte lo que hemos hecho en vista de las circunstancias, pero no soy lo bastante melindrosa como para pasar la cosa en silencio.

Desde nuestra instalación en el anexo y a falta de orinales, mi padre y yo habíamos improvisado unos cuantos con unos tarros de cristal de boca ancha, que encontramos en el laboratorio. Durante el trabajo de los fontaneros, tuvimos que guardar por fuerza los bocales en la habitación. Con todo, esto me parecía menos insoportable que la obligación de estar todo el día encerrada en una habitación, inmóvil, sentada en una silla, sin poder abrir la boca en todo el día. No puedes imaginar el suplicio que esto representaba para una señorita parlanchina. Hay que tener en cuenta que durante las horas de oficina debemos hablar en voz baja, pero estarse callada y sin poder moverse es cien veces peor. Después de tres días de semejante régimen, yo tenía el trasero insensibilizado, como con agujas. Felizmente, algo remediaba la gimnasia de la noche.

Tuya,

ANNE

Jueves, 1 de octubre de 1942

Querida Kitty:

Ayer pasé un miedo tremendo. A las ocho alguien tocó insistentemente el timbre. Creí que eran "ellos". Pero los demás dijeron que debía ser algún golfillo o el cartero, y esto me tranquilizó.

Cada día que pasa, el silencio se hace más denso a nuestro alrededor. Hay un químico farmacéutico judío, Lewin, que trabaja en la cocina del despacho, a las órdenes del señor Kraler, y conoce la casa hasta los más ocultos rincones. Por esto tememos que un buen día pueda ocurrírsele subir a echar un vistazo a su antiguo laboratorio. Permanecemos muy quietecitos. ¿Quién iba a sospechar que el manojo de nervios que era Anne hace dos meses sería capaz de permanecer horas y más horas clavada en una silla, sin moverse?

El día 29 fue el cumpleaños de la señora Van Daan. Sin llegar a festejarlo con pompa, la celebramos con unas flores, unos modestos regalos y hasta con alguna golosina. Los claveles rojos que le regaló su esposo parecen obedecer a una tradición familiar. Y ahora que hablamos de la señora Van Daan, te diré que su flirteo con papá me pone los nervios de punta. Le da palmaditas en la mejilla, le acaricia los cabellos, se sube la falda hasta más arriba de la rodilla, se las da de graciosa, y todo para llamar la atención de Pim. Afortunadamente a Pim no le gusta ni le divierte, y no le sigue el juego. Por si no lo sabías, soy muy celosa, de modo que no puedo soportarlo. A mi madre no se le ocurre coquetear con el señor Van Daan, cosa que ya le he dicho a la señora.

En contra de lo que yo creía, Peter a veces se muestra ocurrente. A los dos nos gusta disfrazarnos y el otro día nos reímos mucho con ello. Él se puso un vestido de su madre, que le quedaba muy ceñido, y un sombrero de señora, y yo un traje suyo y una gorra. La gente mayor se doblaba de risa y nosotros lo pasamos muy bien.

Elli ha comprado una falda para Margot y otra para mí, en la tienda "De Bijenkorf". Son de lo peor que puede haber en confección, verdadera tela de arpillera, pero costaron veinticuatro y siete con cincuenta florines, respectivamente. ¡Qué diferencia de antes!

Voy a explicarte nuestra última diversión. Elli se las arregló para que Margot, Peter y yo podamos seguir un curso de taquigrafía por correspondencia, y ya contamos con ser unas perfectas taquígrafas el año que viene. Sea lo que sea, me siento un personaje con la idea de aprender esta especie de código secreto.

Tuya,

ANNE

Querida Kitty:

Ayer hubo otra pelotera. Mi madre informó a papá de todas las faltas que yo había cometido. Hizo una escena terrible. Se puso a sollozar y yo también, y por añadidura me entró una jaqueca espantosa. Al final, le dije a papá que lo quería mucho más que a mi madre. Él me contestó que todo pasaría, pero no le va a ser fácil hacerme creer esto. Debo esforzarme en conservar la calma ante mi madre. Mi padre querría que yo me mostrara solícita cuando mi madre no se encuentra bien. Debería atenderla sin esperar que me lo pidiese, pero nunca lo hago.

Trabajo mucho mi francés, y estoy leyendo la *Belle Nivernaise*.

Tuya,

ANNE

Querida Kitty:

Hoy no tengo más que malas noticias. La Gestapo va deteniendo sin cesar a muchos judíos, amigos nuestros. Los hace objeto de malos tratos y los transporta en vagones para ganado al gran campo de concentración para judíos en Westerbork, en el Drente. Westerbork debe ser algo de pesadilla. Centenares y centenares de personas se ven obligadas a lavarse en una sola habitación y no disponen de baño. Hombres, mujeres y niños duermen en la más completa promiscuidad, unos encima de otros, en el primer rincón que pueden encontrar. No hay que hablar de las consecuencias en esta mescolanza. Son muchas las mujeres y las muchachas que han quedado embarazadas. No tienen medio de huir, pues la mayoría se distinguen por su cabeza rapada y otros por su tipo judío.

Si esto ocurre ya en Holanda, ¿qué es lo que debe suceder en las bárbaras y lejanas regiones de las que Westerbork es únicamente la antesala? No ignoramos que esa pobre gente va a ser asesinada. La radio inglesa habla de cámaras de gas; a fin de cuentas, quizá sea éste el mejor medio para morir rápidamente. Esto me pone enferma. Miep nos cuenta tan a lo vivo estos horrores que ella misma está trastornada. Por citarte un ejemplo reciente, Miep se encontró delante de la puerta de su casa con una vieja judía paralítica, en espera de los hombres de la Gestapo que habían ido a buscar un coche para transportarla. La pobre anciana estaba aterrorizada bajo el bombardeo de los aviones ingleses; estaba temblando al contemplar los haces luminosos que se cruzaban como flechas en el cielo. Miep no tuvo el valor de hacerla entrar en su casa. Nadie lo hubiera tenido, por otra parte, pues se hubiera expuesto a un severo castigo de los alemanes.

Elli está también muy afectada. Su prometido debe partir para Alemania y teme que los aviones que sobrevuelan nuestras casas dejen caer su cargamento de bombas, a veces millares de kilos, sobre la propia cabeza de Dirk. Las bromas, como que "no le alcanzarán mil kilos" y "basta con una sola bomba", me parecen de un gusto dudoso. Dirk no es el único obligado a partir, desde luego. Cada día salen trenes llenos hasta el tope de muchachos destinados al servicio obligatorio del trabajo en Alemania. Si el convoy se detiene en alguna estación del camino, hay siempre algunos que intentan escapar, pero son muy pocos los que lo logran.

No he llegado todavía al final de mi oración fúnebre. ¿Has oído hablar alguna vez de rehenes? Es lo último que se les ha ocurrido para castigar a los saboteadores. Es lo más atroz que se pueda imaginar. Ciudadanos inocentes y perfectamente respetables son detenidos y esperan su condena en la cárcel. Si el saboteador no es encontrado, la Gestapo fusila a cinco rehenes, así de simple. Con frecuencia los periódicos publican avisos de defunciones con el título: "Accidente fatal". Pueblo de buenos sentimientos el alemán. ¡Y pensar que yo formaba parte de él! Pero no, hace ya mucho tiempo que Hitler nos ha convertido en apátridas. Por otra parte, no hay enemigos más encarnizados que los alemanes y los judíos.

Tuya,

Anne

Viernes, 16 de octubre de 1942

Querida Kitty:

Estoy muy ocupada. Acabo de traducir un capítulo de la *Belle Nivernaise,* tomando nota de las palabras que no conozco. He resuelto también un problema odioso y he hecho tres páginas de gramática francesa. Cada día me siento más abrumada con los problemas. Mi padre los detesta también, y generalmente los resuelvo yo mejor que él. La verdad es que no estamos muy fuertes ninguno de los dos, y con frecuencia tenemos que pedir auxilio a Margot. En taquigrafía, yo soy la más fuerte.

Ayer acabé de leer *De Stormers.* Es un libro muy bueno, pero muy por debajo de *Joop ter Heul.* Cissy van Marxveldt, en general, me parece una autora extraordinaria. He decidido que mis hijos lean todos sus libros.

Mi madre, Margot y yo somos otra vez las mejores amigas del mundo. Es mucho más agradable. Ayer por la tarde, Margot se recostó a mi lado. Era la mar de divertido estar recostadas en mi pequeña cama. Me ha preguntado si un día podrá leer mi Diario. Le he dicho que sí, limitando la lectura a ciertos pasajes, y le he pedido lo mismo con relación al suyo, y hemos quedado de acuerdo. Hablando, hablando, ha surgido el tema del porvenir. Le he preguntado cuáles eran sus planes, pero se resiste a hablar de ello y prefiere mantenerlo en secreto. Hemos hablado también vagamente de la enseñanza. No sé si piensa dedicarse a esto, pero creo que sí. En el fondo, yo no debería ser tan curiosa...

Esta mañana me acosté en la cama de Peter, después de haberlo echado. Se puso furioso, pero a mí me tiene sin cuidado. Ya es hora de que se muestre un poco más atento conmigo. Ayer en la tarde, sin ir más lejos, le regalé una manzana.

Le pregunté a Margot si me encontraba muy fea. Me contestó que tengo un aire divertido y unos ojos muy bonitos. Bastante vago, ¿no te parece?

Hasta la próxima.

Tuya,

ANNE

Martes, 20 de octubre de 1942

Querida Kitty:

Hace dos horas pasamos un susto terrible, que ya debería haber olvidado, pero el caso es que todavía estoy temblando. En la casa hay cinco aparatos Minimax contra incendios. El carpintero, o un obrero cualquiera, debía venir a llenarlos. Nosotros lo sabíamos, pero nadie nos advirtió que sería precisamente hoy.

Resulta, pues, que ninguno de los refugiados ha observado las normas de prudencia exigidas en semejantes casos. En un momento dado, desde el descanso, oí unos martillazos al otro lado de la puerta-armario. Inmediatamente pensé que sería el carpintero y fui a decírselo a Elli, que comía con nosotros, a fin de que no bajara. Mi padre y yo montamos la guardia para vigilar la partida del obrero. Después de haber trabajado un cuarto de hora, puso su martillo y otras herramientas encima del armario, o así lo creímos nosotros, y llamó a nuestra puerta. Todos palidecimos. ¿Habría oído algo y quería examinar el misterioso andamiaje? Así parecía, pues el hombre golpeaba, tiraba y empujaba sin cesar. Aterrorizada, casi me desvanecí al pensar que el desconocido iba a descubrir nuestro escondite. Y en el momento en que creí desfallecer, oí la voz del señor Koophuis que decía:

—Abran, por favor... Soy yo.

Abrimos de inmediato. Se había enganchado el pestillo que sujeta la puerta al armario y que los iniciados pueden descorrer desde fuera. Por esto nadie había podido avisarnos de la hora en que empezaría el trabajo. El obrero se había marchado ya y el señor Koophuis, que venía a recoger a Elli, no podía abrir la puerta-armario.

Me sentí aliviada. En mi imaginación, el hombre dispuesto a entrar en nuestro refugio alcanzaba proporciones desmesuradas hasta convertirse en un verdadero gigante y, por añadidura, en el más fanático de los nazis.

Bueno, por esta vez sólo ha sido el susto, gracias a Dios.

En compensación, el lunes nos divertimos mucho. Miep y Henk van Santen pasaron la noche con nosotros. Margot y yo dormimos en la habitación de nuestros padres, pues cedimos la nuestra a los recién casados. Hicimos una comida deliciosa, pero el festín fue interrumpido por un cortocircuito producido en una de las lámparas. ¿Qué hacer? En la casa no faltaban fusibles, pero el tablero eléctrico está en el fondo del almacén, por lo que resultaba muy complicado llegar hasta allí a oscuras. Con todo, los hombres decidieron arriesgarse, y a los diez minutos ya pudimos apagar la improvisada iluminación de las velas, que resultaba muy graciosa.

Hoy me levanté muy temprano. Henk debía irse a las ocho y media. Miep bajó al despacho después de haber desayunado animadamente en familia, encantada de ahorrarse el trayecto en bicicleta, pues estaba lloviendo a torrentes.

La próxima semana, Elli vendrá a su vez a pasar una noche con nosotros.

Tuya,

Anne

Jueves, 29 de octubre de 1942

Querida Kitty:

Mi padre está enfermo y su estado me inquieta terriblemente. Tiene ronchas y una temperatura muy alta. Diríase que es el sarampión. Figúrate, no podemos siquiera ir a buscar a un médico. Mamá hace todo lo posible para hacerlo sudar. Tal vez esto hará que le baje la fiebre.

Esta mañana, Miep nos explicó que el apartamento de los Van Daan fue saqueado. Todavía no se lo hemos dicho a la señora Van Daan, que está ya demasiado nerviosa en estos últimos tiempos. No nos seduce la perspectiva de escuchar sus lamentaciones acerca de su magnífica vajilla y de las magníficas sillas que habían quedado en el apartamento. También nosotros tuvimos que abandonar muchos y muy buenos objetos, pero no se gana nada con lamentarse.

Desde hace poco se me permite leer algunos libros de mayores. Estoy devorando *Eva's Jeugd*, de Nico van Suchtelen. No veo mucha diferencia entre los libros aptos para muchachas y éste. En él se habla de mujeres que exigen mucho dinero a cambio de vender sus cuerpos a hombres desconocidos en callejuelas de mala nota. Yo me moriría de vergüenza. Después resulta que Eva pasa unos días al mes indispuesta, y lo dice muy claro. A mí me gustaría también estarlo; me sentiría más importante.

Mi padre ha sacado de la biblioteca las tragedias de Goethe y Schiller, y me va a leer unas páginas cada noche. Hemos empezado por *Don Carlos*.

Siguiendo el ejemplo de mi padre, mamá puso en mis manos su libro de oraciones. Para descargar mi conciencia, he leído algunas en alemán. Son muy bellas, pero no dicen gran cosa. ¿Por qué se empeña mi madre en inculcarme sentimientos religiosos?

Mañana vamos a encender la estufa por primera vez. Ya estoy viendo el humo que va a echar, después de tanto tiempo de no limpiarla. Esperemos que funcione.

Tuya,

ANNE

Sábado, 7 de noviembre de 1942

Querida Kitty:

Los nervios de mi madre me enervan terriblemente. ¿Es casualidad que yo sea siempre el blanco de sus iras y nunca Margot? Por ejemplo, ayer por la noche, Margot estaba leyendo un libro adornado con magníficas ilustraciones; se fue un momento de la habitación y dejó su libro para volver a tomarlo cuando volviera. Yo no hacía nada en aquel momento y lo tomé para mirar las láminas. Al volver Margot, viendo su libro en mis manos, frunció el entrecejo y pidió que se lo devolviera. Yo quería hojearlo todavía un momento. Margot se enfadó de verdad y entonces mamá intervino:

—Margot lo está leyendo y tienes que devolvérselo.

En aquel momento entró mi padre y se dio cuenta del aire de víctima de Margot. Sin saber a ciencia cierta qué ocurría, estalló:

—Me gustaría ver qué dirías si Margot se atreviera a hojear uno de tus libros.

Yo cedí de inmediato, puse el libro sobre la mesa y salí de la habitación, vejada, según dijo mi padre. No se trataba de una vejación ni de un enfado. Estaba apenada.

Mi padre no fue justo al reñirme sin preguntar siquiera la causa de nuestra contrariedad. Si no se hubieran mezclado mis padres, yo hubiera devuelto el libro a Margot más deprisa; pero en vez de preguntar qué pasaba, se pusieron de parte de Margot inmediatamente, como si el hecho de tomar su libro un momento hubiese constituido una grave falta.

Mi madre protege a Margot, por supuesto. Las dos se protegen mutuamente. Estoy ya tan acostumbrada a ello que me he vuelto totalmente insensible a los reproches de mi madre y al humor irritable de mi hermana.

Sólo las quiero porque son mi madre y mi hermana. Por lo que respecta a mi padre, es otra cosa. Cada vez que demuestra su preferencia por Margot, cada vez que aprueba su conducta o la colma de elogios y de caricias, me muero de rabia, pues estoy loca por Pim. Él es mi gran ideal. No quiero a nadie en el mundo tanto como a mi padre.

Él no se da cuenta de que a mí no me trata de la misma manera que a Margot. Margot es indiscutiblemente la más inteligente, la más amable, la más bonita y la mejor. Pero tengo también un poco el derecho a ser tomada en serio. He sido siempre el hazmerreír de la familia, la chiquilla insoportable, el chivo expiatorio. Soy siempre la castigada, la que paga, aceptando los reproches o guardando para mí sola mi desesperación. Las atenciones que de vez en cuando me dedica mi padre un poco de pasada y las conversaciones consideradas serias no me satisfacen. Espero de papá algo que no es capaz de darme. No estoy celosa de Margot. Nunca lo he estado, ni he envidiado su inteligencia ni su belleza. Lo único que pido es el amor de mi padre, su afecto verdadero, no sólo para su hija, sino para Anne hecha y derecha.

Me acerco a él porque es el único que mantiene en mí los últimos restos de sentimiento familiar. Pero no quiere comprender que, a veces, siento una imperiosa necesidad de desahogarme, de hablarle de mi madre. Se niega a escucharme y evita todo lo que pueda hacer referencia a sus defectos.

Lo que más me pesa es el carácter de mi madre y sus defectos. Esto me oprime el corazón. No sé nunca qué actitud debo tomar. No puedo decirle brutalmente que es desordenada, dura y sarcástica. Y, sin embargo, no puedo soportar verme constantemente acusada.

En todo caso, yo soy estrictamente opuesta a ella y los choques entre las dos se producen fatalmente. No soy yo quien debe juzgar el carácter de mi madre, desde luego; lo único que hago es compararla con mi ideal. Mi madre no es para mí "la" madre, y por esto me veo obligada a llenar yo misma este vacío. Estoy distanciada de mis padres, voy un poco a la deriva y por el momento no tengo la menor idea de dónde pueda hallarse mi refugio. Todo esto ocurre porque en mi alma anida una imagen ideal: la de la mujer madre, que en nada se parece a la que tengo que llamar Madre.

Me hago el propósito renovado de perseverar en ver sus cualidades y no solamente sus defectos y de tratar de encontrar en mí misma lo que busco en vano en ella. Pero no lo consigo, y lo que más me desespera es que ni mi padre ni mi madre sospechan hasta qué punto los necesito en mi vida, y esto es lo que les reprocho. ¿Existen realmente padres capaces de dar entera satisfacción a sus hijos?

A veces pienso que Dios quiere ponerme a prueba, no sólo ahora, sino también más adelante. Lo principal es sentar la cabeza, sin ejemplos y sin palabras inútiles, a fin de ser más tarde la más fuerte.

¿Quién leerá nunca estas cartas sino yo misma?

¿Quién podrá consolarme? Porque con frecuencia necesito consuelo; con frecuencia me abandonan las fuerzas, no logro perseverar y así no llego a ninguna parte. Yo me doy cuenta de ello y trato de corregirme. Y cada día, vuelta a empezar.

Me tratan de un modo sorprendente. Un día, Anne resulta ser la inteligencia personificada y se puede hablar de todo delante de ella; al día siguiente, Anne no es más que una tonta que se imagina haber descubierto en los libros el secreto de las cosas, cuando en realidad no sabe nada de nada. Pero yo no soy la chiquilla cuyas gracias se celebran entre risas benévolas, tanto si son oportunas como si no. Soy una muchacha que tiene su ideal o, mejor dicho, tengo ideales, ideas, propósitos y proyectos, aun cuando todavía no logre expresarlos. Cuando estoy sola, por la noche, y hasta de día, mi alma se llena de proyectos. Mientras tanto, me veo obligada a soportar personas que me aburren y toman al revés cuanto yo digo. Al final, me refugio de nuevo en mi Diario, que para mí constituye toda mi vida, pues Kitty me escucha siempre pacientemente. Yo le prometo que, sea como sea, me mantendré firme y seguiré mi camino. Pero tengo que beberme mis propias lágrimas. ¡Me gustaría tanto obtener algún resultado, siquiera una sola vez, y tener una persona querida que me animase!

No me juzgues por lo que has leído. Considérame simplemente como un ser que a veces siente que el cáliz de su amargura está lleno hasta los bordes.

Tuya,

ANNE

Lunes, 9 de noviembre de 1942

Querida Kitty:

Ayer celebramos el aniversario de Peter. Cumplió dieciséis años. Recibió muchos regalos, entre ellos una ruleta, un encendedor y una máquina de afeitar. Lo del encendedor fue más bien un detalle, porque raramente fuma.

A la una, el señor Van Daan nos dio la gran sorpresa al anunciarnos que los ingleses habían desembarcado en Túnez, Argel, Casablanca y Orán. Todo el mundo estuvo de acuerdo en que esto significa el principio del fin, pero Churchill, el primer ministro inglés, que probablemente habrá escuchado parecidas opiniones, ha dicho: "Este desembarco es, en realidad, un gran acontecimiento, pero no puede ser considerado como el principio del fin. Yo diría mejor que se trata del fin del principio". ¿Eres capaz de comprender la diferencia? De todos modos, hay motivos para sentirse optimista. Stalingrado, defendido por los rusos desde hace tres meses, sigue sin caer en manos de los alemanes.

Para que comprendas el lenguaje del anexo, voy a explicarte cómo nos aprovisionamos. El pan nos lo suministra un panadero muy amable, conocido del señor Koophuis. No lo tenemos en tanta abundancia como antes, pero nos basta. Adquirimos clandestinamente cartillas de racionamiento, cuyo precio sube sin cesar: de veintisiete florines a treinta y tres en este momento. ¡Esto cuesta un trozo de papel impreso!

Nuestros vecinos del piso de arriba comen mucho. Aparte de ciento cincuenta botes de verduras en conserva, hemos adquirido ciento veintitrés kilos de legumbres secas, que se compartirán también con el personal del despacho. Estas legumbres estaban guardadas en sacos colgados del techo del pequeño corredor que está detrás de la puerta-armario, pero algunos sacos se han descosido a causa del peso excesivo. En vista de ello, decidimos guardar las provisiones de invierno en el desván. Peter se encargó de subirlas. Cinco de los seis sacos llegaron a su destino sin contratiempo. Pero cuando el muchacho estaba subiendo el sexto, cedió la costura inferior y desde lo alto de la escalera empezó a caer una lluvia, o mejor dicho, una granizada de alubias rojas. El saco, que pesaba veintitrés kilos, soltó lo que llevaba dentro con tanto estrépito que en el despacho creyeron que la casa se hundía. Gracias a Dios, sólo estaban los iniciados. Tras el consiguiente susto, Peter soltó la carcajada al verme al pie de la escalera, como una isla inundada por el oleaje de alubias rojas, que me llegaba hasta los tobillos. Nos pusimos a recogerlas, pero como son tan pequeñas y tan lisas, resultaba difícil llegar hasta las que se habían metido por los rincones. Después de este accidente, cada vez que alguien pasa por la escalera, recupera, a fuerza de contorsiones, alguna de las alubias que han quedado esparcidas y las entrega a la señora Van Daan.

Olvidaba decirte que mi padre se halla por completo restablecido.

Tuya,

ANNE

P.D. Por radio acaban de anunciar la caída de Argel. Marruecos, Casablanca y Orán están ya en manos de los ingleses desde hace días. Estamos esperando que le toque el turno a Túnez.

Martes, 10 de noviembre de 1942

Querida Kitty:

Una noticia sensacional. Vamos a acoger a una persona más en nuestro escondite. En realidad, siempre hemos creído que podríamos alojar y alimentar a otra persona. Lo único que temíamos era abusar de la responsabilidad de Koophuis y Kraler. A consecuencia del recrudecimiento del terror, mi padre decidió tantear el terreno; nuestros dos protectores estuvieron de acuerdo. El peligro es el mismo por ocho que por siete.

En vista de ello, nos pusimos a deliberar y pasamos revista al círculo de nuestros amigos. ¿Quién, entre ellos, estaba solo y podía venir a vivir con nosotros? No era difícil encontrar uno. En una especie de consejo de guerra, durante el que mi padre rechazó ciertas proposiciones de los Van Daan a favor de alguno de sus familiares, se llegó a un acuerdo sobre la persona escogida: un dentista llamado Albert Dussel, cuya esposa estaba a salvo en el extranjero. Era un simple conocido, pero tanto los Van Daan como nosotros mirábamos con simpatía su reputación de hombre ordenado. Miep, que lo conocía, fue la encargada de darle a conocer nuestra proposición y, en todo caso, organizar la cosa. Si Dussel acepta, Margot dormirá en la cama de campaña y él compartirá el cuarto conmigo.

Tuya,

Anne

Jueves, 12 de noviembre de 1942

Querida Kitty:

Miep nos dijo que Dussel se mostró encantado. Ella le recomendó que se preparara lo más pronto posible, para el sábado si podía ser. El hombre le dijo que antes debía poner sus ficheros en orden, pasar los asientos de caja al día y atender a dos clientes, por lo que no le sería posible trasladarse en la fecha prevista. Miep nos ha puesto al corriente del retraso esta mañana. Nosotros no somos partidarios de prolongar el plazo, pues los preparativos que se dispone hacer obligarán a Dussel a dar ciertas explicaciones a personas que preferiríamos que ignorasen cualquier cosa que, de cerca o de lejos, pueda relacionarse con nosotros. Miep va a intentar convencer a Dussel para que se traslade el sábado.

No ha habido manera. Dussel se ha negado y dice que llegará el lunes. A mí me parece una tontería que no se someta inmediatamente a una proposición tan sensata. Si lo atrapan en la calle, no va a poder poner sus fichas en orden, ni su caja al día, ni atender a sus clientes. ¿Por qué retrasar la cosa? Yo creo que mi padre se ha equivocado al consentir en el retraso. No hay otras noticias.

Tuya,

Anne

Querida Kitty:

Dussel ha llegado, por fin, sin contratiempos. Miep lo citó a las once de la mañana delante de la oficina de correos, donde encontraría a un señor que lo estaría esperando para acompañarlo. Dussel llegó puntual y se encontró con el señor Koophuis, a quien conocía, que le rogó que se pasara por el despacho donde lo esperaba Miep, pues el señor que debía acompañarlo no había podido acudir. Koophuis tomó el tranvía en dirección al despacho y Dussel lo siguió a pie; llegó a las once y veinte. Llamó a la puerta y Miep lo ayudó a quitarse el abrigo, procurando que no se viera la estrella, y lo llevó enseguida al despacho privado, donde Koophuis lo retuvo hasta que se marchó la mujer de la limpieza. Entonces, con el pretexto de recibir una visita en aquel despacho, Miep condujo a Dussel arriba, abrió el armario giratorio y franqueó el umbral del anexo ante el atónito visitante.

Nosotros estábamos esperando a nuestro convidado tomando café y coñac en la habitación de los Van Daan, alrededor de la mesa. Miep lo introdujo primero en nuestras habitaciones. El hombre reconoció enseguida los muebles, pero de esto a pensar que solamente un tabique lo separaba de nosotros... Cuando Miep se lo dijo, por poco se desmaya, pero ella no le dio tiempo y le enseñó el camino.

Dussel se dejó caer en una silla y nos fue mirando uno a uno sin poder articular palabra, como si tratase de leer la verdad en nuestros rostros. Luego, balbuceó: "Pero... *aber,* ¿no *sind* ustedes en Bélgica? ¿No llegó *der* militar... en el auto, la huida, *nicht* fracasó?". Entonces le explicamos la verdadera historia del oficial y del auto, el rumor que habíamos hecho circular para desorientar a los curiosos y sobre todo a los alemanes, que tarde o temprano nos hubieran buscado. Dussel se quedó pasmado ante el ingenioso truco y volvió a mirarnos a todos hasta que, por fin, nos rogó que le dejáramos ver de cerca nuestro suntuoso anexo, maravillosamente práctico.

Después de haber comido con nosotros, fue a descansar un rato, y más tarde tomó una taza de té y empezó a ordenar sus cosas, que Miep había traído antes de su llegada. Empezaba a sentirse ya como en su casa, sobre todo cuando le entregamos el reglamento del anexo, obra del señor Van Daan:

Prospecto y guía del anexo.
Instalación especial para estancia provisional de judíos y simpatizantes.

Abierto todo el año.
Paraje aislado, rodeado de verdor, en el centro de Ámsterdam. No hay vecinos. Puede irse a él en bicicleta, en coche o tomando los tranvías 13 y 17. Caso de que los alemanes prohíban los citados medios de transporte, se puede ir a pie:
Alquiler: gratuito.
Régimen: sin materias grasas.
Cuarto de baño con agua corriente, pero sin bañera.
Amplios espacios reservados a mercaderías de cualquier género.
Hay un aparato de radio, en el que se pueden oír emisiones directas de Londres, Nueva York y Tel Aviv y muchas otras capitales. A partir de las seis de la tarde, el aparato está exclusivamente al servicio de los habitantes de la casa, que no se preocupan de las prohibiciones. Excepcionalmente se puede escuchar una emisora alemana, cuando da música clásica.
Horas de descanso: de diez de la noche a ocho de la mañana. Los domingos, hasta las diez y cuarto. En vista de las circunstancias, se

observan asimismo las horas de descanso diurnas, indicadas por la dirección. En interés general, cada cual debe observar estrictamente las horas de descanso prescritas.

Lenguas extranjeras: sea la que sea, se ruega hablarla en voz baja y emplear un idioma civilizado. El alemán no, por supuesto.

Cultura física: todos los días.

Vacaciones: prohibido rigurosamente abandonar el lugar hasta nueva orden.

Lecciones: una lección semanal de taquigrafía. Inglés, francés, matemáticas e historia a todas horas.

Departamento especial para animales domésticos: se garantiza que serán bien atendidos, excepto los gusanos, para los que debe solicitarse autorización especial.

Horario para las comidas: desayuno, cada día, excepto los festivos, a las nueve de la mañana. Domingos y fiestas, hasta las once y media.

Almuerzo: parcial o completo, de la una quince a la una cuarenta y cinco.

Cena: caliente o fría, sin hora fija, a causa de las emisiones de radio.

Obligaciones del Comité de aprovisionamiento: estar siempre dispuestos a secundar a nuestros protectores.

Baños: la tina está a disposición de cualquier inquilino, todos los domingos a partir de las nueve de la mañana. Se pueden bañar en el baño, la cocina, el despacho privado o el del frente, a elegir.

Bebidas alcohólicas: solamente por prescripción facultativa.

Fin.

Tuya,
ANNE

Querida Kitty:

Dussel es una persona muy correcta; no nos hemos engaña-
do con él. Ha consentido en compartir conmigo la pequeña habitación que ocupábamos con Margot; a decir verdad, no estoy lo
que puede decirse encantada, pues un extraño va a servirse de
mis cosas, lo que está lejos de agradarme. Pero todos debemos
poner buena voluntad, y hago este pequeño sacrificio de buen
grado. "Ante la posibilidad de poder salvar a alguien, lo demás
no cuenta", dice mi padre, y tiene razón.

Desde el primer día, Dussel me ha pedido toda clase de in-
formaciones. Así, por ejemplo, cuáles eran las horas de la mujer
de la limpieza, cómo nos las arreglamos para bañarnos, las horas en que se puede usar el baño. No es cosa de reír. La vida no
es tan sencilla en un refugio como el nuestro. Durante el día hemos de tener cuidado de no ser oídos desde el despacho, sobre
todo si hay en él algún forastero, como la mujer de la limpieza;
en estos casos todas las precauciones son pocas. Se lo he explicado todo lo más claramente posible, pero, con gran sorpresa
por mi parte, he observado que es un poco lento para comprender; repite las preguntas dos veces y no recuerda las respuestas. Espero que esto mejore; tal vez lo que le pasa es que no se
ha acostumbrado todavía a un cambio tan brusco.

Por lo demás, esto va marchando. Dussel tenía muchas cosas
que contarnos de ese mundo del cual hace tiempo no formamos
parte. Lo que cuenta es triste. Han desaparecido muchos amigos nuestros y tenemos sobrados motivos para temer por su
suerte. Aún no es de noche cuando infinidad de coches militares verdes o grises recorren la ciudad. Los alemanes no dejan
puerta por abrir para cazar judíos. Los que no se han escondido

no pueden escapar a su destino. Si encuentran alguno, los alemanes se lo llevan, con toda la familia; si no, llaman a la puerta contigua. La persecución se realiza sistemáticamente, lista en mano, llamando a la puerta tras la cual les espera un rico botín. A veces se conforman con un rescate, a tanto por cabeza, como en los mercados de esclavos de antaño. La cosa es demasiado trágica para que puedas tomarla como un chiste. Por la noche, veo a veces desfilar esos grupos de inocentes, con sus chiquillos llorando, andando penosamente al mando de algunos brutos que los azotan y los maltratan hasta dar con ellos en el suelo. No respetan a nadie; lo mismo les da que se trate de ancianos, como de criaturas, como de mujeres embarazadas o de enfermos. Para el viaje hacia la muerte, todos son buenos.

¡Qué bien estamos aquí al abrigo de esos horrores y con esta tranquilidad!

Podríamos cerrar los ojos a toda esa tragedia, pero están las personas queridas, a las que debemos dejar abandonadas, sin poder socorrerlas.

En mi cama tibia pienso en mis más queridas amigas, arrancadas de sus hogares y arrastradas a este infierno, y me siento menos que nada. Me horroriza la idea de que las que fueron mis compañeras están ahora en manos de los verdugos más crueles del mundo.

Por la sola razón de ser judías.

Tuya,

ANNE

Querida Kitty:

Ya nadie sabe cómo tomar las cosas. Hasta ahora, las noticias sobre el terror reinante nos iban llegando con cuentagotas, y habíamos tomado el acuerdo de mantener la moral conservando nuestro buen humor tanto como nos fuera posible. Cuando a Miep se le escapaba una mala noticia referente a alguno de nuestros amigos, siempre ocurría lo mismo: mi madre y la señora Van Daan se echaban a llorar. Así, Miep decidió no contarnos nada. Pero cuando vino Dussel, lo asaltamos y nos contó tantos horrores espantosos y tantas barbaridades que no pudimos olvidarlos más. No obstante, esto también acabará por pasar y no habrá más remedio que volver a las burlas y a las bromas pesadas. Este humor sombrío que nos domina ahora no sirve de nada, ni a nosotros ni a los que están en peligro. No tiene ningún sentido dejar que la melancolía se apodere de todo el anexo.

No puedo hacer nada sin pensar en los que se han ido. Si me sorprendo riendo, se me congela la risa en los labios y me digo que no tengo derecho a estar alegre. Pero ¿es necesario que me pase los días llorando? No, no soy capaz de ello; esta tristeza es pasajera, lo sé.

A todo esto, hay que añadir otra pena, pero es estrictamente personal, y no debería contar en absoluto al lado de las que acabo de relatarte. Sin embargo, no puedo dejar de decirte que me siento cada vez más abandonada, como si el vacío aumentase a mi alrededor. Antes, los amigos y las diversiones no me dejaban tiempo de pensar a fondo. Pero estos días, sólo se me ocurren pensamientos tristes, sea a causa de los acontecimientos, sea a causa de lo que me pasa a mí. A medida que avanza el tiempo, me voy dando cuenta de que mi padre, a pesar del cariño que le profeso, no puede reemplazar a mis amigos de antaño, a mi pequeño reino. Pero ¿por qué he de importunarte con estas tonterías? Kitty, soy terriblemente ingrata, lo sé, pero riñéndome siempre, me desorientan verdaderamente y, además, por si faltaba algo, están todas estas miserias que acabo de contarte.

Tuya,

ANNE

Sábado, 28 de noviembre de 1942

Querida Kitty:

Hemos gastado mucha más electricidad. El resultado es que debemos economizar, porque la perspectiva de que nos corten la corriente durante quince días no tiene nada de divertida, ¿verdad? Pero ¿quién sabe? Tal vez con un poco de suerte... A partir de las cuatro o de las cuatro y media está tan oscuro que no se puede leer. Entonces matamos el tiempo con toda clase de tonterías, como adivinanzas, gimnasia, prácticas de conversación en francés, crítica de libros, pero pronto nos cansamos. Ayer por la tarde hice un descubrimiento: tomo los binoculares y miro las habitaciones iluminadas de nuestros vecinos. Durante el día, no tenemos permitido abrir las cortinas ni siquiera un centímetro, pero por la noche no veo ningún peligro.

Antes, nunca me había dado cuenta de que los vecinos podían ser personas interesantes, por lo menos los nuestros. He sorprendido a una familia en el momento de cenar, otra pasando una película y al dentista de enfrente arreglando la boca a una anciana miedosa.

El señor Dussel, que tenía fama de ser muy aficionado a los niños y de entenderse maravillosamente con ellos, se está revelando como un educador chapado a la antigua. En todo el día no cesa de hacer advertencias.

Como tengo la envidiable suerte (?) de compartir la misma habitación, muy reducida, con el honorable pedagogo, y como tengo fama de ser la peor educada de los tres jóvenes que hay aquí, no sé cómo esquivar sus reproches y sus sermones, y he acabado por hacerme la sorda.

Hasta aquí la cosa sería soportable, pero como el señor resulta ser un chismoso de primer orden y hace de mamá otra chismosa, no te digo nada.

Primero me agarra él y enseguida mete la cuchara mi madre. Con un poco de suerte, cinco minutos más tarde, me llama la señora Van Daan para hacerme responder de tal o cual cosa. A derecha, a izquierda, por encima de la cabeza, por todas partes, estalla la tormenta.

La verdad es que no es nada cómodo ser el símbolo de todos los defectos en una familia autoritaria. Por la noche, en mi cama, paso revista a los numerosos pecados y faltas que me han sido atribuidos durante la jornada y me pierdo como un náufrago en aquel mar de acusaciones. Entonces me echo a reír o a llorar. Depende de mi estado de ánimo.

Después me duermo con la extraña sensación de querer ser otra de la que soy o de no ser como quiero, tal vez de comportarme de una manera distinta a como yo quiero o a como soy en realidad. Te pido perdón por este lío, pero no me gusta hacer tachaduras y la falta sobre todo de papel nos impide romperlo. Te aconsejo que no vuelvas a leer la frase precedente, y no trates de comprenderla, porque no lo lograrás.

Tuya,

ANNE

Querida Kitty:

Nuestra Januká y el día de San Nicolás han coincidido con un solo día de diferencia. Para la Januká hicimos poca cosa: unas golosinas y, sobre todo, las velitas. A causa de su escasez, sólo las tuvimos diez minutos encendidas; pero no olvidamos el canto ritual, y esto es lo principal. El señor Van Daan fabricó un candelabro de madera y la ceremonia se desarrolló como era debido.

El sábado por la noche, la fiesta de San Nicolás resultó más divertida. Elli y Miep habían encendido nuestra curiosidad tras pasar un rato cuchicheando con mi padre, por lo que dedujimos que algo preparaban.

No nos defraudaron. A las ocho de la tarde descendimos todos por la escalera de madera para desembocar en las tinieblas del largo pasadizo. A mí se me puso la carne de gallina y quise volverme atrás. Por fin llegamos al vestidor. Como es un cuarto sin ventanas, pudimos encender la luz. Mi padre abrió el gran armario que hay allí. "¡Qué maravilla!", exclamamos todos. En medio del armario había una gran cesta adornada con papeles de colores y rematada por una máscara de Pedro el Negro.

Nos apresuramos a trasladar la cesta a nuestras habitaciones, y una vez allí, cada cual encontró su pequeño regalo, con un cumplido de circunstancias, según la costumbre holandesa.

Para mí había un pastel en forma de muñeca, para mi padre un sujetalibros, etc. Los regalos eran muy originales y lo pasamos muy bien, tanto más cuanto no habíamos celebrado nunca el San Nicolás. Fue un éxito.

Tuya,

ANNE

P.D. También teníamos regalos para todos los del piso de abajo, algunas cosas que todavía conservábamos de los buenos viejos tiempos; además, Miep y Elli siempre agradecen el dinero.

Hoy escuchamos que el cenicero del señor Van Daan, el marco de fotos de Dussel y los sujetalibros de mi padre fueron hechos nada menos que por el mismo señor Vossen. ¡Cómo puede alguien ser tan hábil con sus manos es un misterio para mí!

Jueves, 10 de diciembre de 1942

Querida Kitty:

El señor Van Daan había sido comerciante de salchichones y embutidos y otras especialidades. Se incorporó al negocio de mi padre por su experiencia en las ventas. Estos días hemos tenido ocasión de apreciar su labor de charcutero.

Encargamos una buena cantidad de carne en el mercado negro, por supuesto, a fin de elaborar conservas en previsión de tiempos difíciles. Era un curioso espectáculo ver cómo las tripas se convertían en salchichas, una vez rellenas de carne picada y vuelta a picar, sazonada con especias. Sobre la marcha, nos regalamos con ellas a la hora de comer, con un poco de chucrut. Pero los salchichones serán puestos a secar, colgados del techo, con un bastón y unos cordeles. Al entrar en la habitación y ver la exposición de salchichas frescas, todo el mundo se echaba a reír, y no sin motivo.

La habitación estaba desconocida. El señor Van Daan se había puesto un delantal de su mujer, lo que lo hacía lucir más voluminoso todavía, y estaba muy ocupado con la carne; llevaba sangre en las manos y en la cabeza, y con el delantal manchado también de sangre, presentaba el aspecto de un verdadero carnicero. Su esposa se ocupaba de un sinfín de cosas a la vez: aprender su lección de holandés, vigilar la sopa, mirar a su marido y suspirar, y quejarse de dolor al recordar su costilla rota. Esto le enseñará a no hacer ejercicios gimnásticos impropios de su edad. Y todo lo hace para rebajar un poco su enorme trasero.

Sentado cerca de la estufa, Dussel se aplicaba compresas de manzanilla en el ojo inflamado. Pim había colocado su silla en el leve rayo de sol que se filtraba por la ventana y de vez en cuando alguien tropezaba con él. Parecía sentir su reuma, pues recordaba a un viejo diácono encorvado mientras miraba los dedos del señor Van Daan con aire irritado. Peter se distraía jugando al trompo con su gato. Mi madre, Margot y yo estábamos pelando papas. En suma, nadie estaba haciendo bien sus labores porque todos teníamos puesta la atención en el señor Van Daan.

Dussel ha inaugurado su nuevo gabinete de dentista. Si te divierte, te voy a contar cómo fue. Mi madre estaba planchando cuando la señora Van Daan se presentó como su primera cliente. Se sentó en medio de la habitación. Dussel abrió su estuche y sacó los instrumentos dándose importancia. Pidió agua de colonia como desinfectante y vaselina en sustitución de la cera.

Examinó la boca de la señora y le tocó un diente o una muela, lo que la hizo estremecer como si fuera a morir de dolor mientras emitía unos sonidos inverosímiles. Después de un largo reconocimiento según la señora, aunque en realidad no duró más de cinco minutos, Dussel empezó a escarbar una caries. Pero no hubo manera. La señora, tomada por sorpresa, empezó a mover los brazos y las piernas como aspas, hasta que Dussel soltó bruscamente el pequeño gancho que quedó prendido en la muela de la señora.

Entonces empezó lo bueno. La señora se puso a agitar los brazos en todas direcciones llorando todo lo que se puede llorar con un gancho en la boca, y tratando de arrancarse aquel instrumento, que se hundía cada vez más. Dussel permanecía tranquilo contemplando la escena, con las manos en las caderas. Los demás espectadores nos doblábamos de risa. Desde luego, no estaba bien, pues estoy segura de que yo hubiera gritado mucho más que ella.

La señora logró sacarse por fin el gancho, no sin hacer muchas contorsiones y lanzar gritos y pedir ayuda. Entonces el señor Dussel prosiguió su trabajo como si tal cosa. Esta vez actuó tan deprisa que la señora no tuvo tiempo de volver a empezar, gracias a la ayuda que le prestamos el señor Van Daan y yo como asistentes. Esto me hizo pensar en un grabado medieval que llevaba la leyenda: "Charlatán trabajando".

Al fin, la señora se impacientó. Tenía que vigilar "su" sopa y toda "su" cena. Una cosa es cierta: que ella no va a volver a ofrecerse como cliente a nuestro dentista.

Tuya,

ANNE

Domingo, 13 de diciembre de 1942

Querida Kitty:

Estoy confortablemente instalada en el despacho del frente y puedo mirar afuera a través de la rendija de las cortinas. Estoy en la penumbra, pero con luz suficiente para escribirte.

Es curioso contemplar a la gente que pasa. Me parecen todos muy presurosos y me dan la impresión de que van a tropezar con sus propios pies.

En cuanto a los ciclistas, pasan tan de prisa que no consigo siquiera distinguir sus caras.

El personal del barrio no tiene nada de atractivo, sobre todo los chiquillos, que se ven muy sucios. Habría que agarrarlos con pinzas. Verdaderas estampas de chiquillos de barrio, llenos de mocos y hablando una jerga incomprensible.

Ayer por la tarde, cuando Margot y yo habíamos tomado nuestro baño, le dije:

—Si pudiéramos pescar a esos chiquillos, darles un baño, lavarlos, cepillarlos, zurcirles un poco la ropa y después soltarlos…

Margot me interrumpió:

—Al día siguiente volverían a estar sucios, con los mismos andrajos…

Pero yo me dejo ir. Hay otras cosas que ver: los autos, los buques, la lluvia. Oigo el ruido del tranvía y me divierte.

Nuestros pensamientos cambian tan poco como nosotros mismos y forman un perpetuo carrusel, de los judíos a la comida y de la comida a la política. Entre paréntesis, hablando de judíos, ayer vi pasar a dos por la rendija de la cortina. Me puse triste, con la sensación de estar traicionando a aquella pobre gente y espiando su desventura. Precisamente enfrente de la casa hay una barcaza habitada por un batelero y su familia. Tienen un perrito al que conocemos por sus ladridos y que menea la cola al pasear por el buque.

La lluvia persiste y la gente se oculta bajo su paraguas. ¡Qué le vamos a hacer! No veo más que impermeables, y a veces una nuca tocada con una boina. Casi no vale la pena mirarlas. Estoy cansada de ver a las mismas mujeres, gordas de tanto comer papas, vestidas con un abrigo verde o encarnado, con los tacones gastados y el bolso colgando del brazo. Algunas de ellas tienen una expresión ingenua, otras un aspecto desabrido. Esto debe depender del humor de sus maridos.

Tuya,

ANNE

Martes, 22 de diciembre de 1942

Querida Kitty:

Todos los que vivimos en el anexo nos hemos alegrado de la noticia. Por Navidad, tendremos 125 gramos de mantequilla. El diario anuncia un cuarto de kilo, pero esa ración está reservada a los privilegiados que pueden obtener sus cartillas del Estado y no para los pobres judíos escondidos que, por economía, adquieren cuatro cartillas para ocho personas. Cada uno de nosotros ha querido hornear algo con la mantequilla. Esta mañana, hice algunas galletas y dos tartas. Tenemos mucho que hacer y, para obedecer a mi madre, he tenido que interrumpir las lecciones y la lectura hasta que el trabajo de la casa estuviera terminado.

La señora Van Daan guarda cama a causa de su costilla rota. Todo el día se está quejando, hay que cambiarle constantemente las compresas y nunca queda satisfecha. Hay que hacerle justicia. Es una mujer muy activa y ordenada, por esto me gustaría verla restablecida e incorporada de nuevo a sus quehaceres; incluso es una persona que hace compañía, cuando se encuentra en buen estado físico y moral.

Durante el día, cuando hago un poco de ruido, mi compañero de cuarto se cree autorizado a hacer: "¡Chist!" y durante la noche, si me revuelvo en la cama, oigo lo mismo: "¡Chist!". Hasta ahora me he hecho la desentendida, pero la próxima vez que se permita advertirme, le voy a replicar a mi vez: "¡Chist!".

Los domingos por la mañana, sobre todo, me saca de mis casillas. Se pasa horas y horas, al menos esto me parece, haciendo gimnasia con la luz encendida, y lo peor es que no para de mover las sillas que me sirven de cabecera de la cama y me despierta cada vez. Cuando acaba sus ejercicios moviendo los brazos como aspas de molino, el señor empieza a asearse. Primero va a buscar unos calzoncillos, y después vuelve por su corbata, que ha olvidado encima de la mesa, tropezando, como es de suponer, con mis sillas. No deja un momento de andar de un lado para otro.

Bueno, te estoy aburriendo con cuentos de viejos insoportables. Mis lamentaciones no van a cambiar las cosas. A veces se me ocurren cosas para vengarme: aflojar la bombilla, por ejemplo, o cerrar la puerta con llave, pero me contengo a fin de no alterar la paz.

Me estoy volviendo muy modosa. Aquí hay que ser razonable siempre: para escuchar, para prestar ayuda, para callarse, para ser atenta y para Dios sabe qué. Temo que están poniendo a prueba mi cerebro, ya no muy brillante de por sí, y no me va a quedar ni un poco para después de la guerra.

Tuya,

ANNE

Miércoles, 13 de enero de 1943

Querida Kitty:

Me han estado fastidiando toda la mañana y no he podido hacer nada bien.

En la ciudad reina el terror. Los transportes de proscritos siguen sin cesar, día y noche. Van con su pequeño hato a la espalda y un poco de dinero en el bolsillo, pero por el camino los despojan aun de estos últimos bienes. Las familias son dispersadas, agrupando por separado a hombres, mujeres y niños.

Al volver de la escuela, los niños no encuentran a sus padres. Al volver del mercado, las mujeres encuentran selladas las puertas de su casa y a su familia desaparecida.

Los cristianos holandeses se ven igualmente afectados, pues sus hijos son trasladados por la fuerza a Alemania. Todo el mundo tiene miedo.

Centenares de aviones vuelan sobre Holanda, en ruta hacia Alemania para bombardear y destruir sus ciudades. En Rusia y en África del Norte mueren centenares de hombres cada hora que pasa. Nadie puede considerarse al abrigo de la guerra, pues ésta abarca al mundo entero, y si bien los Aliados van ganando terreno, no se vislumbra todavía el fin.

Nosotros estamos bien, mucho mejor, claro está, que millones de otros seres: todavía estamos seguros y vivimos de nuestro dinero. La verdad es que somos unos egoístas. Nos permitimos hablar de la posguerra gozándonos en la perspectiva de vestidos nuevos, zapatos, etc., cuando deberíamos ahorrar hasta el último centavo para poder ayudar a la gente que después de la guerra habrá quedado sumida en la miseria o, por lo menos, salvar lo que se pueda.

Vemos a los niños circular por la calle con una blusita de verano y zuecos, sin abrigo, calcetines o boina, y nadie les ayuda. No tienen nada en el estómago y abandonan sus heladas casas mordisqueando una zanahoria, para salir a la helada calle y dirigirse a una clase más glacial todavía. Son numerosos los pequeños que detienen a los transeúntes pidiendo un pedazo de pan. Holanda ha llegado a esto.

Podría pasar muchas horas hablándote de la miseria que ha traído la guerra, pero esto me descorazona cada vez más. No podemos hacer más que resistir y esperar el fin de tanta desventura. Esperan los judíos y los cristianos, espera el mundo entero, y muchos esperan la muerte.

Tuya,

ANNE

Sábado, 30 de enero de 1943

Querida Kitty:

Me carcomo, ardo de ira sin poder demostrarlo. Querría gritar, patalear, llorar, sacudir a mi madre, sacudirla bien, no sé lo que querría... ¿Cómo soportar cada día de nuevo palabras injuriosas y ofensivas, miradas burlonas, acusaciones lanzadas como flechas con un arco tenso, que me atraviesan de parte a parte y se quedan clavadas en mi cuerpo?

Quisiera gritarles a Margot, Van Daan, Dussel, y también a mi padre: "Déjenme en paz, déjenme dormir siquiera una noche sin humedecer con mis lágrimas la almohada, sin sentir que mi cabeza está a punto de estallar y que arden mis ojos. Déjenme marchar, abandonarlo todo, sobre todo este mundo".

Pero no puedo mostrarles mi desesperación, me siento incapaz de dejar que vean las heridas que me causan y tolerar que me compadezcan o me abrumen con sus palabras irónicas. Esto me desesperaría aún más. No puedo abrir la boca sin verme acusada de afectación ni callarme sin ser ridícula; me llaman insolente si contesto y estúpida si me callo; si estoy fatigada soy una perezosa; si tomo un bocado de más, soy una egoísta calculadora, y así sucesivamente. Todo el día no oigo más que esto, que soy una chiquilla insoportable. Aunque procuro tomarlo a risa y fingir que no me importa, la verdad es que me afecta mucho. Querría pedirle a Dios que cambiase mi manera de ser y me convirtiera en una persona que no provocase la cólera de los demás.

Esto es imposible, no puedo cambiar y, por otra parte, no soy tan mala como dicen, estoy segura de ello.

Pongo buena voluntad en complacer a las personas que me rodean, hasta el punto de que si supieran los esfuerzos que hago para lograrlo se asombrarían. Así, cuando estoy en casa de los Van Daan, me río por cualquier cosa para que no comprendan lo desgraciada que soy.

Más de una vez, después de los reproches interminables y caprichosos de mi madre, he llegado a arrojarle a la cara: "Todo lo que tú puedas decirme, por un oído me entra y por el otro me sale. Déjame en paz de una vez. Soy un caso desesperado, sí, de acuerdo". Entonces, claro, me llama insolente, y durante dos días ignora mi existencia, o bien se olvida enseguida del altercado y renace la calma… para los demás.

No puedo hacer un día el papel de niña dócil, cuando la víspera he estado a punto de lanzarles todo mi odio a la cara. Prefiero mantenerme en un justo medio, que no tiene nada de justo, por supuesto, y guardarme lo que pienso. Si vuelven a tratarme con desprecio, voy a pagarles con la misma moneda, por lo menos voy a probar una vez.

¡Ah, si yo fuera capaz de hacerlo!

Tuya,

ANNE

Querida Kitty:

No creas que cesaron los disgustos porque no te he hablado de ellos; la situación no ha experimentado cambio alguno. Poco después de su llegada, el señor Dussel, ante el hecho de nuestra incompatibilidad de humor, lo tomó por lo trágico, pero ya se ha ido acostumbrando y ha dejado de intentar arreglar las cosas.

Margot y Peter son tan aburridos y desangelados que parece mentira que sean jóvenes. Yo hago el papel de niña antipática y a cada momento oigo: "Margot y Peter no harían esto". Siempre, a cada paso, el eterno ejemplo de los dos personajes. Me ponen los nervios de punta.

Confieso que no me gustaría parecerme a Margot; la encuentro demasiado indiferente y blanducha. Siempre es la primera en ceder en las discusiones y toma el partido del último que le habla. Yo, en cambio, aspiro a una mayor firmeza espiritual, pero esto me lo guardo. Me temo que si lo empleara como argumento para defenderme, se burlarían de mí.

La atmósfera está casi siempre muy cargada en la mesa. Afortunadamente, la tensión cede un poco ante la presencia de los iniciados del despacho que vienen a tomar un plato de sopa con nosotros.

Esta tarde, el señor Van Daan ha dicho una vez más que Margot come muy poco. "Debe hacerlo para conservar la línea", ha añadido en un tono de burla. Mi madre ha replicado, defendiendo a Margot, como de costumbre: "Estas estúpidas observaciones son insoportables".

La señora Van Daan se puso colorada como un pimiento. El señor Van Daan se limitó a mirar fijamente a mi madre, pero se calló. Tarde o temprano, acaban por hacernos reír. No hace mucho, la señora Van Daan se hizo la interesante relatando sus recuerdos de juventud, de una estupidez irresistible: se llevaba muy bien con su padre, había tenido un sinfín de pretendientes, y así sucesivamente. "¿Sabe usted? Mi padre me aconsejó que le dijera a un individuo que se mostraba muy expresivo: 'Caballero, no olvide usted que soy una dama'." Cuando la señora Van Daan dijo esto nos doblamos de risa.

Tuya,

ANNE

Sábado, 27 de febrero de 1943

Querida Kitty:

Pim cree que los Aliados van a desembarcar de un momento a otro. Churchill ha estado enfermo de neumonía y se va restableciendo lentamente. Gandhi, el libertador de la India, hace una vez más huelga de hambre.

La señora Van Daan presume de fatalista, pero se muere de miedo durante los bombardeos.

Henk nos ha traído el sermón que los obispos han distribuido entre sus fieles. Está muy bien escrito y lo encuentro magnífico: "Neerlandeses, no permanezcan inactivos, luchen, todos y cada uno, con sus propias armas, por la libertad de la patria, del pueblo y de la religión. Presten ayuda sin vacilar". Y esto lo dicen en el púlpito. No sé si el pueblo va a secundar esta actitud. Los que no lo harán serán nuestros correligionarios.

Ha ocurrido algo grave. El propietario de este inmueble lo ha vendido sin advertir previamente a Kraler o a Koophuis. El otro día, por la mañana, se presentó el nuevo propietario, acompañado de un arquitecto, a hacer una visita al edificio. Afortunadamente estaba el señor Koophuis, que los atendió, enseñándoles toda la casa excepto nuestro anexo, diciéndoles que tenía la llave en su casa. El nuevo propietario no insistió. Si vuelven para echar un vistazo al anexo estamos perdidos.

Mi padre ha arreglado un fichero que nos servirá a Margot y a mí para los libros que hemos leído ya. Cada una de nosotras inscribirá el título del libro, el autor y otros detalles. Yo tengo un cuaderno especial en el que anoto las palabras extranjeras.

Hace unos días que mis relaciones con mi madre van algo mejor, pero, con todo, jamás llegaremos a hacernos verdaderas confidencias. Margot está cada vez más arisca y a mi padre algo debe de fastidiarle, pero se muestra solícito como siempre.

Hemos revisado las raciones de mantequilla y margarina que debemos consumir. En cada plato ponemos las materias grasas correspondientes. A mi juicio, los Van Daan no tienen ni idea de lo que significa un reparto equitativo, pero mis padres no se atreven a plantear la cuestión para evitar altercados. Por lo que a mí se refiere, si se me presenta una ocasión de echárselos en cara, no dejaré de hacerlo.

Tuya,

ANNE

Miércoles, 10 de marzo de 1943

Querida Kitty:

Anoche, durante un bombardeo, se produjo un cortocircuito. No consigo sobreponerme al miedo que me causan los aviones y las bombas, y paso casi todas las noches en la cama de mi padre, en busca de protección. Comprendo que es una puerilidad, pero si estuvieras en mi lugar… Los cañonazos meten un estruendo de todos los diablos y mientras dura el bombardeo no hay modo de entenderse. La señora Van Daan, la fatalista, decía con un hilillo de voz, casi lloriqueando:

—¿Por qué están tirando de este modo? ¡Qué desagradable resulta!

En realidad, quería decir: "Estoy muerta de miedo".

La luz de las velas disipaba un poco las sombras del terror. Yo me puse a temblar como si tuviese fiebre y supliqué a mi padre que encendiera una vela, pero él se mostró inflexible. Teníamos que permanecer a oscuras. De pronto se oyó el tabletear de las ametralladoras, que a mí me asusta mucho más que el retumbar del cañón. Mi madre se levantó de la cama y encendió una vela a pesar de las protestas de mi padre. Mi madre se mantuvo firme diciéndole: "Tú crees que Anne es un veterano de guerra". Y ahí se acabó la cosa.

¿Te he hablado de otras cosas que asustan a la señora Van Daan? Voy a hacerlo, a fin de ponerte al corriente de los menores detalles de nuestra vida en el anexo. Una noche creyó oír pasos en el desván. No era una ilusión. Probablemente eran ladrones. Llena de miedo, despertó a su marido, pero en aquel preciso momento los ladrones debieron desaparecer, pues el señor Van Daan no oyó más que los fuertes latidos del corazón de la fatalista mujer:

—Oh, Putti (el apodo del señor Van Daan), seguramente se han llevado los salchichones y nuestros sacos de alubias. ¿Y Peter está en su cama?

—No te asustes, no han robado a Peter. No tengas miedo y déjame dormir.

Pero no había nada que hacer. El pánico que se había apoderado de la señora le impedía volver a conciliar el sueño.

Unas noches después volvió a despertar a su marido y a su hijo. Había vuelto a oír ruido. Peter subió al desván provisto de una lámpara de bolsillo. ¿Y qué vio? Rrrr... ¡Una legión de ratas que huían! Los ladrones habían sido descubiertos. Dejamos a *Mouschi* en el desván para ahuyentar a los indeseables visitantes que no han vuelto a presentarse, al menos por la noche.

Una tarde, Peter subió a la buhardilla a buscar periódicos viejos. Al bajar la escalera, se aferró a la trampilla a fin de mantener el equilibrio, pero con tan mala fortuna que, sin darse cuenta, puso la mano... encima de una enorme rata. Le faltó poco para bajar la escalera rodando, del susto y del dolor, pues la rata le mordió el brazo. Al entrar en nuestro cuarto estaba pálido como un muerto y su pijama estaba manchada de sangre. ¡Qué mala suerte! No tiene ninguna gracia acariciar a una rata que, por añadidura, le muerde a uno. Debe ser espantoso.

Tuya,

ANNE

Viernes, 12 de marzo de 1943

Querida Kitty:

Voy a presentarte a mamá Frank, última protectora de los niños. Ha reclamado para nosotros un suplemento de mantequilla, pues así lo exige el trato que debe darse a la juventud en los modernos tiempos. Mi madre ha tomado la defensa de la gente joven y, a pesar de las protestas de los mayores, se sale con la suya.

Se nos ha estropeado un frasco de lengua en conserva. Comida de gala para *Mouschi* y *Boschi*.

No conoces todavía a *Boschi*, a pesar de que formaba parte de la casa ya antes de nuestra llegada. Es el gato del despacho o, mejor dicho, del almacén, y mantiene a raya a las ratas en sus dominios. Voy a aclararte el porqué de su nombre político. La empresa tenía dos gatos, uno para los almacenes y otro para el desván. A veces, los dos se encontraban y tenían enconadas batallas. El del almacén era siempre el primero en atacar, pero era el otro el que salía vencedor al final. El gato del almacén se ganó el nombre de *Boschi* (alemán) por su agresividad y el del desván fue llamado *Tommy* por su temperamento inglés. *Tommy* desapareció un buen día y *Boschi* nos sirve de distracción cuando bajamos al despacho.

Comemos tantas alubias blancas o rojas que han acabado por repugnarme. Sólo pensar en ellas me da náuseas. Hemos suprimido la colación de antes de acostarnos.

Papá no disimula su mal humor. Su mirada se ha vuelto triste. ¡Pobre papito!

El libro que estoy leyendo, de Ina Boudier-Bakker, *De Klop op de Deur*, me tiene subyugada. Está muy bien escrito y la descripción de la familia es maravillosa; en cambio, no me gustan los pasajes que tratan de la guerra y de la emancipación de la mujer. La verdad es que estos temas no logran interesarme.

Arrecian los bombardeos sobre Alemania. El señor Van Daan está malhumorado porque ha agotado su provisión de cigarrillos. Hemos deliberado sobre la cuestión de si debíamos comer o no las verduras en conserva. Resultado favorable. Mis zapatos ya me quedan estrechos y me veo obligada a usar las botas, poco prácticas para andar por casa. Unas sandalias de paja trenzada, que costaron seis florines y medio, me han durado exactamente una semana. Quizá Miep encuentre algo en el mercado negro. Voy a cortar el pelo a Pim. Dice que después de la guerra no cambiará de peluquero, en vista de mi habilidad en el oficio. Yo no acabo de creérmelo porque con frecuencia le hago un corte en la oreja.

Tuya,

ANNE

Jueves, 18 de marzo de 1943

Querida Kitty:

Turquía va a entrar en la guerra. Gran emoción. Esperamos las emisiones conteniendo la respiración.

Tuya,

ANNE

Viernes, 19 de marzo de 1943

Querida Kitty:

A la alegría ha seguido la decepción en el breve intervalo de una hora. Turquía no ha entrado en la guerra. El discurso del ministro no era más que una llamada contra la neutralidad. Un vendedor de periódicos del centro de la ciudad gritaba: "¡Turquía del lado de Inglaterra!". Vendió los periódicos enseguida. Uno ha llegado a nuestras manos con sus falsas noticias.

Van a ser retirados de la circulación los billetes de quinientos y de mil florines, declarados sin valor. Los traficantes del mercado negro se van a ver en un aprieto, pero la cosa es aún más grave para los que ocultan su dinero y para los que están escondidos por la fuerza de las circunstancias. Para cambiar un billete de mil florines hay que declararlo previamente y justificar su procedencia. Hasta la próxima semana estos billetes pueden utilizarse para el pago de los impuestos.

Dussel ha mandado traer su taladro de dentista y me preparo para someterme en breve a un minucioso reconocimiento.

El Führer de los alemanes ha hablado ante sus soldados heridos. Triste emisión. Preguntas y respuestas poco más o menos como éstas:

—Me llamo Heinrich Scheppel.

—¿Dónde fue usted herido?

—En Stalingrado.

—¿Qué heridas?

—Los pies congelados y fractura del brazo izquierdo.

La emisión recordaba un teatro de marionetas. Los heridos parecían orgullosos de sus heridas. Cuantas más tenían, más satisfechos se mostraban. Uno de ellos estaba demasiado emocionado y no pudo articular palabra. El motivo era que el Führer le permitió estrecharle la mano... si, por lo menos, le quedaba una.

Tuya,

Anne

Jueves, 25 de marzo de 1943

Querida Kitty:

Ayer, cuando estábamos reunidos pasando una agradable velada, papá, mamá, Margot y yo, Peter entró bruscamente y le susurró unas palabras al oído a mi padre. Pude entender vagamente que en el almacén se había volcado un tonel y que alguien estaba hurgando en la puerta. Los dos salieron inmediatamente. Yo me puse lívida, a pesar de los esfuerzos de Margot por calmarme.

Solas las tres mujeres, lo único que podíamos hacer era esperar. Apenas transcurridos dos minutos, llegó silenciosamente la señora Van Daan, que había sido advertida por Pim. Cinco minutos después, Peter y Pim regresaron. Estaban pálidos y nos contaron lo ocurrido. Se habían puesto al acecho al pie de la escalera, y por el momento nada pudieron observar. De pronto oyeron dos fuertes golpes, como de una puerta que se cierra violentamente. No cabía duda, Pim volvió a subir de un salto y Peter, al pasar, avisó a Dussel que, como de costumbre, había sido el último en reunirse con nosotras. Nos quitamos los zapatos y subimos todos a la habitación de los Van Daan. El señor Van Daan estaba en cama con un fuerte resfriado y nos pusimos a su alrededor para cambiar impresiones, en voz baja, sobre el caso.

Cada vez que el señor Van Daan tosía, la señora Van Daan y yo nos asustábamos tanto que poco nos faltaba para desvanecernos. Alguien tuvo la luminosa idea de atiborrarlo de codeína y esto calmó los comprometedores accesos.

Después de una espera interminable, al no repetirse los ruidos, supusimos que los rateros habían oído nuestros pasos en el despacho cerrado y se habían dado a la fuga. El aparato de radio, conectado con Inglaterra, alrededor del cual estaban aún dispuestas las sillas en círculo, fue motivo de una gran preocupación. Si realmente habían forzado la puerta y se habían dado cuenta, podían denunciarlo a la policía, lo que podría acarrearnos graves consecuencias. El señor Van Daan se levantó, se puso el abrigo y el sombrero y, seguido por mi padre, bajó la escalera. Peter se reunió con ellos, armado con un gran martillo. Las señoras, Margot y yo quedamos en una angustiosa espera que duró cinco minutos. Por fin, los hombres volvieron diciendo que todo estaba en calma en la casa. Decidimos no usar los grifos del agua ni tirar de la cadena del retrete, pero como la emoción produjo un efecto general, hubo fila para ir al baño. Ya puedes imaginarte el olor...

Una desgracia no llega nunca sola. Esta vez ocurrió que el campanario de la Westertoren dejó de sonar y me vi privada de la compañía de este amigo que me inspiraba confianza. Nos preguntábamos si la puerta habría quedado bien cerrada la víspera, pues el señor Vossen se había ido antes de la hora de cerrar e ignorábamos si Elli le había pedido la llave antes de que se marchara.

Hasta las once y media de la noche no empezamos a sentirnos tranquilos. La alarma causada por los rateros había empezado alrededor de las ocho, de modo que, a pesar de su rápida huida, nos hicieron pasar una velada de gran incertidumbre. Pensándolo mucho, llegamos a la conclusión de que era poco probable que un ladrón se arriesgara a forzar una puerta que da a la calle, a una hora en que todavía circulaba mucha gente. Alguien sugirió, además, que el contramaestre de la casa contigua podía haberse quedado trabajando hasta más tarde y el ruido podía proceder de aquel lado, pues las paredes no eran muy gruesas. En este caso, la emoción general nos habría jugado una mala pasada y nuestra desbordada imaginación había puesto lo que faltaba en unos instantes tan críticos.

Por fin nos acostamos, a pesar de que nadie tenía sueño. Mi padre, mi madre y Dussel pasaron la noche en blanco, y yo puedo decirte sin exagerar que apenas pegué un ojo. Los hombres bajaron al amanecer para comprobar la cerradura. No estaba forzada y esto hizo renacer la confianza en nuestras habitaciones.

Nuestros protectores se burlaron de nosotros al contarles lo ocurrido y la inquietud que nos había causado. Bueno, es fácil reírse después de las falsas alarmas. Elli fue la única que nos tomó en serio.

Tuya,

ANNE

Sábado, 27 de marzo de 1943

Querida Kitty:

Terminamos el curso de taquigrafía por correspondencia y ahora vamos a dedicarnos a hacer prácticas de velocidad.

¡Cómo nos estamos ilustrando! Tengo aún muchas cosas que contarte en relación con mis estudios durante este periodo de tumba, que así es como llamo yo a este periodo que nos obliga a vivir ocultos con la esperanza de que no se prolongue demasiado. Me divierto mucho con la mitología, sobre todo con los dioses griegos y romanos. Los moradores de este escondite creen que se trata de un capricho pasajero, pues, según ellos, no existen antecedentes de una colegiala que aprecie a los dioses hasta este punto. Bueno, yo seré la primera.

El señor Van Daan sigue resfriado, o mejor dicho, tiene la garganta irritada. No habla de otra cosa, es fantástico. Se pasa el día haciendo gárgaras con infusión de manzanilla, se da toques con azul de metileno, se desinfecta los dientes y la lengua, se da inhalaciones y por si faltaba algo, está de un humor de perros.

Un pez gordo alemán, Rauter, pronunció un discurso: "Todos los judíos deberán abandonar los países germánicos antes del 1 de julio. La provincia de Utrecht será depurada del 1 de abril al

1 de mayo, como si se tratase de extirpar cucarachas. Después les tocará el turno a las provincias de Holanda del Norte y del Sur, desde el 1 de mayo hasta el 1 de junio". Esos pobres seres son conducidos al matadero como un rebaño de bestias enfermas y sucias. Prefiero no hablar de esto: me da pesadillas.

Una buena noticia: ha sido incendiada por los saboteadores la Oficina de Colocación alemana. Pocos días más tarde se repitió el hecho en las oficinas demográficas. Unos hombres disfrazados de policías alemanes ataron a los centinelas y se apoderaron de importantes documentos.

Tuya,

ANNE

Jueves, 1 de abril de 1943

Querida Kitty:

No estamos para bromas, a pesar de ser el día, sino todo lo contrario. La cosa está muy seria, tanto que puedo volver a decir justificadamente que una desgracia nunca viene sola.

En primer lugar, nuestro protector, el señor Koophuis, que constantemente nos da ánimos, sufrió una fuerte hemorragia de estómago y deberá guardar cama por lo menos tres semanas. Además, Elli tiene gripe. Y, por último, el señor Vossen, que probablemente también tiene una úlcera de estómago, va a ingresar en el hospital la semana que viene para someterse a una intervención quirúrgica. Debía celebrarse una conferencia sobre importantes negocios, inmediatamente, cuyos detalles habían sido ya acordados entre mi padre y el señor Koophuis, y no había tiempo de poner al corriente de ello al señor Kraler, el único nexo que nos quedaba con el exterior.

Esta conversación de negocios que debía tener lugar en el despacho privado, tenía muy inquieto a mi padre en cuanto a su resultado.

—¡Si pudiera estar presente! —exclamaba.

—Si pegase el oído a la pared, dado que la reunión se celebra en el despacho privado, podría oírlo todo —le aconsejó alguien.

El rostro de mi padre se iluminó. Ayer por la mañana, a las once y media, mi padre y Margot se tendieron en el suelo cuan largos eran, en su puesto de escucha, pues valen más cuatro oídos que dos. La conversación, que no había terminado por la mañana, continuaría por la tarde. Papá tenía intensos dolores musculares a causa de la forzada posición en que había tenido que mantenerse. A las dos y media, hora en que volvieron a oírse las voces, se confesó incapaz de proseguir el espionaje y me pidió que ocupase su puesto al lado de Margot. Las conversaciones no acababan nunca y eran tan aburridas que me dormí sobre el frío y duro linóleo. Margot, por miedo a delatar nuestra presencia, no se atrevió a tocarme y menos aún a llamarme. Al cabo de media hora desperté, pero lo había olvidado todo. Gracias a Dios, la atención de Margot no había flaqueado.

Tuya,

Anne

Viernes, 2 de abril de 1943

Querida Kitty:

¡Ay de mí! Otro pecado viene a añadirse a la larga lista de los que llevo cometidos.

Anoche estaba ya acostada esperando a mi padre, que acostumbra a decir sus oraciones conmigo, antes de darme las buenas noches. Mi madre entró en la habitación, se sentó al borde de la cama y me preguntó muy discretamente:

—Anne, ya que tu padre no ha venido todavía, ¿quieres que oremos juntas hoy?

—No, mamá —le contesté.

Mi madre se levantó, dudó un momento y luego se dirigió lentamente hacia la puerta. Antes de salir se volvió. Su semblante reflejaba una profunda angustia.

—Prefiero no enfadarme —me dijo—. No puedo obligarte a quererme. El cariño no puede imponerse.

Al cerrar la puerta, las lágrimas bañaban su rostro.

Yo permanecí inmóvil. Me encontré odiosa por haberla rechazado tan brutalmente, pero sabía que me hubiera sido imposible contestarle de otra manera. Soy incapaz de fingir, incapaz de decir mis oraciones con ella a gusto. Lo que me pedía era totalmente imposible.

Sentía lástima por mi madre, la compadecía de todo corazón, pues, por primera vez, me había dado cuenta de que mi fría actitud no le era indiferente. Cuando dijo que el cariño no puede imponerse, en su rostro se reflejaba una gran tristeza. La verdad es dura, pero lo cierto es que mi madre me ha rechazado y me ha abrumado con sus observaciones inoportunas, faltas de tacto, y se ha burlado de cosas que a mí no me parecen dignas de burla. Se ha estremecido al darse cuenta de que el amor dejó de existir entre las dos, lo mismo que yo me estremecía cada vez que debía escuchar sus duras recriminaciones.

Mi madre ha llorado mucho y se pasó la noche en blanco. Mi padre apenas si se digna mirarme y cada vez que nuestras miradas se cruzan me parece leer en sus ojos un reproche: "¿Cómo puedes ser tan mala y causar tanta pena a tu madre?". Seguramente esperan que les pida perdón, pero se me hace imposible, porque, tarde o temprano, mi madre se veía obligada a reconocer la verdad que encierran mis palabras. Las lágrimas de mi madre y las acusadoras miradas de mi padre me dejan indiferente y, por tanto, es difícil que me sienta inclinada a pedir perdón. Por primera vez, se dan cuenta los dos de mi estado de ánimo. Compadezco a mi madre, al verla obligada a reprimirse delante de mí, pero esto es lo único que siento. He decidido guardar silencio y permanecer fría. No pienso retroceder ante ninguna verdad que las circunstancias me obliguen a decir, pues cuanto más tarde en decirla, más dura será de oír.

Tuya,

ANNE

Martes, 27 de abril de 1943

Querida Kitty:

En la casa todo son desacuerdos. Mi madre está contra mí, los Van Daan contra mi padre y la señora contra mi madre. Todo el mundo se muestra irritado. Muy gracioso, ¿verdad? Las innumerables faltas de Anne vuelven a ser objeto de amplia consideración.

El señor Vossen está en el hospital y el señor Koophuis se ha restablecido más pronto de lo que esperábamos. La hemorragia de estómago que padece ha podido ser cortada esta vez. Nos contó que en las oficinas del Servicio Demográfico los bomberos no sólo se limitaron a extinguir el incendio, sino que lo dejaron todo inundado. Me alegro.

El Hotel Carlton fue destruido. Dos aviones ingleses descargaron sus bombas sobre el *Offiziersheim* y se incendió todo el edificio. Los ataques de la RAF sobre las ciudades alemanas son cada vez más frecuentes. Por la noche no hay modo de descansar; estoy ojerosa de no poder dormir. Nuestra alimentación ha empeorado mucho. Pan seco y sustitutos de café para desayuno. Las comidas se limitan, desde hace quince días, a espinacas o ensalada. Las papas saben a podrido. A las personas que deseen adelgazar les recomiendo el régimen de vida de este anexo. Nuestros vecinos se quejan constantemente, pero en casa no tomamos la cosa tan a pecho. Todos los hombres que fueron movilizados o combatieron en 1940 han sido llamados para incorporarse a las filas del trabajo obligatorio en Alemania. Probablemente se trata de una medida de precaución contra el desembarco.

Tuya,

ANNE

Sábado, 1 de mayo de 1943

Querida Kitty:

De vez en cuando pienso en la vida que llevamos y siempre llego a la misma conclusión. Si nos comparamos con los judíos que no se han ocultado, estamos en el paraíso. Más adelante, sin embargo, cuando las cosas hayan vuelto a su cauce normal y volvamos a disfrutar de nuestra casa confortable como antes, recordaré la situación a la que nos vemos sometidos ahora. No lo podré evitar ni podré evadir el asombro que habrá de producirme.

Vivimos reducidos, en el verdadero sentido de la palabra. Por ejemplo, desde que nos instalamos aquí, no hemos podido cambiar el hule de la mesa, cuya limpieza deja mucho que desear después de tanto tiempo. Yo me esfuerzo en fregarlo con un viejo trapo de cocina, pero está muy agujereado. Con la mesa ocurre lo mismo, no hay manera de dejarla limpia. Los Van Daan han dormido todo el invierno con el mismo pedazo de franela que les sirve de sábana, cuyo lavado es difícil aquí, por la mala calidad de los jabones. Mi padre lleva un pantalón raído y la misma corbata deslucida. El corsé de mamá hoy ha quedado fuera de uso, y Margot lleva un sostén dos tallas más pequeño.

Mi madre y Margot han usado durante todo el invierno, alternándolas, tres únicas camisas; las mías se me han quedado tan cortas que no me llegan al ombligo.

Todo esto son pequeñeces, ya lo sé, y no hay que darles importancia, pero lo malo es que me asaltan ciertas aprensiones. Me pregunto si después de esta etapa en que nos hemos acostumbrado a vivir sirviéndonos de objetos muy usados, desde mis calcetas hasta las hojas de la maquina de afeitar de mi padre, lograremos volver al nivel de vida de antes de la guerra.

Esta noche sufrimos cuatro bombardeos. Yo empaqué mis cosas. Hoy incluso preparé una pequeña maleta con lo estrictamente indispensable por si tenemos que huir. Mi madre me dice, y con razón: "¿Y adónde piensas huir?". Holanda entera ha sido castigada a causa de las numerosas huelgas declaradas. Se proclamó la ley marcial y la ración de pan se redujo a cien gramos por persona. Esto es lo que les ocurre a los chicos traviesos.

Tuya,

ANNE

Martes, 18 de mayo de 1943

Querida Kitty:

Pude contemplar una batalla entre aviones ingleses y alemanes. Desgraciadamente, algunos aviadores aliados se vieron obligados a abandonar sus aparatos y saltar en paracaídas.

Nuestro lechero, que vive en las afueras de la ciudad, encontró cuatro canadienses en la cuneta de la carretera. Uno de ellos, que hablaba correctamente el holandés, le pidió lumbre para su cigarrillo y le dijo que formaban parte de una tripulación de seis hombres. El piloto había quedado carbonizado, y el quinto tripulante no sabían dónde había podido esconderse. La policía se llevó a los cuatro hombres, que habían resultado ilesos. Yo me pregunto cómo es posible conservar la serenidad después de un salto tan formidable.

A pesar del calor que empieza a sentirse, nos vemos obligados a encender lumbre cada día con objeto de quemar la basura, pues no podemos depositarla en la cubeta para no despertar sospechas del empleado del almacén. La más pequeña imprudencia nos delataría.

Los estudiantes que acaban este año sus estudios y los que se proponen continuarlos tienen que firmar un cuestionario, propuesto por la dirección, en el que declaran su simpatía por los alemanes y el nuevo orden. El ochenta por ciento de los estudiantes no ha querido renegar de su conciencia y sus convicciones y ha sufrido las consecuencias. Todos los que se han negado a firmar serán enviados a los campos de trabajo obligatorio alemanes. ¿Qué va a quedar de la juventud holandesa si los muchachos son condenados a trabajos forzados en Alemania?

La pasada noche estaba en la cama de mi padre. Mamá había cerrado la ventana a causa de los bombardeos. De pronto oí que uno de nuestros vecinos se tiraba violentamente de la cama. Era la señora Van Daan. Casi al mismo tiempo se oyó el estallido espantoso de una bomba. Yo me puse a gritar pidiendo luz. Pim encendió una vela. De un momento a otro, esperaba ver la habitación devastada por las llamas, pero no ocurrió nada. Subimos en el acto con objeto de indagar la causa de la alarma en casa de los Van Daan. Nos dijeron que habían visto un resplandor rosado en el cielo. El señor Van Daan pensó que se había prendido fuego cerca de la casa y la señora creyó que la casa era pasto de las llamas. El estallido de la bomba la hizo arrojarse de la cama y las piernas le temblaban. En vista de que no había ocurrido nada grave, volvimos a acostarnos.

Apenas transcurrido un cuarto de hora, se repitieron los disparos. La señora Van Daan se levantó y bajó a la habitación del señor Dussel en busca del sosiego que no hallaba al lado de su marido. Dussel la recibió con estas palabras: "Échate en mi cama, chiquilla". La ocurrencia provocó una histérica carcajada general, que tuvo la virtud de ahuyentar el miedo y hacernos olvidar el estruendo de los cañones.

Tuya,

Anne

Domingo, 13 de junio de 1943

Querida Kitty:

No puedo pasar en silencio el delicado gesto de mi padre el día de mi cumpleaños. Escribió un poema para mí. Como solamente sabe componer versos en alemán, los tradujo Margot. Por el fragmento que transcribo a continuación, podrás apreciar que Margot ha hecho una traducción muy buena. Voy a suprimir el principio, que se reduce a un resumen del año escolar:

Eres la más joven, pero ya no una chiquilla.
La vida no es fácil; cada cual se cree con derecho
a ser tu maestro y se abroga atribuciones
que a ti te desesperan.

Yo te digo:
Sé por experiencia
lo que se debe y lo que no se debe hacer.
Todo el año,
día tras día,
estás oyendo estas pesadas verdades.
Los defectos de los que aconsejan,
nunca tienen importancia.
Y tú sola llevas el peso de los reproches
que te dirigen sin pensar si son justos.
No siempre es fácil la tarea de tus padres,
debiendo juzgar siempre
y no siendo siempre justos en sus juicios.
Desde luego, parece raro
oír los reproches que dirige a los mayores
una chiquilla como tú.
Estás rodeada
de viejos cascarrabias, cuyos sermones
debes tragarte como una amarga píldora
para no romper la paz.
Pero no pierdas el tiempo que pasa
porque está el estudio,
y los libros
y la lectura son un bálsamo.
Más delicado es el punto de la coquetería:
"¿Qué me pondré hoy?
¿Qué me pondré mañana?
No me quedan ya medias,
tengo la camisa rota
y los zapatos destrozados".
¡Cuántos sinsabores, cuántas calamidades!

He suprimido también el pasaje que se refiere a la comida, que Margot no logró poner en verso. Es un bello poema, ¿no te parece? Aparte de esto, he recibido regalos muy bonitos, entre otros, un grueso libro sobre mi tema favorito: *La mitología de la Hélade y de Roma.* Con respecto al azúcar, no puedo quejarme, pues como soy la más pequeña de la casa, creo que cada uno ha sacrificado un poco de sus casi agotadas reservas. En realidad, dadas las circunstancias, me han agasajado más de lo que merezco.

Tuya,

ANNE

Martes, 15 de junio de 1943

Querida Kitty:

Siempre tengo algo que contarte. Si no lo hago con mayor frecuencia es porque a veces no encuentro cosas bastante interesantes y, además, porque temo fatigarte con demasiadas cartas. Voy a contarte brevemente los últimos acontecimientos.

El señor Vossen no ha sido operado de su úlcera, pues en la misma mesa de operaciones el cirujano se dio cuenta de que se trataba de un cáncer demasiado avanzado ya para extirparlo. Volvió a coserlo y lo ha obligado a permanecer tres semanas en el hospital alimentándolo bien antes de darlo de alta. Lo compadezco de verdad, y si pudiera salir no le hubieran faltado mis visitas para proporcionarle alguna distracción. El buen Vossen, el buen amigo, nos hace mucha falta. Nos tenía informados de lo que ocurría y se decía en el almacén, nos ponía en guardia y nos prestaba una gran ayuda, animándonos constantemente. ¡Es un desastre!

El mes próximo tendremos que prescindir del aparato de radio, pues el señor Koophuis debe entregar el suyo a las autoridades y necesita el nuestro. Nuestro protector, no obstante, compró un aparato de bolsillo, que sustituirá al magnífico Philips. Es una lástima que tengamos que ceder tan espléndido aparato, pero una casa que sirve de escondite no se puede permitir el lujo de llamar la atención de las autoridades por no cumplir lo dispuesto. El aparato de bolsillo lo vamos a instalar en nuestra habitación. Un radio clandestino en la casa de unos judíos que viven en la clandestinidad y compran en el mercado negro con dinero clandestino, se va a encontrar como en su casa. Todo el mundo se esfuerza en adquirir algún viejo aparato con que suplir el que hay que entregar a las autoridades. A medida que va empeorando la situación en los territorios ocupados por los alemanes, adquiere más valor la voz maravillosa de las emisiones de ultramar que nos anima: "Resistan, levanten la cabeza, se acercan tiempos mejores". Comprenderás que no podemos prescindir de ello.

Tuya,

ANNE

Domingo, 11 de julio de 1943

Querida Kitty:

Volviendo una vez más sobre la cuestión de la buena crianza, puedo asegurarte que hago todo lo que puedo para aparecer como una muchacha servicial, amable y solícita, para conseguir que mejore el clima reinante y atenuar la granizada de advertencias que cae sobre mí. ¡Qué lata intentar ser ejemplar con unas personas que no puedo tolerar! Pero me he dado cuenta de que con un poco de hipocresía puedo ganar más que manifestando sinceramente mis opiniones, que nadie me ha pedido ni aprecia.

A veces me olvido de que estoy representando una comedia, y, ante una injusticia, no puedo contener mi cólera. Entonces, durante cuatro semanas tengo que soportar alusiones a "la chiquilla más insolente del mundo". ¿No soy digna de lástima? Afortunadamente, mis rabietas duran poco. De no ser así, llegaría a ser una muchacha desabrida y perdería para siempre mi buen humor.

Las clases de taquigrafía me pesan ya un poco. Lo he estado pensando mucho y tal vez las deje una temporada… En primer lugar, para poder dedicarme a otras materias y también a causa de mis ojos, que son otra calamidad. Cada vez me vuelvo más miope y hace tiempo que tendría que usar gafas (me imagino mi aspecto de lechuza), pero resulta muy difícil salir, como comprenderás… Ayer, el tema de todas las conversaciones fueron los ojos de Anne, porque mi madre sugirió la idea de que el señor Koophuis podría acompañarme al oculista. Ante esta sola idea me he sentido trastornada. Salir… Y no es ahora una tontería.

¿Puedes imaginártelo? ¡Salir a la calle! No puedo hacerme a la idea. Al principio, he sentido un miedo terrible; luego me ha parecido maravilloso. Pero la cosa no es tan sencilla. La decisión afecta a todos, y como cada uno de los interesados tenía algo que decir sobre el particular, no ha habido acuerdo en la primera discusión. Miep se presta a acompañarme. Sin embargo, han sido examinados los riesgos y las dificultades que entraña la empresa.

Yo saqué mi abrigo gris, pero me queda tan pequeño que parece el de mi hermanita. Siento curiosidad por ver en qué para todo esto, pero no me hago ilusiones. No creo que se decidan a realizar el proyecto, pues mientras tanto los ingleses han desembarcado en Sicilia, y papá se muestra, una vez más, convencido de que se acerca rápidamente el fin.

Elli nos confía gran parte de su trabajo del despacho a Margot y a mí. Esto es una gran ayuda para ella y al mismo tiempo nos da importancia a nosotras. Se trata de clasificar la correspondencia y registrar las ventas efectuadas. Es una cosa que está al alcance de cualquiera, pero nosotras somos muy concienzudas.

Miep no hace otra cosa que llevar paquetes, cargada siempre como un borrico. No pasa día sin andar kilómetros y kilómetros para buscar verduras que trae en grandes sacos sujetos a su bicicleta. Cada sábado sin falta, llega con cinco libros de la biblioteca, que nosotros esperamos toda la semana con impaciencia, igual que unos niños pequeños a los que se les ha prometido un juguete.

Las personas libres jamás podrán llegar a comprender lo que significan los libros para las que se ven obligadas a esconderse. Libros y más libros, y la radio. Éstas son nuestras únicas distracciones.

Tuya,

ANNE

Martes, 13 de julio de 1943

Querida Kitty:

Con permiso de mi padre, ayer por la tarde le pedí un favor, fíjate bien, al señor Dussel si me permitiría usar la mesa de la habitación que compartimos, dos tardes por semana, de cuatro a cinco y media. Antes, deja que te lo explique. Me sirvo de ella de dos y media a cuatro cada día, durante la siesta del señor Dussel. A partir de las cuatro me están prohibidas la habitación y la mesa. Por la tarde hay demasiada gente en casa de mis padres para intentar trabajar y, por otra parte, mi padre debe servirse también de la mesa si tiene trabajo.

Considero haber pedido una cosa razonable, y lo he hecho por pura cortesía. Bueno, ¿qué imaginas que me contestó el señor Dussel? "No." Así, tajante. "No." Me ha indignado. Le pregunté el motivo de su negativa, decidida a no ceder fácilmente, pero no conseguí más que estas palabras:

—Yo también tengo que trabajar, y si no trabajo por la tarde, después ya no tengo ocasión. He de acabar mi tesis, pues no la he empezado. ¿Y tú no tienes nada serio que hacer? La mitología no puede considerarse un trabajo, y leer y hacer ganchillo tampoco. Me he reservado el uso de la mesa y no pienso cederlo.

He aquí mi respuesta:

—Señor Dussel, yo trabajo en serio, muy en serio. Por la tarde no me es posible hacerlo en las habitaciones de mis padres. Le ruego que sea usted amable y reflexione sobre lo que le he pedido.

Y dicho esto, Anne, muy ofendida, le volvió la espalda, como si el gran doctor fuese un cero a la izquierda. Ante este Dussel que se mostraba tan grosero, se me nubló la vista. Porque la verdad es que estuvo grosero cuando yo me mostraba correcta. Por la noche, conseguí hablar a solas con Pim. Le expliqué lo ocurrido y los dos analizamos la mejor manera de enfocar el asunto, pues yo no pensaba ceder y, en la medida de lo posible, quería resolverlo por mis propios medios. Pim me dio algunos consejos de carácter general, entre otros, esperar hasta el día siguiente, pues vio que yo estaba fuera de mis casillas.

Pero yo estaba demasiado impaciente. Después de lavar la vajilla, me dirigí directamente a encontrarme con Dussel, que se encontraba en nuestra habitación. Como Pim estaba en la habitación contigua y la puerta había quedado abierta, me sentía más confiada. Le ordené:

—Señor Dussel, usted cree por lo visto que no vale la pena volver a considerar mi petición, pero, de todos modos, le ruego que piense en ella.

Dussel, sonriendo amablemente, contestó:

—Estoy dispuesto a hablar en todo momento de este asunto, aun cuando considero terminado el incidente.

Yo insistí, a pesar de la interrupción de Dussel:

—Cuando usted llegó a esta casa, quedó bien claro que al compartir la habitación, compartiríamos asimismo su uso. Usted aceptó ocuparla por la mañana, dejándola a mi disposición por la tarde, toda la tarde. Sin embargo, no pido tanto, pues me bastan dos tardes por semana. Creo que es una petición razonable.

Dussel dio un salto como si lo hubiera mordido una alimaña.

—Tú no tienes ningún derecho... Y, por otra parte, ¿adónde quieres que vaya yo? Le preguntaré al señor Van Daan si quiere construirme una jaula en el desván para poder trabajar, pues aquí no hay modo de estar tranquilo. No se puede vivir contigo sin pelear. Si fuera tu hermana Margot la que me pidiese esto, lo hubiera encontrado más lógico y nunca se me hubiera ocurrido negarme, pero tú...

Volvió a sacar a colación las mismas historias: la mitología, el tricot, etc., etc. Es decir, que tuve que aguantar de nuevo las mismas vejaciones. No obstante, no dejé traslucir mi indignación y lo dejé terminar:

—¿Qué quieres? Toda discusión contigo es inútil. Eres el egoísmo personificado, no piensas más que en ti, y no retrocedes ante nada ni ante nadie para salirte con la tuya. Nunca he visto muchacha semejante. Estoy viendo que, al fin, tendré que ceder si no quiero verme acusado, más tarde, de haber sido la causa del fracaso de tus exámenes, lo cual, naturalmente, se debería al simple hecho de no haber querido cederte la mesa.

Y así siguió, sin dejar de hablar. Yo casi no lograba seguirlo. Tan pronto como pensaba en darle una bofetada que lo tirara contra la pared con todas sus mentiras, me decía a mí misma: "No pierdas la cabeza, porque ese tipo no vale la pena".

Por fin, el señor Dussel acabó el discurso, pero la ira y el triunfo se leían a la vez en su rostro cuando salió de la habitación con los bolsillos del abrigo abarrotados de comida. Yo corrí a contarle a mi padre aquella discusión con todos sus detalles, por si no la había oído. Pim decidió volver a hablar de ello con Dussel esa misma noche y lo hizo por espacio de media hora. Su conversación puede resumirse poco más o menos como sigue: se trataba de saber si Anne tenía o no derecho a su mesita. Mi padre recordó a Dussel que habían hablado ya de esto. Pim había tenido entonces la debilidad de darle la razón a fin de dejar sentado el prestigio de los mayores ante los muchachos. Después de haberlo pensado bien, tenía que admitir que se había equivocado. Dussel protestó diciendo que Anne no tenía ningún derecho a tratarlo como un importuno que se apodera de todo. Mi padre protestó a su vez diciendo que había oído la conversación entre Dussel y yo, y que no se había dicho nada semejante. Después de algunas observaciones de una y otra parte, mi padre acabó por defender mi trabajo, que Dussel llamaba mi egoísmo y mi futilidad. Dussel se contentó con refunfuñar.

Por fin, tuvo que consentir en dejarme trabajar dos tardes por semana, sin interrupción, hasta las cinco. Dussel ha adoptado un aire afectado y no me ha dirigido la palabra en dos días. A las cinco en punto, se presenta a tomar posesión de la mesa, hasta las cinco y media. Lo hace por berrinche, naturalmente.

Bueno, tampoco se puede pedir a un viejo mono de cincuenta y cuatro años que cambie de manera de ser.

Tuya,

ANNE

Viernes, 16 de julio de 1943

Querida Kitty:

Un robo, esta vez de verdad.

Esta mañana a las siete, Peter bajó, como de costumbre, al almacén. De inmediato se dio cuenta de que la puerta del almacén, así como la de entrada, estaban abiertas de par en par. Enseguida se lo dijo a Pim, que se apresuró a poner la radio alemana y a cerrar cuidadosamente la puerta del despacho privado antes de volver a subir con Peter.

En casos semejantes, la consigna es no abrir ningún grifo, estar preparados a las ocho, no usar el retrete. Por supuesto, la consigna es rigurosamente observada. Todos habíamos dormido apaciblemente toda la noche y estábamos encantados de no haber oído nada. A las once, el señor Koophuis vino a informarnos de lo ocurrido: los ladrones debían haber abierto la puerta que daba a la calle con una ganzúa y después habían forzado la del almacén. Como no había mucho que llevarse, probaron fortuna en el primer piso, de donde se llevaron dos pequeñas cajas que contenían unos cuarenta florines, talonarios de giros postales y, lo que era ya más grave, todos los cupones de azúcar, que representaban una provisión de ciento cincuenta kilos.

El señor Koophuis cree que los ladrones son los mismos misteriosos visitantes de seis semanas atrás, que en aquella ocasión no lograron abrir ninguna de las tres puertas.

Este incidente ha hecho que se sienta otra vez la atmósfera tempestuosa, pero no parece que podamos dejarlo pasar en el refugio. Afortunadamente se han salvado las máquinas de escribir y la caja grande, que cada noche son depositadas en el armario.

Tuya,

ANNE

Lunes, 19 de julio de 1943

Querida Kitty:

El domingo, el sector norte de Ámsterdam fue terriblemente bombardeado, una devastación espantosa. Calles enteras en ruinas. Se necesitará cierto tiempo para poder retirar todos los cadáveres. Hasta este momento se cuentan doscientos muertos y numerosos heridos. Los hospitales se ven desbordados. Se habla de niños que buscan a sus padres desaparecidos bajo las cenizas todavía ardientes.

Tiemblo al pensar en el ruido sordo y lejano que fue para nosotros el presagio de esta destrucción.

Tuya,

ANNE

Viernes, 23 de julio de 1943

Querida Kitty:

Quiero contarte lo que cada uno de nosotros piensa hacer al salir de aquí. El deseo más ferviente de Margot y del señor Van Daan es sumergirse hasta la barbilla en una bañera con agua caliente y permanecer ahí por lo menos media hora. La señora Van Daan dice que lo primero que hará será ir a una pastelería y hartarse de dulces. Dussel no piensa más que en Lotte, su mujer. Mi madre, en una buena taza de café. Mi padre, en hacer una visita al señor Vossen. Peter, en ir al cine. Y yo, creo que me encontraría en la gloria, tan atontada que no sabría por dónde empezar.

Mi mayor deseo es estar otra vez en mi casa, poder circular con entera libertad, moverme y, por fin, volver a la escuela y estudiar bajo la dirección de mis profesores.

Elli nos ha traído frutas, a pesar de los precios que alcanzan... Las uvas, a cinco florines el kilo y las grosellas a 0.70 florines el medio kilo. Un melocotón 0.50 florines y los melones a 1.50 el kilo. Y todas las noches puede leerse en los periódicos que el alza de precios se debe a la especulación.

Tuya,

ANNE

Lunes, 26 de julio de 1943

Querida Kitty:

Ayer fue un día agitado y lleno de emociones. Te preguntarás, sin duda, si pasa algún día sin emociones.

Por la mañana hubo alarma a la hora del desayuno, pero no hacemos caso, pues significa que los aviones se acercan a la costa. Después, a causa de una jaqueca terrible, me eché en la cama una hora, y a eso de las dos me reuní con los demás. A las dos y media, apenas Margot había terminado su trabajo, se oyeron otra vez las sirenas. Margot y yo subimos apresuradamente. En buena hora lo hicimos, pues cinco minutos más tarde se produjo un bombardeo tan fuerte que los cuatro nos refugiamos en el corredor. La casa temblaba y las bombas debían caer muy cerca.

Yo apreté mi maleta, más con idea de aferrarme a algo que con intención de huir, pues de ningún modo podíamos pensar en salir. Solamente está prevista la huida en caso de inminente peligro, pues para nosotros la calle supone el mismo peligro que los bombardeos. Al cabo de media hora, los aviones debieron empezar a retirarse, pero en la casa aumentaba el desorden. Peter había bajado de su puesto de observación del desván. Dussel estaba en el despacho. La señora Van Daan se había refugiado en el despacho privado. El señor Van Daan había contemplado todo el espectáculo desde la buhardilla, y nosotros habíamos permanecido en el corredor. Subí a la buhardilla para ver las columnas de humo que se elevaban en el sector del puerto. Pronto nos sentimos invadidos por un acre olor a chamuscado y el aire del exterior se transformó en una densa niebla.

Como el espectáculo de un gran incendio no es una diversión, cada uno de nosotros volvió a sus ocupaciones. ¡Y agradecidos de poderlo hacer! A la hora de cenar, nueva alarma. Por una vez, comíamos bastante bien, pero el aullido de las sirenas me quitó el apetito. Sin embargo, no ocurrió nada y tres cuartos de hora más tarde oímos el fin de la alarma. Apenas lavada la vajilla, nueva alarma, acompañada esta vez de disparos y de oleadas interminables de aviones. Dos ataques en un solo día son mucho, creo yo, pero nadie nos pide nuestra opinión. Una lluvia de bombas cayó en Schipol, según dijo luego el comunicado inglés. Los aviones se elevaban para lanzarse en picada haciendo vibrar el cielo, y me ponían la carne de gallina. Yo iba diciendo para mis adentros: "¡Adiós, esta bomba que silba es para mí!".

Te aseguro que cuando me acosté, a las nueve, todavía me temblaban las piernas. Al filo de la medianoche, otra vez los aviones. Dussel se estaba desvistiendo. Yo me desperté al oír los primeros disparos y ni siquiera me di cuenta. Salté de la cama y fui a refugiarme en brazos de mi padre. La batalla duró dos horas, sin tregua, y por fin se hizo el silencio. Volví a mi cama y logré dormirme a las dos y media de la madrugada.

A las siete, me desperté sobresaltada. El señor Van Daan estaba hablando con mi padre. Mi primer pensamiento fue que habían vuelto los ladrones. Oí que el señor Van Daan decía: "Todo", y pensé que lo habían robado todo. Pero no. Esta vez se trataba de una noticia maravillosa, la más grata que oíamos desde hacía meses, la mejor de todos los años de guerra. Mussolini había presentado su dimisión al rey de Italia. Todos saltábamos de gozo. Después de la horrible jornada del día anterior, llegaba un buen presagio. Nacía una esperanza, la esperanza del fin de la guerra, la esperanza de la paz.

Kraler vino a vernos y nos dijo que "Fokker" había sido arrasado. Esta noche hubo dos nuevas alarmas. Estoy tan agotada por las alarmas y la falta de sueño que no tengo ganas de trabajar. Nos mantiene despiertos el cambio de situación de Italia y la esperanza de poder ver el fin de todo esto, tal vez este mismo año...

Tuya,

ANNE

Jueves, 29 de julio de 1943

Querida Kitty:

La señora Van Daan y yo estábamos lavando la vajilla. Yo permanecía callada, cosa que ocurre raras veces, y esto le llamó la atención.

Para evitar preguntas y con idea de encontrar un tema que creía anodino, saqué a colación un libro que estoy leyendo, *Henri van den Overkant*. Me equivoqué por completo. Cuando no es la señora Van Daan, es Dussel el que se mete conmigo. Debía habérmelo imaginado. Es él quien nos recomendó este libro, tras calificarlo de extraordinario y excelente. Ni Margot ni yo habíamos encontrado en él nada extraordinario ni excelente. Mientras secaba los platos, admití que el autor había acertado en la descripción del chiquillo, pero expuse que del resto era mejor no hablar. Con esto provoqué la indignación del señor Dussel.

—¿Cómo puedes comprender, a tu edad, la psicología de un hombre? Si se tratase de un chiquillo... Eres demasiado joven para leer esta clase de libros... Éste apenas si está al alcance de un hombre de veinte años.

Entonces, ¿por qué nos lo recomendó tan vivamente a mi hermana y a mí?

Dussel y la señora Van Daan, mano a mano, siguieron con sus observaciones:

—Tu educación deja mucho que desear y sabes demasiado para tu edad. Más adelante, cuando seas mayor, ya no te interesará nada y dirás: "Todo esto lo he leído ya hace veinte años". Apresúrate a enamorarte y a pescar un marido. De no ser así, te expones a tener muchas decepciones. Has aprendido todas las teorías, pero te falta la práctica.

¡Qué curioso concepto tienen de la educación! Ellos me encaminan siempre contra mis padres, que es lo que en realidad hacen y, por otra parte, delante de mí guardan silencio sobre los "temas para personas mayores". Y, sin embargo, creen que su método es excelente. ¡No hay más que ver los resultados!

Me dieron ganas de abofetearlos por su intención de ponerme en ridículo. Estaba fuera de mí. Si pudiera saber, al menos, cuándo podré verme libre de ellos. ¡Qué alhaja la tal señora Van Daan! Y es ella la que debería servirme de ejemplo... Sí, de mal ejemplo.

Es una mujer muy indiscreta, egoísta, astuta, calculadora, y nunca encuentra nada bien. En esto están todos de acuerdo. Además, es coqueta y vanidosa. En resumen, es una cascarrabias, no hay duda. Sobre ella podría escribir hasta cansarme, y tal vez lo haga algún día. Cualquiera es capaz de aparentar lo que no es. Ella es, sobre todo con los hombres, la amabilidad personificada. En un primer momento, engaña.

Mi madre dice que no vale la pena darle mucha importancia, pues es demasiado estúpida. Margot la tiene por un cero a la izquierda. Pim la encuentra fea, física y moralmente, y yo, que al principio no tenía ningún prejuicio en contra, debo admitir, después de una madura reflexión, que los tres tienen razón, y no me excedo. Reúne tal cantidad de defectos que es difícil destacar uno solo.

Tuya,

ANNE

P.D. Debo hacer constar que estoy escribiendo dominada todavía por la ira.

Miércoles, 4 de agosto de 1943

Querida Kitty:

Hace ya más de un año que te cuento cosas sobre la vida en el anexo y, sin embargo, no llegaré nunca a darte una idea exacta de esto. Me perdería con tantos detalles y, por otra parte, hay que tener en cuenta que la vida que llevamos es muy diferente de la de las personas normales en tiempos normales. Hoy voy a intentar hacerte un resumen de cómo transcurren nuestros días. Empezaré por el fin de la jornada.

Poco antes de las nueve de la noche, todo el mundo se ocupa de los preparativos para la noche y se arma un bullicio como no tienes idea. Trasladamos las sillas de un lado a otro, se sacan las mantas y se desdoblan. Hay que transformar para la noche el mobiliario del día. Yo duermo en un pequeño diván que no tiene metro y medio de largo, y debo alargarlo con dos sillas. Las sábanas, las almohadas, la colcha y un edredón debo tomarlos de la cama de Dussel, pues están puestos allí todo el día.

Al otro lado se oye un ruido terrible. Es la cama de Margot, formada por tablas de madera que hay que llenar con colchas y cojines para darle un mínimo de confort.

En la habitación de nuestros vecinos se oye también un gran estrépito. No pasa nada. Es la cama de la señora empujada hasta la ventana, a fin de proporcionar a los pulmones de Su Alteza, que, dicho sea de paso, va vestida con una bata rosa, un poco de aire vivificador.

A las nueve, cuando Peter termina, entro en posesión del baño y me entrego a un aseo a fondo. De vez en cuando, si hace calor, aparece una pulga nadando. Después me cepillo los dientes, me pongo los rulos para el cabello, me repaso las uñas y humedezco con agua oxigenada la pelusilla de mi bigote negro. Todo esto me ocupa una media hora.

Las nueve y media. Deprisa, me pongo la bata sobre los hombros, el jabón en una mano, el orinal en la otra, con las horquillas y los rulos para el cabello, y el algodón, y salgo disparada, no sin oír a veces la llamada al orden del que está esperando turno, que, además, se queja porque he dejado cabello encima de la mesa.

Las diez. Se apagan las luces. Buenas noches. Durante un cuarto de hora se oyen los crujidos de las camas y de los resortes rotos, algunos suspiros, y después el silencio, a no ser que los vecinos de arriba empiecen a pelearse.

Las once y media. Se oye el chirriar de la puerta del cuarto de aseo y un hilillo tenue de luz penetra en la habitación. Se oye el gemido de unas suelas y en el suelo se proyecta la enorme sombra de un abrigo que agiganta al hombre que lo lleva. Es Dussel, que ha terminado su trabajo en el despacho de Kraler. Durante diez minutos se puede escuchar el ruido de sus pasos, un roce de papeles y después de poner en orden su suministro, el hombre hace su cama. La silueta vuelve a desaparecer. De vez en cuando, el ruido inconfundible del retrete.

Las tres. Me levanto para hacer una pequeña necesidad en el orinal de hierro esmaltado que tengo debajo de la cama, sobre una alfombra de caucho, para proteger el suelo. Cada vez que esto ocurre, me esfuerzo en contener la respiración, pues tengo la impresión de que se escucha como una verdadera cascada precipitándose desde lo alto de una montaña. Vuelvo a poner el recipiente en su sitio y la leve sombra blanca en camisón de noche vuelve a la cama. Mi camisón es la obsesión de Margot, que cada vez que me ve exclama sin poder contenerse: "¡Llevas un camisón indecente!".

Un cuarto de hora de insomnio, que dedico a escuchar los ruidos nocturnos. ¿No serán ladrones? Arriba, al lado y en mi propio cuarto, se oye el crujido de las camas que me permite identificar a los que duermen y los que se mueven.

Si es Dussel el que está desvelado, la cosa es más molesta. En primer lugar, oigo un ruido como de pez tragando aire, que se repite por lo menos una docena de veces; luego, hace chasquear la lengua para humedecerse los labios seguramente, o empieza a revolverse de un lado para otro hundiendo la cabeza en la almohada. Siguen cinco minutos de completa inmovilidad. Pero no me hago ilusiones, pues la maniobra puede repetirse hasta tres veces antes de que el doctor Dussel acabe por dormirse otra vez.

Entre la una y las cuatro de la madrugada no es raro que nos sorprendan los aviones y los disparos ininterrumpidos. La mayor parte de las veces ya me encuentro fuera de la cama, pues lo presiento. A veces me dura el insomnio y me entretengo en repasar los verbos irregulares franceses o en pelearme con nuestros vecinos. Si esto ocurre, no dejo de asombrarme al comprobar que no he salido de mi cuarto al sonar la alarma. Lo normal es recoger deprisa una almohada, echarme un pañuelo sobre los hombros, calzarme las pantuflas y salir disparada a refugiarme en brazos de mi padre. Como Margot pone de relieve en un verso de mi cumpleaños:

Al oírse el primer disparo en la noche
chirría la puerta y, ya se sabe,
entran el pañuelo, la almohada y la niña...

Al llegar a la cama paterna, se me pasa el miedo, en parte, salvo cuando la cosa se pone muy seria.

Las siete menos cuarto. Rrrring... Suena el despertador, fiel a lo que se le ha mandado. A veces suena cuando quiere. Ring... ring... La señora lo para. ¡Clac! El señor se levanta, pone agua a hervir y corre al *toilette.*

Las siete y cuarto. Chirría la puerta. Ahora le toca a Dussel ocupar el cuarto de aseo. Cuando me quedo sola, abro las cortinas... y el nuevo día empieza en el anexo.

Tuya,
ANNE

Querida Kitty:

Voy a describirte la hora vacía.

Las doce y media. Los empleados del almacén se han ido a comer. Todo el mundo respira. La señora Van Daan pasa el aspirador por su única y, por cierto, bonita alfombra. Margot recoge sus libros. Se está preparando para la enseñanza en holandés de los niños retrasados, categoría a la que con todo derecho podría aspirar Dussel. Mamá va a echar una mano a la señora Van Daan en los quehaceres generales de la casa y yo me voy al cuarto de aseo a refrescarme un poco y, de paso, a ordenarlo.

La una menos cuarto. Uno tras otro van llegando los empleados del despacho; primero, el señor van Santen, después Koophuis o Krale, Elli, y a veces también Miep.

La una. Nos reunimos alrededor de la radio para escuchar la BBC. Es el único momento de silencio entre los refugiados. Está hablando alguien que no admite réplica, ni siquiera del señor Van Daan.

La una y cuarto. Distribución de los víveres. Cada uno de los refugiados recibe un plato de sopa, y cuando hay postre, se reparte equitativamente. Alegría general. El señor van Santen se instala en el diván o se recuesta en la mesa, con su plato de sopa, el periódico y el gato. Y refunfuña si le falta alguna de estas tres cosas. Koophuis, que es una buena fuente de información, nos comunica las últimas noticias que circulan por la ciudad. El señor Kraler se anuncia anticipadamente por el crujir de la escalera a su paso y por su modo fuerte y seco de llamar a la puerta. Después entra frotándose las manos y, según la luna, se muestra bullicioso o distraído, hablador o taciturno.

Las dos menos cuarto. Los empleados ya terminaron de comer. Nos levantamos y cada uno se reintegra a sus ocupaciones. Mamá y Margot lavan la vajilla. El señor y la señora Van Daan se retiran a su habitación a hacer la siesta. Peter sube al desván y papá se echa en el sofá. Dussel se tiende en el suyo y yo me pongo a trabajar. Dussel sueña glotonerías, se le nota enseguida, pero no puedo distraerme contemplándolo, pues tengo los minutos contados. A las cinco en punto el doctor estará en pie, reloj en mano, para exigirme que le deje la mesa libre.

Tuya,

Anne

Lunes, 9 de agosto de 1943

Querida Kitty:

Sigo con el horario. Es la hora de cenar.

Encabeza el señor Van Daan, que se sirve el primero, escogiendo lo que le gusta, abundantemente. Esto no le impide dirigir la conversación y sentar cátedra con sus opiniones. Nadie se atreve a llevarle la contraria para evitar discusiones, pues enseguida se pone como una fiera. Bueno, prefiero no hablar de ello…

Está muy seguro de sus opiniones y se cree infalible. Tiene muchas cosas en la cabeza, pero esto no es una razón para llegar a sus extremos de suficiencia y de presunción. Es un pozo de vanidad.

La señora. Mejor sería que me callase. Algunos días está tan malhumorada que prefiero no verla siquiera. Si bien se mira, no es el tema de todas las disputas que se producen, sino la causa. Todos andamos con pies de plomo para no chocar con ella, pero esto no basta, pues es una especialista de la provocación. Cuando logra encender la discordia se encuentra en su elemento: procura enfrentar a Anne con la señora Frank, a Margot con su padre, pero esto último no es tan fácil.

En la mesa no se priva de nada, a pesar de que ella cree lo contrario. Escoge las papas más pequeñitas y los trozos más selectos, lo mejor de lo mejor. "Escoger" es su divisa. A los otros ya les llegará su turno cuando ella se haya servido.

Y, además, habla. Lo mismo le da si la escuchan o si no, que se interesen o no por lo que dice. Yo creo que está convencida de que lo que ella dice interesa a todo el mundo.

Y lo adereza todo con una sonrisa de coquetería, y con su pretensión de entender de todo, prodigando los halagos y aconsejando a todo el mundo. Su propósito es causar buena impresión, pero como empezamos a conocerla, no nos impresiona.

Sus características son: su actividad, su alegría si está de buen humor y su coquetería. Y a veces, una mueca encantadora. Ésta es Petronella van Daan.

El tercer refugiado. No se hace notar. Peter van Daan es un muchacho taciturno, que parece no existir la mayor parte del día. En cambio, goza de buen apetito y devora a la manera de su familia, sin verse nunca saciado. Después de una comida copiosa, dice con toda tranquilidad que aún podría comer el doble.

Margot, el cuarto refugiado. Come como un pajarito y no se le oye la voz. Únicamente comería frutas y verduras. Los Van Daan dicen que es una niña mimada; en cambio, nosotros creemos que su falta de apetito se debe a la falta de aire y de movimiento.

Mamá, el quinto refugiado. Habla por los codos y goza de buen apetito. Nadie la creería el ama de la casa, como ocurre con la señora Van Daan. Y es que la señora Van Daan guisa y, en cambio, mi madre se dedica a lavar la vajilla, a barrer, a sacar brillo, etc.

Números 6 y 7. No voy a extenderme sobre mi padre ni sobre mí. Pim es la persona más discreta de toda la casa. Espera a que todos se hayan servido. Se conforma con cualquier cosa y procura que lo mejor sea para los jóvenes. Es la bondad personificada... Y a su lado, la incurable bola de nervios que soy yo.

El doctor Dussel. Se sirve, no mira a su alrededor, come y no dice una palabra. Si se ve obligado a hablar, escoge el tema de la alimentación, que no es causa de disputa, sino todo lo contrario. Traga como un ogro y nunca rehúsa nada, sea bueno o malo. Lleva un pantalón que le llega hasta el pecho, una chaqueta roja, zapatos negros y anteojos de concha. Se le puede ver vestido así, trabajando en su mesa. Trabaja infatigablemente y sólo se interrumpe para dormir su siestecita, la hora de la calma, o para comer. Su lugar predilecto es el baño. Va hasta cinco veces al día y no se inmuta cuando alguien se impacienta esperando turno ante la puerta, apretando los puños o pataleando. Usa el baño de siete y cuarto a siete y media, de doce y media a una, de dos a dos y cuarto, y de once y media a medianoche. Es como un reloj y sus "sesiones" son a hora fija. Observa rigurosamente su horario sin preocuparse de las súplicas que llegan del otro lado de la puerta y que a veces anuncian un desastre inminente.

El número 9. No pertenece a la gran familia, pero debe contarse entre los refugiados. Elli tiene un buen apetito, no deja nada en el plato y no es exigente. Todo le gusta, y esto nos alegra. Es muy buena y servicial. Éstas son sus cualidades.

Tuya,
ANNE

Querida Kitty:

Mi último descubrimiento. En la mesa, me hablo a mí misma más que a los demás. Esto da buenos resultados desde dos puntos de vista. En primer lugar, porque todos están encantados de no tener que cederme la palabra, y en segundo lugar, porque no me pongo nerviosa por las opiniones ajenas. En cuanto a la mía, no veo que sea menos acertada que la de los demás, pero la guardo para mí. Lo mismo hago con la comida; si tengo que comer algo que me repugna, miro al plato y me imagino que se trata de un manjar exquisito, y no mirándolo me lo como sin darme cuenta. Por la mañana, para vencer la pereza que me caracteriza, he encontrado otro medio. Me levanto de un salto, diciéndome: "Volverás a acostarte enseguida, bien acurrucada en la cama", pero lo que hago es ir a la ventana, quitar el camuflaje de la defensa pasiva y aspirar el aire fresco por la rendija hasta que estoy bien despierta. Enseguida quito la ropa de la cama para alejar la tentación. A esto, mi madre le llama el "arte de vivir" y yo lo encuentro muy divertido.

Desde hace una semana, nadie sabe la hora que es. Nuestro fiel y querido reloj de Westertoren desapareció con rumbo a la fundición de metales destinados al material de guerra. No tenemos modo de saber la hora, ni en el día ni en la noche. No pierdo la esperanza de que el reloj sea reemplazado por algo, cualquier cosa que recuerde al barrio la existencia del campanario.

Mis pies suscitan la admiración general. Llevo unos zapatos preciosos que Miep encontró de oferta y por los que pagó 27.50 florines. Son de gamuza con aplicaciones de cuero color vino y de tacón alto. Esto me hace parecer mayor. Tengo la impresión de andar sobre unos zancos.

Nuestras vidas se han visto en peligro por culpa de Dussel. Ha tenido la osadía de encargar a Miep que le trajese un libro prohibido: una sátira contra Hitler y contra Mussolini. Miep se tropezó con unos individuos de las S.S. en moto cuando venía en bicicleta con el libro. El incidente la hizo perder la cabeza y les gritó: "¡Miserables!", y huyó a toda velocidad. Prefiero no pensar lo que habría pasado si la hubiesen detenido.

Tuya,

ANNE

Miércoles, 18 de agosto de 1943

Querida Kitty:

Lo que voy a contarte hoy podría titularse: "La tarea cotidiana de la comunidad: pelar papas".

Uno va a buscar unos periódicos y otro los cuchillos (reserva el mejor para él), un tercero las papas y un cuarto una cacerola llena de agua. Empieza el señor Dussel. Si pelando no es ningún portento, por lo menos pela papas sin cesar, y mira a derecha y a izquierda para ver si los demás lo hacen como él. "No, Anne, no debes hacerlo así. Fíjate en mí. Toma el cuchillo así y corta de arriba abajo. No, así no... Hazlo como te digo."

Yo me arriesgo a contestarle, muy tímida:

—Señor Dussel, yo estoy acostumbrada a hacerlo así y voy muy deprisa.

—Bien, pero te enseño a hacerlo con mayor comodidad. Fíjate en mí. Si quieres, desde luego, y si no, hazlo como te parezca.

Seguimos pelando. Yo miro a mi vecino con el rabillo del ojo y veo que mueve la cabeza, enfrascado en sus pensamientos, no sé si acerca de mí, pero se calla.

Y seguimos pelando. Vuelvo la mirada hacia mi padre, que está al otro lado. Para él, pelar papas no es una fatiga, sino un trabajo de precisión. Cuando lee, una arruga profunda surca su frente, pero cuando ayuda a pelar papas, alubias u otras legumbres, parece impermeable a cualquier otro pensamiento. Adopta una actitud especial y no da por bueno el trabajo hasta estar bien seguro de que las papas han quedado perfectamente peladas. Papá no concibe la imperfección.

Con sólo levantar los ojos, sin dejar de trabajar, me doy cuenta de todo lo que ocurre: la señora Van Daan procura llamar la atención de Dussel. Empieza por mirarlo por el rabillo del ojo y él no se da por enterado. Después le guiña un ojo, pero él sigue absorto en su tarea. Un poco más tarde, se ríe, y Dussel sigue sin levantar la vista. Entonces, mi madre también se ríe, pero Dussel permanece impasible. En vista del fracaso, la señora Van Daan ensaya otro método. Después de una pausa, dice:

—Putti, ¿por qué no te pones un delantal? Me veo quitando las manchas de tu pantalón.

—No me ensucio —contesta él.

Otra pausa breve.

—Putti, ¿por qué no te sientas?

—Estoy muy bien de pie.

Otro intervalo.

—Putti, ten cuidado. Te estás salpicando.

—Bien, mamá, tendré cuidado.

La señora, entonces, busca otro tema de conversación.

—Oye, Putti, ¿por qué cesaron los bombardeos de los ingleses?

—Porque hace mal tiempo, Kerli.

—Pero ayer hizo un buen día y, sin embargo, los aviones no vinieron.

—¿Y si hablamos de otra cosa?

—¿Por qué no puedo hablar de esto? Me interesa saber lo que piensas de ello.

—No pienso nada en concreto.

—¿Por qué?

—¿Quieres callarte, cariño?

—El señor Frank nunca deja sin respuesta a su esposa cuando ella pregunta algo.

Acaba de tocar el punto flaco del señor Van Daan, que se defiende encerrándose en un silencio absoluto. Pero ella vuelve a la carga:

—¡No desembarcarán nunca!

El señor Van Daan palidece, y ella, al observar el efecto producido por sus palabras, se ruboriza, pero insiste:

—Los ingleses lo toman con mucha calma. En definitiva, no hacen nada.

Entonces, estalla la bomba:

—¿Vas a callarte de una vez? *Donnerwetter, noch einmal!*

Mamá tiene que morderse los labios para no soltar la carcajada. Yo, en cambio, me mantengo muy seria.

Aquí tienes, pues, un botón para muestra. Y ten en cuenta que esta escena se repite cada día. Esto si antes no se han peleado ya, pues en este caso los dos se encierran en un obstinado mutismo.

Subo al desván a buscar papas, pues se terminaron, y encuentro a Peter espulgando el gato. Levanta la vista, cosa que el gato aprovecha para huir por la abertura del canal del tejado. Peter suelta una maldición, yo me echo a reír y me voy.

Tuya,

ANNE

Querida Kitty:

Los empleados del almacén terminan su trabajo a las cinco y media en punto. En ese momento preciso, empezamos a sentirnos libres.

Las cinco y media. Llega el heraldo de la libertad en forma de Elli. La casa empieza a agitarse. Yo acompaño a Elli a las habitaciones de los Van Daan para darle su parte del postre de la noche. La señora no le da tiempo de sentarse. En cuanto la ve, empieza a abrumarla con sus peticiones:

—Querida Elli, me gustaría...

Elli me mira. Sabe perfectamente que la señora no pierde ocasión de manifestar sus deseos al primero que llega. Por eso, todos evitan en la medida de lo posible las visitas a su habitación.

Las seis menos cuarto. Elli se marcha. Yo salgo a dar una vuelta por los pisos de abajo, paso por la cocina para ir al despacho privado, y después a la carbonera, y abro la puerta donde está apostado *Mouschi*, acechando a los ratones. Sigo mi visita de inspección hasta el despacho de Kraler. El señor Van Daan abre los cajones y los archivos para llevarse el correo del día. Peter se encarga de *Boschi* y de la llave del almacén. Pim sube las máquinas de escribir. Margot busca un rincón apartado a fin de terminar su trabajo del despacho. La señora Van Daan pone agua a hervir y mi madre lleva las papas. Todo el mundo se entrega al trabajo.

Al cabo de un rato, Peter vuelve del almacén y pregunta dónde está el pan. Normalmente se guarda en la alacena, pero hoy no está allí. Sólo falta que se hayan olvidado de traerlo. Peter se dispone a ir al despacho de la puerta del frente, a ver si lo trajeron. Antes de entrar, se pone a cuatro patas para evitar ser visto desde fuera, llega al armario metálico, y por fortuna ahí está el pan. Lo toma y da media vuelta, pero antes de salir, *Mouschi* salta por encima de él y se instala debajo de la mesa.

Peter lo persigue, pues no debe dejarlo en la habitación, y por fin consigue atraparlo por la cola. *Mouschi* da un bufido y Peter jadea. *Mouschi* se le escapa y se instala en la ventana, donde se pone a relamerse, feliz de haber escapado a su dueño. Finalmente, Peter no tiene otro remedio que ofrecerle un pedazo de pan. *Mouschi* se deja seducir y la puerta se cierra tras ellos. He seguido las incidencias a través de la puerta entreabierta. Sigue el trabajo. Se oyen tres llamadas. Es la hora de cenar.

Tuya,

ANNE

Lunes, 23 de agosto de 1943

Querida Kitty:

Continúo con la distribución del tiempo en las habitaciones del anexo.

Por la mañana, a las ocho y media en punto. Margot y mamá están nerviosas: "¡Chist…! ¡Silencio, papá! Ya dieron las ocho y media, y no debes usar el agua. Debes andar sin hacer ruido". Y así sucesivamente, siguen las advertencias a papá, que está en el cuarto de aseo. Debe volver a la habitación a las ocho y media en punto. Los grifos están cerrados y está prohibido usar la cadena del escusado. La consigna es no hacer ruido. Mientras no lleguen los empleados del despacho, podríamos ser oídos por el personal del almacén en el silencio del local vacío.

A las ocho y veinte, tres golpes suaves en el techo anuncian que está preparado el desayuno de Anne, una sopa de avena: un desayuno de perro. Subo a buscarlo a la cocina. Otra vez en mi habitación, tengo que apresurarme a colocar la cama en el lugar que ocupa durante el día, peinarme y dejar de hablar. Es la hora en que empieza el silencio. La señora y el señor Van Daan se calzan las pantuflas y cesa todo ruido.

Entonces formamos una estampa de familia. Yo me pongo a leer o a estudiar, lo mismo que Margot. Mi padre se sienta, con su Dickens y su diccionario, claro está, en el borde de la desfondada y crujiente cama, provista de un colchón que no merece siquiera este nombre.

Abstraído en la lectura, los demás dejan de existir para él. De vez en cuando sonríe y a veces intenta interesar a mi madre en algún pasaje del libro, pero ella contesta sistemáticamente que tiene trabajo. Él queda decepcionado por un momento y sigue leyendo. Un poco más tarde tropieza con un nuevo y divertido pasaje y prueba otra vez:

—Lee esto, mamá, es muy corto.

Mi madre acostumbra a sentarse en el diván, leyendo, cosiendo, haciendo ganchillo o estudiando. De pronto, se acuerda de algo y nos dice:

—Anne, recuerda que… Margot, anota esto…

De nuevo, reina el silencio. Margot cierra bruscamente su libro. Papá frunce las cejas, su frente es surcada de nuevo por una arruga y vuelve a enfrascarse en la lectura del libro. Mamá empieza a hablar con Margot y yo escucho porque soy curiosa. Y Pim, ¿en qué está pensando? Han dado las nueve ¡A desayunar!

Tuya,

ANNE

134

Querida Kitty:

Por lo regular, cada vez que te anuncio un nuevo aconteci-miento se trata de algo desagradable, pero ahora no es así. Ha ocurrido algo maravilloso. El miércoles por la noche, en la emi-sión de las siete, oímos la noticia siguiente: *Here follows the best news of the whole war. Italy has capitulated!* ¡Italia capituló sin condiciones! A las ocho y media la emisión de la Holanda de ul-tramar confirmaba la noticia en estos términos: "Holandeses: hace una hora, al terminar nuestra crónica, hemos recibido la magnífica noticia de la capitulación de Italia. Les puedo ase-gurar que jamás he roto las páginas de una crónica con mayor placer".

Luego tocaron *God save the King* y la *Internacional*. Como de costumbre, la emisión de la Holanda de ultramar nos dio áni-mos, pero sin que se mostraran demasiado optimistas.

Y, sin embargo, en casa no es todo color de rosa. El señor Koophuis está enfermo. Ya te he dicho lo mucho que lo quere-mos todos. El hombre no se encuentra bien, siente fuertes do-lores y le prohibieron comer y caminar demasiado. A pesar de ello, da muestras de un buen humor y un valor admirables. Mi madre suele decir, y le sobra razón, que cuando el señor Koo-phuis entra en nuestra casa, brilla el sol.

El caso es que acaba de ser trasladado al hospital donde debe sufrir una delicada operación en los intestinos, que le obli-gará a permanecer hospitalizado cuatro semanas por lo menos. Nos dijo adiós simplemente como si se marchase a hacer un mandado. Es la sencillez personificada.

Tuya,

ANNE

Querida Kitty:

En la casa, las cosas van de mal en peor. En la mesa, nadie se atreve a abrir la boca si no es para comer, pues el menor comentario puede herir la susceptibilidad de uno o de otro, cuando lo que se dice no es interpretado al revés. Estoy tomando valeriana para calmar los nervios, con medianos resultados, pues cada día estoy peor. Yo creo que el remedio es otro: reír, reírse con ganas, pero la risa parece desterrada de la casa. Si las cosas siguen así, me estoy viendo con una cara larga de tres palmos.

La aprensión que nos causa la proximidad del invierno impide que las cosas mejoren. Existe otro motivo de preocupación. Además de los empleados del almacén, hay un tal V. M. que sospecha que en el anexo ocurre algo anormal. La cosa no tendría importancia si el mencionado sujeto no fuese tan curioso como es. Además, no se deja convencer fácilmente y, lo que es más grave, no inspira demasiada confianza.

Un día que tenía que reunirse con nosotros, Kraler, como medida de precaución, dio un rodeo. Salió del despacho a la una menos diez minutos y se fue a la farmacia de la esquina. Cinco minutos más tarde, entró por la otra puerta que da acceso a las habitaciones del anexo, como si fuese un ladrón. Quería marcharse a la una y cuarto, pero por fortuna Elli lo interceptó para advertirle que V. M. estaba todavía en el despacho. Dio media vuelta y permaneció con nosotros hasta la una y media. Entonces se quitó los zapatos y bajó por la misma escalera por la que había subido. Para evitar el crujido de los peldaños, caminó tan despacio que le tomó un cuarto de hora llegar a su despacho, como si viniera de la calle. Mientras tanto, Elli había podido desembarazarse de V. M. y subió a buscar al señor Kraler, que ya se había ido, como queda dicho. Imagínate un director que baja la escalera descalzo y se ve obligado a ponerse los zapatos en la calle.

Tuya,

ANNE

Miércoles, 29 de septiembre de 1943

Querida Kitty:

Celebramos el cumpleaños de la señora Van Daan. Le regalamos un pequeño bote de confitura, además de unos cupones para queso, carne y pan. Su marido, Dussel y nuestros protectores se han limitado a regalarle alimentos, aparte de unas flores. No podemos hacer más, dada la situación.

Esta semana por poco le dio un ataque de nervios a Elli. La pobre muchacha llegó a un extremo que no podía más. Y es que estamos abusando de ella, encargándole un sinfín de gestiones, que a veces debe repetir porque no toma bien el encargo o por cualquier otra causa. No me sorprende pensar en el trabajo que se ha acumulado en el despacho, con Miep enferma de gripe y Koophuis en mal estado. Por si faltaba algo, ella se ha dislocado un tobillo, tiene contratiempos amorosos y debe soportar a un padre gruñón. Hemos intentado consolarla diciéndole que limitaríamos los encargos y le pedimos que tenga la franqueza de decirnos cuando no tenga tiempo de cumplirlos. Como siempre, las cosas no andan muy bien entre mi padre y el señor Van Daan, me lo estoy oliendo. Por algún motivo que no conozco, mi padre está furioso. ¡Sólo esto nos faltaba! Si al menos no me viese envuelta en estos altercados, si pudiese huir... Van a volvernos locos.

Tuya,

ANNE

Querida Kitty:

Gracias a Dios, volvió Koophuis. Está aún paliducho, pero esto no le ha impedido encargarse, con el ánimo de siempre, de vender unos trajes de los Van Daan. Los Van Daan están quedándose sin dinero. Es desagradable, pero es un hecho. La señora podría vender unos abrigos, unos vestidos y unos zapatos, pero no quiere deshacerse de ellos, y el señor Van Daan no logra vender un traje suyo porque pide demasiado por él. Vamos a ver en qué termina todo esto. Desde luego, la señora tendrá que deshacerse de su abrigo de pieles. La disputa entre marido y mujer sobre el particular ha sido algo digno de oírse, pero ahora ha empezado ya la frase de reconciliación: "¡Querido Putti!", "¡Kerli, cariño!", etc.

Cuando pienso en los insultos que he oído en la casa desde hace un mes, me da vueltas la cabeza. Mi padre pone un ceño adusto y cuando alguien lo llama aparte se muestra desabrido, como si temiera tener que intervenir en una nueva querella. Mi madre tiene los pómulos encarnados por la zozobra. Margot se queja de jaqueca y Dussel de insomnio. La señora Van Daan se pasa los días gimiendo y yo creo que estoy completamente chiflada. La cosa ha llegado a un extremo que ya no sé con quién nos hemos peleado ni con quién nos hemos reconciliado. Para olvidar, me refugio en el trabajo.

Tuya,

ANNE

Querida Kitty:

Las dificultades económicas provocaron una nueva querella entre el señor y la señora Van Daan. Esta vez, ha sido grave. Ya te he dicho que los Van Daan se comieron todo su dinero. Hace algún tiempo, el señor Koophuis les había hablado de un amigo suyo que trabaja en el ramo de peletería. El señor Van Daan quería aprovechar la oportunidad para vender el abrigo de pieles de su mujer. El abrigo es de piel de conejo y hace diecisiete años que la señora lo usa. Por él les pagaron trescientos veinticinco florines, un precio extraordinario. La señora quería reservar este dinero para destinarlo a nuevos vestidos, una vez acabada la guerra. Su marido tuvo que luchar como desesperado para hacerle comprender que el dinero era necesario para atender las necesidades perentorias de la casa.

Bueno, no puedes imaginarte cómo se puso la señora: gritos, insultos, pataleos, en fin, una furia desatada. Fue horrible. Nosotros estábamos apostados al pie de la escalera, conteniendo la respiración y dispuestos a subir en caso necesario, a fin de separar a los dos contendientes. Todo esto afecta mi sistema nervioso y, por la noche, al acostarme, no puedo evitar el llanto y doy gracias al cielo de tener al menos media hora de soledad.

El señor Koophuis ha tenido que ausentarse de nuevo, pues su estómago no le deja un momento de reposo. No sabe a ciencia cierta si se le ha cortado completamente la hemorragia. Cuando nos dijo que se veía obligado a quedarse en casa porque no se sentía bien, lo noté deprimido por primera vez.

Por lo que a mí se refiere, las cosas siguen igual, pero he perdido el apetito. Tengo que oír constantemente que todos me encuentran desmejorada. Confieso que se desviven por mi salud y estoy tomando glucosa, aceite de hígado de bacalao y unos comprimidos de levadura y de calcio.

No consigo dominar mis nervios y me siento deprimida, sobre todo los domingos, que son los días que en la casa reina una atmósfera abrumadora y soporífera.

En el exterior no se oye el canto de un pájaro y dentro de la casa se cierne sobre todas las cosas un silencio mortal y sofocante que me arrastra a insondables abismos.

En esos momentos me olvido de mis padres y de Margot. Ando indiferente de una a otra habitación, subo y bajo la escalera, y me siento como el pájaro canoro al que han cortado las alas brutalmente y, sumido en las tinieblas, se lastima al chocar con los barrotes de su estrecha jaula. Una voz interior me grita: "¡Quiero salir, quiero respirar aire puro, quiero reír!". No me quedan ánimos para responderle y entonces me echo sobre un diván y me duermo para reducir el tiempo, el silencio y la horrible angustia, pues no consigo matarlos.

Tuya,

ANNE

Miércoles, 3 de noviembre de 1943

Querida Kitty:

Mi padre hizo traer un programa del Instituto Normal de Leyden a fin de proporcionarnos una distracción que a la vez nos instruya. Margot se dedicó a examinar el libro, que es bastante voluminoso, pero todos los cursos que se ofrecen son demasiado caros. La decisión de mi padre fue rápida. Escogió un curso de "latín elemental" por correspondencia, que no tardó en llegar. Margot emprendió la tarea con entusiasmo. Para mí resulta demasiado difícil, pese a que me gustaría mucho aprender latín.

A fin de dar mayor variedad a mis lecturas, papá le pidió al señor Koophuis que procurara traer una Biblia para jóvenes con objeto de ilustrarme sobre el Nuevo Testamento.

—¿Quieres regalarle una Biblia a Anne por la Januká? —preguntó Margot, consternada.

—Sí, pero creo que sería una mejor ocasión el día de San Nicolás —contestó mi padre—. No veo a Jesús entre los Macabeos.

Tuya,

ANNE

Lunes por la noche, 8 de noviembre de 1943

Querida Kitty:

Si leyeras mis cartas una tras otra, te darías cuenta de que varían según mi estado de ánimo. Desde luego, me molesta depender de mi humor, pero en las habitaciones del anexo no soy una excepción: todo el mundo está chiflado. Cuando acabo de leer un libro que me impresiona, tengo que hacer un gran esfuerzo de readaptación antes de disponerme a tratar de nuevo con la pequeña población que forma este refugio. Si no lo hiciera así, me tomarían por un bicho raro. No vas a tardar mucho en darte cuenta de que estoy pasando un periodo de depresión. No acertaría a explicártelo, pero el caso es que el pesimismo se ha apoderado de mí, aunque creo que la causa está en mi cobardía, contra la cual estoy luchando constantemente.

Esta noche, estando Elli en casa, llamaron insistentemente a la puerta de entrada. Me puse lívida, tuve cólico y el corazón empezó a latirme con fuerza, todo por la angustia.

Por la noche, en la cama, me veo en una cárcel, sola, sin mis padres. A veces me veo errante por los caminos, a veces pienso que las habitaciones del anexo son pasto de las llamas, o que vienen a buscarnos a todos por la noche. No sólo lo veo, sino que parece que lo estoy viviendo con todas las fibras de mi ser y tengo la sensación de que, en efecto, va a ocurrir de un momento a otro.

Miep nos dice con frecuencia que nos envidia por el reposo del que disfrutamos. Quizás haya algo de verdad en esto, pero ella no tiene en cuenta las angustias que pasamos todos los días. Me es imposible imaginar que el mundo pueda volver a ser el mismo que fue para nosotros. Cuando hablo de la posguerra, me parece que estoy construyendo castillos en la arena, que estoy hablando de algo que nunca será realidad. Cuando pienso en la casa que tuvimos que dejar, en mis amigas, en las bromas de la escuela, me parece que ha sido vivido por otra persona, no yo.

Nos veo a los ocho refugiados en el anexo como si estuviéramos en un rincón de cielo azul, al que poco a poco fueran rodeando negras nubes, densas y amenazantes. El pequeño círculo, este islote que nos mantiene todavía seguros, se va reduciendo constantemente por la presión de las nubes que aún nos separan del peligro cada vez más cercano. El peligro y las tinieblas se ciernen a nuestro alrededor y, al buscar desesperadamente una salida, lo único que conseguimos es chocar los unos contra los otros. Miramos hacia abajo, hacia allá donde los hombres luchan encarnizadamente o hacia lo alto, donde reinan la calma y la belleza, pero de ellas nos separan las tinieblas, cerrándonos el paso como una impenetrable barrera que va a aplastarnos, aunque todavía no es bastante fuerte. Y suplico e imploro con todas mis fuerzas: "¡Oh, círculo mortal, ensánchate, ábrete ante nosotros!".

Tuya,

ANNE

Querida Kitty:

Tengo exactamente el título que corresponde a este capítulo:

Oda a mi estilográfica
In memoriam.

Siempre he considerado mi estilográfica como algo precioso. La he querido mucho, sobre todo por su gran plumilla, pues no consigo escribir bien más que con una estilográfica de plumilla grande. La vida de mi estilográfica es larga y muy interesante. Voy a contártela brevemente.

Llegó a mis manos cuando yo tenía nueve años. La recibí envuelta en algodón en rama, en un pequeño paquete postal con la mención: "Muestra sin valor". Había viajado bastante; procedía de Aquisgrán, desde donde me la enviaba mi abuela, mi hada madrina. Mientras arreciaba el viento frío de febrero, yo estaba en cama con la gripe. La gloriosa estilográfica, acurrucada en su estuche de cuero rojo, causaba la admiración de mis amigas. Yo, Anne Frank, podía sentirme orgullosa pues, por fin, tenía una estilográfica.

A los diez años, me permitieron llevármela al colegio, y la profesora consintió en que me sirviera de ella.

A los once años, mi tesoro se quedó en casa, pues la profesora de la sexta clase era muy exigente y se atenía rigurosamente al reglamento, que exigía usar la pluma y tinteros de colegial.

A los doce años, mi estilográfica entró de nuevo en funciones, en el Instituto judío, con todos los honores y de una forma auténtica, pues estaba guardada en un nuevo estuche con cremallera, que contenía, además, una lapicera.

A los trece años, la estilográfica me siguió al refugio, y desde entonces galopó como un pura sangre sobre mi Diario y mis cuadernos.

Y su existencia se extinguió a mis catorce años...

El viernes por la tarde, después de las cinco, salí de mi habitación con objeto de proseguir el trabajo en la de mis padres. En cuanto me instalé en la mesa, mi padre y Margot, que se disponían a empezar su clase de latín, me empujaron sin demasiada dulzura. Entonces me limité a ceñirme al pequeño espacio que me dejaban, en una punta de la mesa y me puse a escoger y a limpiar alubias, es decir, a separar las mohosas y limpiar las sanas, y dejé mi estilográfica encima de la mesa.

A la seis menos cuarto, recogí las alubias malas y las eché a la estufa. Me sorprendió la llamarada enorme que se produjo en el acto, pues en los últimos días no marchaba bien, y me alegré. Cuando los "latinistas" terminaron su trabajo, me dispuse a proseguir mi labor epistolar, pero mi estilográfica no aparecía por parte alguna. Margot y yo empezamos a buscar, ayudados después por mi padre, mi madre y el señor Dussel, pero todo fue en vano: mi tesoro había desaparecido sin dejar rastro.

—Quizá la echaste a la estufa con las alubias —sugirió Margot.

—¡No es posible! —contesté.

Por la noche, mi estilográfica seguía sin aparecer y empecé a admitir como todo el mundo la posibilidad de que hubiera ardido. La prueba era aquella enorme llamarada que únicamente podía haber sido causada por la baquelita.

En efecto, la triste suposición se vio confirmada a la mañana siguiente, cuando mi padre retiró de las cenizas la presilla de la estilográfica. La plumilla de oro se había fundido misteriosamente.

—Debe de haberse quedado pegada a una de las piedras refractarias —sugirió mi padre.

Por pequeño que sea, me queda el consuelo de que mi pluma ha sido incinerada y no enterrada. Espero lo mismo para mí cuando llegue la hora.

Tuya,

ANNE

Miércoles, 17 de noviembre de 1943

Querida Kitty:

No nos faltan contratiempos.

En casa de Elli hay una epidemia, y ella está en cuarentena y no podrá venir durante seis semanas. Es un tropiezo serio, pues ella era la encargada del suministro y los encargos, además de sostener nuestra moral. Nos hace una falta terrible. Koophuis sigue en cama, sometido desde hace tres semanas a un severo régimen de leche y papillas de avena. Kraler no puede con todo.

Las lecciones de latín por correspondencia que sigue Margot son corregidas por un profesor que parece muy amable y, por añadidura, espiritual. Sin duda está encantado de tener una alumna tan lista. Margot le envía sus ejercicios firmando Elli.

Dussel está perdiendo completamente la chaveta y estamos todos intrigados. Cada vez que nos reunimos en la habitación de los Van Daan no abre la boca y todos nos hemos dado cuenta. Al cabo de unos días de esta comedia, a mi madre se le ocurrió ponerle en guardia contra el carácter de la señora Van Daan, que podría hacerle la vida imposible si se obstinaba en su silencio.

Dussel le contestó que el primero en no dirigirle la palabra había sido el señor Van Daan y, por lo tanto, no era él quien debía dar el primer paso.

Tú no debes acordarte de que ayer, 16 de noviembre, se cumplió un año de la entrada de Dussel en el anexo. Con este motivo, le obsequió a mi madre una pequeña maceta de flores, pero no tuvo la misma atención con la señora Van Daan, a pesar de que ella, mucho antes del aniversario, había hecho algunas alusiones directas, dando a entender que esperaba de él una invitación general. En vez de expresar su gratitud por la acogida desinteresada que le habíamos dispensado, se encerró en un mutismo absoluto. El día 16 por la mañana le pregunté si debía felicitarle o darle el pésame y me contestó que aceptaba ambas cosas. Mi madre ha fracasado con el papel de pacificadora que se había abrogado y continúa el *statu quo*.

> *Der Mann hat einen grossen Geist.*
> *Und ist so klein van Taten!*
> (Grande es el espíritu del hombre.
> Pero sus actos son deleznables.)

Tuya,
ANNE

Sábado, 27 de noviembre de 1943

Querida Kitty:

Anoche, antes de quedarme dormida, tuve de pronto una visión: Lies.

La vi delante de mí, cubierta de harapos, con el rostro flaco y chupado. Sus inmensos ojos no se apartaban de mí, tristes y cargados de reproches. En ellos yo podía leer: "Anne, ¿por qué me has abandonado? ¡Ayúdame, sálvame, hazme salir de este infierno!".

No puedo prestarle ninguna ayuda. He de limitarme a ser espectadora del sufrimiento y la muerte de los demás y a rogar a Dios que nos devuelva a mi amiga.

Únicamente vi a Lies, a nadie más. Entonces comprendí. Yo la había juzgado mal; era demasiado niña para comprenderla. Ella había puesto cariño en una nueva amiga y yo actué como si quisiera quitársela. ¿Por qué ocurrió eso? Sé la pena que debí causarle, porque ya la he experimentado yo misma.

Antes me ocurría a veces que de pronto comprendía algo de su vida. Era como un relámpago, pero enseguida volvía a hundirme en mi egoísmo para preocuparme tan sólo de mis alegrías y de mis sinsabores. Fui mala con ella, con ella que acaba de mirarme con sus ojos suplicantes, inmensos en su rostro lívido. ¡Qué desamparada está! ¡Si yo pudiera ayudarla!

¡Y pensar, Dios mío, que a mí no me falta nada en este refugio, mientras ella es víctima de un destino ineluctable! Era una buena muchacha que siempre quiso el bien. Era tan buena, por lo menos, como yo. ¿Por qué he sido yo la elegida por la vida y por qué a ella le espera tal vez la muerte? ¿Qué diferencia había entre ella y yo? ¿Por qué estamos tan lejos una de otra?

La verdad es que la había olvidado desde hacía meses, tal vez un año. Tal vez no del todo, pero nunca se me había aparecido así, en toda su desgracia.

Si vives hasta el fin de la guerra, Lies, si vuelves a nosotros, te prometo compensarte del daño que te he causado.

Pero es ahora cuando necesita mi apoyo y no cuando me encuentre en condiciones de ayudarla. ¿Pensará todavía en mí? Y si piensa en mí, ¿cómo debe juzgarme?

Dios mío, ampárala para que por lo menos no esté sola. Si Tú pudieras decirle lo mucho que la quiero y la compadezco, tal vez esto la ayudaría a sostenerse.

Que sea así, pues yo no veo otra salida. Me persiguen todavía sus grandes ojos, sin apartarse de mí. ¿Habrá encontrado la fe en sí misma, o le habrán enseñado a creer en Dios?

No lo sé. Nunca me tomé la molestia de preguntárselo.

¡Oh, Lies, si yo pudiera sacarte de donde estás, si por lo menos pudiera compartir contigo todo lo que tengo! Es demasiado tarde. Ya no puedo ayudarla, ni reparar los errores que cometí con ella. Pero no la olvidaré nunca y rezaré siempre por ella.

Tuya,

ANNE

Lunes, 6 de diciembre de 1943

Querida Kitty:

A medida que se acerca San Nicolás, todos pensamos inconscientemente en la hermosa cesta del año pasado y por esto me parecía más triste dejar pasar la fiesta este año sin celebrarla. He pensado mucho buscando algo divertido que nos pudiera alegrar un poco.

Después de haber consultado a Pim, nos pusimos manos a la obra y dedicamos a cada uno un recuerdo de circunstancias.

Al día siguiente por la noche, a las ocho y cuarto, subimos a las habitaciones de los Van Daan, cargados con el cesto de la ropa, decorado con unas siluetas y unos lazos azules y rosas, recortados en papel. El cesto estaba recubierto con papel de embalar, en el que había pegada una carta. Una sorpresa de tanta envergadura produjo visiblemente una gran impresión:

Yo despegué la carta y leí en alta voz:

PRÓLOGO

Este año ha vuelto San Nicolás

y no ha olvidado ni siquiera el anexo.

¡Ay! Para nosotros no es tan encantador

ni tan divertido como el año pasado.

Entonces nos sentíamos llenos de esperanza,

y creíamos firmemente en la victoria.

Este año esperábamos celebrar

una fiesta alegre con toda libertad.

Pero, al menos, guardemos un recuerdo de este día,

aunque los regalos brillen por su ausencia.

El pueblo entero

puede mirar en su zapato

para encontrar...

Entonces mi padre levantó el papel que recubría el cesto y su contenido provocó la hilaridad de todos. Cada uno pudo encontrar un zapato suyo en cuyo interior habíamos escrito cuidadosamente el nombre y la dirección de su propietario.

Tuya,

ANNE

Miércoles, 22 de diciembre de 1943

Querida Kitty:

Una gripe muy seria me ha impedido escribirte hasta hoy. Es horrible enfermar en estas circunstancias. Cada vez que tenía que toser, me ponía hecha un ovillo debajo de las sábanas intentando contenerme. El resultado era que me irritaba aún más la garganta, y tenían que darme leche y miel, azúcar y pastillas para que se me calmara la tos. Cuando pienso en los tratamientos que tuve que sufrir, siento vértigos. Sudar, compresas húmedas, cataplasmas en el pecho, bebidas calientes, gárgaras, toques, bolsas de agua caliente, limonadas, el termómetro cada dos horas y una inmovilidad absoluta.

Todavía me pregunto cómo pude reponerme después de sufrir todo esto. Lo más desagradable era sentir sobre mi pecho desnudo la cabeza de Dussel, reluciente de brillantina, que en plan de médico se empeñaba en auscultar los ruidos de mi pobre caja torácica. Su pelo me hacía cosquillas y me avergonzaba terriblemente, a pesar de que hace más de treinta años que obtuvo su título. ¿Quién le mandaba auscultarme el corazón? No lo quiero, que yo sepa. Por otra parte, dudo mucho que sepa distinguir entre los ruidos normales y los sospechosos, pues anda algo duro de oído.

Bueno, ya hablé bastante de enfermedades. Me siento mejor que nunca, crecí un centímetro y engordé un kilo. Estoy algo pálida e impaciente por reanudar mis estudios.

No tengo ninguna noticia sensacional que contarte. Lo único extraordinario es que en la casa reina una armonía total y que nadie se pelea. Hace al menos seis meses que no habíamos conocido una paz semejante; Elli no ha vuelto todavía.

Por Navidad, tendremos una ración suplementaria de aceite, bombones y mermelada. Voy a tener un magnífico regalo, como no puedes imaginarte: un broche hecho con una moneda de cobre, que brilla como el oro, algo espléndido. El señor Dussel ha ofrecido a mamá y a la señora Van Daan una tarta muy bonita que preparó Miep por encargo de él. ¡Pobre Miep! Sólo le faltaba esto con el trabajo que tiene ya… Yo también preparo una pequeña sorpresa para ella y otra para Elli. Le pedí al señor Koophuis que me hiciera un poco de turrón de mazapán con el azúcar que ahorré de mi papilla matinal durante dos meses.

No hace frío y el tiempo está muy calmado. La estufa apesta. Lo que comemos nos pesa en el estómago y provoca ruidos atronadores por todas partes. En la radio, las mismas noticias, sin variación. La atmósfera, aburrida.

Tuya,

ANNE

Viernes, 24 de diciembre de 1943

Querida Kitty:

Te he dicho ya hasta qué punto la atmósfera de las habitaciones del anexo depende del humor de cada uno de nosotros. Las disputas surgen entre familiares y me parece que aquí esto ha llegado a adquirir caracteres de una enfermedad crónica que está tomando proporciones inquietantes.

Himmelhoch jauchzend, zu Tode betrübt. (Alegría celestial, tristeza mortal.) Esto se podría aplicar a mí. Tengo plena conciencia de la "alegría celestial" cuando pienso en todo lo que poseemos aquí y en la suerte de haber escapado hasta ahora al desdichado destino de otros judíos, pero la "tristeza mortal" me invade con frecuencia, como, por ejemplo, hoy, cuando el señor Koophuis nos habló de su hija Corry. Está libre y puede ir a dar paseos en lancha con sus amigos, participa en las actividades de un teatro de aficionados, ensaya obras y se encuentra con sus amistades en el Club de Hockey. No creo tener celos de Corry, pero al oír hablar de su vida, aumenta hasta tal punto mi deseo de reír y de divertirme como una loca, que llega a dolerme el corazón. Sobre todo, en estos días de Navidad, que hemos de pasar encerrados entre nuestras cuatro paredes, como parias… Tal vez es un error hablar de ello, pues puedo dar la impresión de ingratitud y, sin duda, estoy exagerando. Pero a pesar del mal efecto que pueda causarte, soy incapaz de callármelo, y te repito lo que te dije al empezar estas páginas: "El papel es paciente".

Cuando viene alguien de fuera de casa, con el frescor del aire en sus vestidos y el frío en su rostro, querría ocultar la cabeza bajo las sábanas para ahogar este pensamiento: "¿Cuándo podremos respirar nosotros aire fresco?". Y precisamente porque no puedo ocultar mi cabeza bajo las sábanas, sino que, por el contrario, debo mantenerla erguida, me asaltan una y otra vez un sinfín de pensamientos. Puedes creerme. Después de un año y medio de esta vida de clausura, a veces la copa está a punto de desbordarse. Cualquiera que sea mi sentido de la justicia y de la gratitud no me es posible ahuyentar mis sentimientos. Correr en bicicleta, bailar, silbar, mirar a la gente, sentirme joven y libre: tengo hambre y sed de todo esto, y debo hacer esfuerzos inauditos por ocultarlo. Imagina que los ocho nos pusiéramos a lamentarnos y a andar con caras largas, ¿adónde iríamos a parar? A veces me pregunto si hay en el mundo alguien capaz de comprenderme, de olvidar que soy judía, y de no ver en mí más que a una muchacha que lo único que pide es divertirse. Divertirse y nada más. Lo ignoro y no sabría decírselo a nadie, pues me echaría a llorar. Y, sin embargo, llorar a veces alivia mucho.

A pesar de mis teorías y de los esfuerzos que hago, me sigue faltando la verdadera Madre que imagino y que podría comprenderme. Le dedico todo lo que pienso y todo lo que escribo con la esperanza de poder llegar a ser para mis hijos la "Mamsie" que yo me he forjado y que es mi ideal. Una Madre severa, desde luego, pero que no tomaría necesariamente en serio todo lo que dijeran sus pequeños. La palabra "Mamsie" es mía. No sé explicarte por qué, pero me parece que lo expresa todo. Con objeto de acercarme a mi ideal, he pensado en llamar "mammi" a mi madre, por no llamarla "Mamsie". Ella es, por decirlo así, la "Mamsie" incompleta. Me gustaría mucho poder llamarla así, pero ella no sabe nada de esto. Afortunadamente, pues si lo supiera se sentiría muy desgraciada.

Tuya,

ANNE

Sábado, 25 de diciembre de 1943

Querida Kitty:

Este día me recuerda particularmente la historia de un amor de juventud que Pim me contó el año pasado, en esta misma época. Entonces yo no podía comprender todavía el sentido de sus palabras. ¡Cómo me gustaría que volviera a hablarme de eso! Al menos, podría demostrarle mi simpatía.

Pim debió hablarme de ello por necesidad de confiar en alguien siquiera una sola vez. ¡Él, que tantas "confidencias del corazón" ha recibido! Pim nunca habla de sí mismo. No creo que Margot tenga la menor idea de lo que Pim ha sufrido. ¡Pobre Pim! Nunca podrá hacerme creer que lo ha olvidado todo. No olvidará nunca. Se ha vuelto tolerante. Espero que, con el tiempo, sea yo como él, sin tener que pasar por lo que él ha pasado.

Tuya,

ANNE

Querida Kitty:

El viernes por la noche, nosotros, judíos, celebramos la fiesta de Navidad por primera vez. Miep, Elli, Koophuis y Kraler nos prepararon una sorpresa deliciosa. Miep elaboró un pastel de Navidad ornado con esta inscripción: "Paz 1944". Elli nos regaló medio kilo de galletas de "antes de la guerra". A Peter, a Margot y a mí nos regalaron un tarro de yogur y a los mayores una botella de cerveza para cada uno. Todo estaba muy bien empaquetado, con una estampita en cada paquete. Por lo demás, los días de Navidad han transcurrido sin nada de particular.

Tuya,

ANNE

Querida Kitty:

Anoche volví a sentirme triste. Pensé otra vez en Lies y en mi abuela. ¡Oh, mi abuela tan buena y tan dulce! No sabíamos que sufría una enfermedad muy grave, porque nos lo ocultó hasta el último momento.

Nos quería mucho y nunca nos hubiera dejado caer. Por más diabluras que yo hiciera, por más insoportable que estuviera, siempre encontraba una buena disculpa para mí.

Abuela, ¿de verdad me quisiste o, como los demás, tampoco tú me comprendiste? No lo sé. Nadie iba nunca a desahogarse con ella y, a pesar de que todos la queríamos, debió sentirse muy sola. Creo que cualquiera puede sentir la soledad, incluso rodeado de cariño, si no es para alguien el Amado, con A mayúscula.

Y Lies, ¿vive todavía? ¿Qué ha sido de ella? Dios mío, protégela, y devuélvenosla. Por ti, Lies, llego a comprender cuál hubiera podido ser mi suerte y constantemente me pongo en tu lugar. Entonces me pregunto qué sentido tiene tomar tan a pecho lo que ocurre en nuestra pequeña comunidad pues, excepto cuando pienso en ella y en los que han corrido su misma suerte, debería sentirme contenta, feliz y satisfecha.

Soy una cobarde y una egoísta. ¿Por qué debo pensar siempre en los peores males hasta gritar de miedo? Porque, a pesar de todo, mi fe no es bastante firme. Dios me ha dado más de lo que merezco y, sin embargo, cada día me hago más culpable.

Cuando pienso en el prójimo, me pasaría el día llorando. No me queda más que rogar a Dios que haga el milagro de salvar aún algunas vidas. ¡Esto, si escucha mis oraciones!

Tuya,

ANNE

Domingo, 2 de enero de 1944

Querida Kitty:

Esta mañana, hojeando mi Diario, he leído las cartas que hablan de mi madre y he quedado horrorizada por las crudas palabras que le he dirigido. Me he preguntado: "¿Este odio procede realmente de ti, Anne? ¡Oh, Anne, debería darte vergüenza!".

Con una página en la mano, estupefacta, he tratado de descubrir los motivos de la ira y del odio que se habían apoderado de mí hasta el punto de confiarte mi estado de ánimo. Porque debo decirte que mi conciencia no estará tranquila hasta que haya tenido una explicación clara contigo sobre esas acusaciones. Olvidemos por un momento cómo llegué a esto.

Siempre he sufrido y sigo sufriendo una especie de dolencia moral. Es un poco como si, teniendo la cabeza sumergida en el agua, viera las cosas no como son, sino deformadas por una óptica subjetiva. Cuando me siento en este estado, soy incapaz de reflexionar sobre las palabras de mi oponente, lo que me permitiría obrar en armonía con la persona que, a causa de mi intemperancia, he lastimado o disgustado. Entonces me encierro en mí y ya no veo más. Así, el papel recibe mis reacciones de gozo, de ironía o de pena, provocadas solamente por el egoísmo que me invade. Este Diario tiene un gran valor para mí, pues forma parte de mis memorias. No obstante, en muchas de sus páginas podría escribir: "Pasado".

Desde luego, yo estaba furiosa contra mi madre y a veces lo estoy todavía. Si es cierto que ella no me ha comprendido, también lo es que yo no la he comprendido mucho más a ella. Me quería y me demostraba su ternura; pero como yo la ponía con frecuencia en una situación desagradable y, además, las circunstancias tristes por las que atravesábamos la ponían nerviosa e irritable, siempre me reñía. Después de todo, se comprende.

Me he tomado demasiado en serio al mostrarme ofendida, insolente y mal dispuesta hacia ella, pues esto sólo podía apenarla. En el fondo, entre nosotras solamente hay malentendidos y desacuerdos por una parte y por otra. Y así nos hemos ido envenenando las dos. Espero que todo pase.

He sido incapaz de comprenderlo y me he compadecido, cosa también comprensible. Cuando se tiene un temperamento vivo como el mío, se enfada uno y monta en cólera con una gran facilidad. Antes de mi vida de clausura, esta cólera se manifestaba por medio de palabras mordaces, unos pataleos a espaldas de mi madre, y ya estaba tranquila.

Pero las cosas han cambiado mucho desde los días en que yo juzgaba fríamente a mi madre a pesar de verla llorar.

Me he vuelto más juiciosa y, por su parte, mamá está menos nerviosa. Cuando me molesta, me callo y ella hace lo mismo. Así, las cosas van mejor aparentemente. No logro sentir por ella el cariño devoto de un niño. Es imposible. Y el caso es que encuentro que me hace falta este sentimiento.

Procuro tranquilizar mi conciencia pensando que el papel es menos sensible que mi madre. Mis injurias le hubieran causado mucha pena.

Tuya,

ANNE

Miércoles, 5 de enero de 1944

Querida Kitty:

La carta de hoy será larga. Tengo necesidad de desahogarme con alguien que sepa guardar silencio pase lo que pase, y no conozco a nadie más que tú.

Voy a confiarte dos cosas.

En primer lugar, se trata de mi madre. Me he quejado mucho de ella, pero todavía hago lo que buenamente puedo para ser dócil y amable. De pronto, he descubierto lo que le falta. Ella misma nos ha dicho que nos considera sus amigas, más que sus hijas. Si quieres, hasta cierto punto esto es bonito, pero una amiga no puede suplir a una madre. Por lo que a mí se refiere, tengo necesidad de sentir por mi madre el respeto que se siente por un ideal.

Hay algo que me induce a creer que Margot no piensa como yo y que no sería capaz de comprender lo que acabo de decirte.

Mi padre, por su parte, procura evitar toda conversación relacionada con mamá.

Yo creo que la primera cualidad que debe poseer una madre es el tacto, especialmente con hijos de nuestra edad, y por ningún motivo debe obrar como mi madre, que se burla de mí cada vez que me ve llorar, no de dolor físico precisamente, sino por algo muy distinto.

Hay algo que nunca le he perdonado, aunque tal vez no tenga importancia. Un día, mucho antes de refugiarnos en las habitaciones del anexo, tuve que ir al dentista. Me acompañaron ella y Margot y hasta me permitieron ir en bicicleta. Al salir las tres del dentista, mi madre y Margot me dijeron que irían de compras. Quise acompañarlas, pero me lo prohibieron porque iba en bicicleta. Me puse tan furiosa que apenas podía contener las lágrimas. Esto bastó para que soltasen la carcajada. Entonces me volví hacia mi madre y le saqué la lengua en plena calle, como te lo digo. Una anciana que pasaba en aquel momento se quedó horrorizada. Regresé a casa y lloré amargamente. No lo creerás, pero la herida que me produjo mi madre entonces me duele aún cuando lo recuerdo.

Me va a ser difícil hablarte del segundo punto, pues se trata de mí. Ayer leí un artículo de la doctora Sis Heyster que trataba de la manía de ruborizarse. Parece escrito para mí, pues aunque no me ruborizo fácilmente, en cambio, otras cosas que el libro apunta se me pueden aplicar perfectamente: "En la época de la pubertad, las muchachas se repliegan sobre sí y empiezan a reflexionar en los milagros que se producen en su cuerpo".

Ésta es una sensación que he experimentado en estos últimos tiempos, hasta el extremo de que me parece sentir vergüenza delante de Margot y de mis padres. En cambio, a pesar de que Margot es más tímida que yo, nunca se muestra cohibida.

No sólo las transformaciones visibles de mi cuerpo me parecen maravillosas, sino también lo que ocurre en mi interior. Como no hablo con nadie de mí ni de estas cosas, pienso mucho en ello y voy a confiarme a ti.

Sólo me he visto indispuesta tres veces, pero cada vez que esto me ocurre, tengo la sensación, a pesar del dolor, la languidez y la suciedad que supone, de llevar en mi interior un tierno secreto. Por esto, a pesar de las pequeñas molestias que me produce, me alegro cada vez que llega el momento de sentirlas nuevamente.

Sis Heyster dice además en su artículo que las muchachas de esta edad están demasiado seguras de sí mismas, pero que enseguida se sentirán mujeres con sus ideas, sus maneras de pensar y sus hábitos personales. Por lo que a mí se refiere, hay que tener en cuenta que el estar encerrada desde mis trece años me ha hecho pensar en mí mucho antes que otras muchachas, y he experimentado antes que ellas la sensación de "independencia" individual. A veces, por la noche, en la cama, siento una necesidad inexplicable de tocar mis senos y de sentir la calma de los latidos regulares y seguros de mi corazón.

Antes de estar encerrada entre estas paredes había experimentado inconscientemente sensaciones parecidas. Si, por ejemplo, pasaba la noche en casa de una amiga, me asaltaba la imperiosa necesidad de besarla, y no me privaba de hacerlo. Cada vez que veo la figura de una mujer desnuda, como Venus, por ejemplo, me quedo extasiada. A veces me ha parecido tan maravillosamente bello que he tenido que hacer un esfuerzo para retener mis lágrimas.

¡Si tuviera una amiga!

Tuya,

Anne

Querida Kitty:

Es tan fuerte el deseo que siento de hablar de verdad con alguien que se me ha ocurrido la idea de escoger a Peter como víctima. He entrado más de una vez en su habitación. Me parece muy acogedora, sobre todo a la luz de la lámpara eléctrica. Peter, aunque es muy huraño, no echará nunca de su cuarto a cualquiera que vaya a importunarlo. De todos modos, nunca he permanecido mucho tiempo en su habitación por temor de que me encuentre pesada. Ayer aproveché una magnífica ocasión, que andaba buscando, para quedarme con él, como quien no quiere la cosa. Peter siente una verdadera pasión por las palabras, a las que dedica la mayor parte de sus ratos de ocio. Ayer me puse a ayudarle, y pronto estuvimos el uno al frente del otro en su mesita, él sentado en la silla y yo en el diván.

Fue algo extraño. Yo no tenía más que mirar sus ojos azules oscuros y la misteriosa sonrisa que vagaba por sus labios... Esto me hacía soñar. Pude leer en su rostro un cierto embarazo, una cierta vacilación y, al mismo tiempo, una sombra de seguridad de saberse hombre. Me invadió una sensación de ternura al ver sus movimientos torpes. No podía dejar de buscar sus ojos sombríos y cruzar su mirada una y otra vez suplicándole con todo mi corazón: ¿por qué no dejas estas charlas inútiles y me hablas de ti?

Pero la velada se deslizó sin que ocurriera nada en particular, salvo que le hablé de esa manía de ruborizarse, no con las mismas palabras que he empleado aquí, evidentemente, pero sí le dije que a medida que fuera creciendo se sentiría más seguro.

Por la noche, en mi cama, la situación me pareció menos divertida y encontré francamente repulsiva la idea de implorar los favores de Peter. ¿Qué no haría por satisfacer sus deseos?

La prueba: mi propósito de ir a ver a Peter más a menudo y hacerlo hablar.

Sobre todo, no hay que pensar que estoy enamorada de Peter; nada de esto. Si en vez de un hijo, los Van Daan tuvieran una hija, igualmente habría intentado buscar su amistad.

Esta mañana, al despertarme, a eso de las siete menos cinco, recordé en el acto y sin vacilar lo que había soñado. Estaba sentada en una mesa frente a Peter... Wessel. Estábamos hojeando un libro con ilustraciones de Mary Bos. Mi sueño fue tan preciso que hasta recuerdo los dibujos. Pero el sueño no acaba aquí. De pronto se cruzaron nuestras miradas y me sumergí largamente en sus hermosos ojos de un pardo terciopelo. Luego Peter dijo muy dulcemente: "¡Si lo hubiera sabido, hace tiempo que habría venido a ti!". Volví bruscamente la cara para ocultar la turbación que me dominaba. Después sentí su mejilla contra la mía, una mejilla suave, fresca y reconfortante... Era bueno, infinitamente bueno...

Me desperté en aquel momento. Su mejilla estaba aún junto a la mía y sus ojos oscuros seguían mirándome hasta el fondo de mi corazón, tan profundamente que podía leer cuánto lo había querido y cuánto lo quiero aún. Mis ojos se llenaron de lágrimas frente a la idea de haberlo perdido otra vez, pero al mismo tiempo me sentía alegre con la certidumbre de que aquel Peter sigue siendo mi preferido y lo será siempre.

Es curiosa la precisión de las imágenes en mis sueños. Una vez vi a mi otra abuela, Memé, tan claramente, que pude distinguir hasta las profundas arrugas aterciopeladas de su piel. Después, la abuela adoptó la forma de ángel de la guarda de Lies, que es para mí el símbolo de la desgracia de mis amigas y de todos los judíos. Así, cuando rezo por ella, rezo también por todos los judíos y por todos los desgraciados. Y ahora volvamos

161

a Peter, a mi querido Peter. Nunca había aparecido con tanta claridad, nunca lo había visto así ante mí. No necesito un retrato. Lo veo, no puedo verlo mejor.

Tuya,

Anne

Viernes, 7 de enero de 1944

Querida Kitty:

¡Qué tonta soy! He olvidado contarte las historias de mis otros admiradores.

Siendo muy chiquitina, en los tiempos del jardín de niños, sentía una viva simpatía por Karel Samson. Era un muchacho huérfano de padre y vivía con su madre en casa de una tía. Su primo Robby, un hermoso niño de negros cabellos, tenía muchas más admiradoras que Karel, gordo y redondo como una bola. Pero yo no hacía caso de la belleza, y quise a Karel unos años.

Siempre jugábamos juntos, pero, aparte de esto, no puedo decir que mi amor fuera correspondido. Después se cruzó en mi camino Peter Wessel, quien se convirtió en mi verdadera chifladura infantil, desde luego. Él me encontraba también simpática y fuimos inseparables durante un verano entero. Recuerdo todavía que atravesábamos las calles tomados de la mano, él con su trajecito de algodón de color blanco y yo con mi corto vestidito de verano. Al terminar las vacaciones, cuando volvimos a empezar las clases, él estaba en séptimo y yo en sexto. Iba a buscarme a la escuela o iba yo a la suya. Peter Wessel era la belleza personificada: alto, esbelto, con grave rostro, reposado e inteligente. Su cabello era negro y sus ojos oscuros magníficos, piel mate, mejillas redondas y nariz aguileña. Lo que me tenía más enamorada era sobre todo su risa, que le daba un aire de muchacho travieso. Después, me fui al campo a pasar las vacaciones y cuando volví Peter se había mudado de casa para ir a vivir con un compañero mayor que él. Seguramente, fue éste quien debió convencerlo de que yo no era más que una chiquilla. El resultado fue que Peter me dejó. Yo lo quería tanto que me costó mucho creerlo y me aferré a él hasta el día que comprendí que si seguía insistiendo, me podrían tomar por una cualquiera. Pasaron los años y Peter tenía amigas de su edad y ni siquiera se tomaba la molestia de saludarnos, pero yo no podía olvidarlo. En el Instituto judío hubo algunos muchachos que se enamoriscaron de mí. Confieso que me sentía satisfecha, encantada, pero ninguno llegó a gustarme. Después, fue Harry quien se enamoró de mí, ya más en serio, pero, como ya te he dicho, yo nunca estuve enamorada de él.

Dice un refrán que el tiempo cura las heridas, y esto fue lo que me ocurrió. Creí haber olvidado a Peter Wessel, pensando que había dejado de interesarme. Sin embargo, su recuerdo persistía en mi subconsciente de tal manera que llegué a tener celos de sus amigas y hasta me pareció menos agradable por esta razón. Esta mañana comprendí que no ha cambiado nada entre nosotros y que, al contrario, mi amor por él ha crecido y ha madurado conmigo. Comprendo ahora que Peter debió encontrarme demasiado niña para él, pero esto no me impidió sufrir por su olvido. Desde que su rostro se me ha aparecido tan claramente, tengo por cierto que nadie podrá nunca estar tan sólidamente anclado en mi corazón.

Este sueño me ha trastornado. Cuando esta mañana mi padre me ha besado habría querido gritarle: "¡Oh, si fueras Peter!". No puedo hacer nada sin pensar en él y me paso el día repitiendo: "¡Oh, Peter, Peter querido!".

¿Quién podrá ayudarme? No me queda más que seguir con mi vida cotidiana y pedir a Dios que si alguna vez salimos de aquí vuelva a poner a Peter en mi camino, a fin de que al leer en mis ojos lo que siento por él, me diga: "¡Oh, Anne, si hubiera sabido esto, hace tiempo que hubiera venido a ti!".

El espejo me ha devuelto una imagen mía totalmente cambiada. He visto mis ojos profundos y claros, mis mejillas teñidas de rosa, cosa que no me ocurría desde hacía muchas semanas, y mi boca luce más suave. Parece la imagen de una muchacha feliz y, sin embargo, un no sé qué de triste en mi expresión ha hecho desaparecer súbitamente la sonrisa de mis labios. No puedo sentirme feliz estando, como estoy, lejos de Peter Wessel. Y, no obstante, sigo viendo sus ojos fijos en los míos y sintiendo su fresca mejilla contra la mía…

¡Oh, Peter, Peter! ¿Cómo apartar otra vez tu imagen de mi pensamiento? Cualquiera que tomara el lugar que te pertenece no será más que burda falsificación. Te quiero, con un amor que llena todo mi corazón. Mi amor es tan fuerte que necesitaba estallar y revelárseme de un solo golpe, en toda su inmensidad.

Si hace una semana, ayer mismo, me hubieran preguntado a cuál de entre mis amigos escogería para marido, les hubiera contestado: "No lo sé". Si me lo preguntaran ahora, gritaría con todas mis fuerzas: "¡Peter Wessel! Lo amo con todo mi corazón, con toda mi alma. Y me entrego enteramente a él". Con una sola condición: que solamente acaricie mi cara. Una vez, hablando de sexualidad, mi padre me dijo que yo no estaba en condiciones aún de comprender el deseo, cuando yo creía que lo había comprendido siempre. Ahora es cuando, en realidad, lo comprendo. ¡No querré nunca a nadie como a él, a mi Peter!

Tuya,

ANNE

Querida Kitty:

Elli ha vuelto después de quince días. Miep y Henk tuvieron unos dolores terribles de estómago durante dos días por haber comido algo en malas condiciones. Ahora me ha dado por la danza clásica y todas las noches ensayo pasos, vestida con una túnica ultramoderna que hice con una combinación azul celeste con encajes, que era de mamá. Una cinta estrecha la ciñe por debajo del pecho y otra más ancha de color rosa en la cintura completa el efecto. He intentado en vano transformar mis zapatos deportivos en unas zapatillas de bailarina. Mis miembros embotados empiezan a recobrar su elasticidad normal. Hay un ejercicio formidable que consiste en sentarse en el suelo, tomar un talón en cada mano y levantar las piernas sin doblar las rodillas. La verdad es que hago un poco de trampa sentándome en un cojín como apoyo para no maltratar demasiado mi pobre trasero.

El último libro leído por los mayores es *Ochtend zonder Wolken* (*Amanecer sin nubes*). A mi madre le pareció extraordinario. Trata de los problemas de la juventud. Yo hice un comentario irónico para mis adentros: "Trata de comprender primero a la juventud que te rodea".

Creo que mi madre se hace ilusiones acerca de nuestras relaciones con nuestros padres. Se imagina que se ocupa constantemente de la vida de sus hijas y se tiene por única en su género. Esto, en todo caso, será verdad por lo que se refiere a Margot, porque en lo que toca a mí no creo que nunca se haya preocupado, ni en sueños, de las cosas que a mí me preocupan. No tengo ninguna intención de hacer comprender a mi madre que uno de sus vástagos es totalmente diferente de la idea que se ha hecho de éste, porque quedaría consternada y, por otra parte, no sabría rectificar. Por consiguiente, prefiero evitarle la pena que tendría, tanto más cuanto que para mí esto no cambiaría nada.

Mi madre se ha dado cuenta de que yo la quiero menos que Margot, pero imagina que esto pasará.

Margot se ha vuelto tan amable que no la conozco. Ahora ya no muestra las uñas como antes y nos llevamos como unas verdaderas amigas. Ya no me trata como si fuera una chiquilla, ni me considera un cero a la izquierda.

Por raro que esto pueda parecer, te diré que a veces me miro con unos ojos que parecen los de otra persona. Entonces analizo a mis anchas los asuntos de una tal "Anne" y voy recorriendo en mi Diario las páginas de mi vida, como si se tratara de una extraña. Antes, cuando estábamos en casa, cuando todavía era incapaz de pensar como pienso ahora, tenía, a veces, la sensación de no formar parte de la familia y me imaginaba que iba creciendo como un pato salvaje. Durante una temporada me dio por representar el papel de huérfana. Otras veces, en cambio, me hacía vivos reproches diciéndome que no debía achacar la culpa a nadie, pues todos eran muy buenos conmigo y no había razón alguna para hacerme la víctima. Me impuse la obligación de mostrarme cariñosa. Por la mañana estaba al acecho y al oír pasos en la escalera esperaba la aparición de mi madre para darle los buenos días. Estaba afectuosa con ella, no sólo porque me lo había impuesto, sino también porque me sentía dichosa de verla tan cariñosa conmigo. Pero bastaba cualquier advertencia poco amable por parte de ella para que me sintiera desanimada. En mi fuero interno, procuraba excusarla diciéndome que tal vez tenía preocupaciones; así, pues, entraba en casa contenta, me ponía a hablar por los codos hasta que se repetía la misma escena y me marchaba al colegio pensativa y malhumorada.

Otras veces, me proponía no decir palabra, pero como tenía tantas cosas que contar, me olvidaba enseguida de mi propósito. Naturalmente, deseaba contárselas a mi madre, pues ella debía estar dispuesta siempre a escucharme, en cualquier circunstancia. Si no ocurría así, volvía a ser la niña caprichosa que ya no acechaba los pasos en la escalera por la mañana, se sentía sola y derramaba una vez más lágrimas sobre la almohada.

Aquí la situación se ha agravado. Ya lo sabes tú.

En medio de estos contratiempos, Dios me ha ayudado mandándome a Peter...

Jugueteando con mi medallón, lo beso y pienso: "Todo me da lo mismo. Peter es mío y nadie lo sabe". Así estoy en condiciones de soportar cualquier regaño. ¿Quién podría sospechar lo que ocurre en el alma de una colegiala?

Tuya,

ANNE

Sábado, 15 de enero de 1944

Querida Kitty:

No tiene sentido repetirte constantemente la misma historia de nuestros altercados y disputas, incluso con detalles. Para acabar de una vez, hemos dividido las raciones de materias grasas, y cada cual se ha quedado con las que le corresponden, así como la mantequilla y la carne, y cocemos aparte las papas. Hace algún tiempo que nos hemos asignado una pequeña ración suplementaria de pan integral, pues, a partir de las cuatro, empieza a obsesionarnos la hora de la cena, sin lograr acallar las protestas de nuestros estómagos vacíos que reclaman su alimento con insólitos rumores.

Se acerca el cumpleaños de mi madre. Kraler le trajo azúcar, lo que alborotó los celos de la señora Van Daan, que no fue objeto de la misma atención el día del suyo. No voy a fastidiarte con los nuevos razonamientos que se han producido, ni las crisis de llanto y las ásperas conversaciones que las han acompañado. No serviría de nada. Lo único que voy a decirte es que nos fastidian bastante más. Mi madre ha hecho la promesa irrealizable de no ver a los Van Daan por espacio de quince días.

Yo me pregunto sin cesar si la convivencia con otras personas, cualesquiera que sean, debe acabar necesariamente en peleas, o si en realidad es que hemos tenido mala suerte con la compañía. ¿La gente es siempre tan egoísta y tan ruin? Quizás estoy en una buena atalaya para adquirir un cierto conocimiento de las personas, pero empiezo a hastiarme. Ni nuestras disputas ni el afán que todos tenemos de aire libre y de libertad pueden hacer que la guerra termine, y por lo tanto, deberíamos poner todos buena voluntad en hacer llevadera nuestra estancia en este refugio y sacar el mejor partido de ella. Me pregunto por qué pierdo el tiempo en sermones. Si debo estar todavía mucho tiempo encerrada, voy a acabar como una vieja regañona. ¡Y tengo tantas ganas de aprovechar mis años escolares!

Tuya,

ANNE

Sábado, 22 de enero de 1944

Querida Kitty:

¿Sabrías decirme por qué las personas ocultan tan celosamente lo que pasa en su interior? ¿Cómo te explicas que en compañía de otras personas aparezca tan diferente de lo que en realidad soy?

¿Por qué unos desconfían de otros? Alguna razón debe de haber, no lo dudo. Pero el caso es que cuando los seres más allegados a mí no responden a mi afán de confianza, me siento desgraciada.

Creo que desde la noche memorable de mi sueño, he envejecido. Cada vez más me siento "un personaje independiente". Te chocará saber que miro con otros ojos hasta a los Van Daan y que he dejado de compartir el concepto que tiene mi familia de las discusiones que se suscitan. Por supuesto, la señora Van Daan no tiene nada de fina ni de inteligente, pero creo que si mi madre fuera menos rígida y tuviera un poco de tacto cuando se da una conversación espinosa, podría evitar más de un altercado.

Una buena cualidad de la señora Van Daan es que puede ser razonable. Si se acierta a tratarla de modo que no se ponga nerviosa ni suspicaz, es capaz de ceder fácilmente, a pesar de su reconocido egoísmo, su tacañería y sus tapujos. No siempre se obtiene este resultado a las primeras de cambio, pero es cuestión de insistir y armarse de paciencia hasta acabar por conseguirlo.

Todos los problemas que se plantean sobre la educación y las historias de niños mimados y la alimentación, hubieran tomado otro cariz si hubiéramos hablado amistosamente desde el primer momento en vez de limitarnos a no ver más que el lado malo de los demás.

Como si te oyera, Kitty: "¿Y eres tú, Anne, la que me estás hablando? ¿Tú, que has tenido que soportar tantas injusticias y palabras tan desabridas de esa gente?". Pues sí, soy yo quien habla así.

Quiero llegar al fondo de las cosas y vuelvo una y otra vez sobre ellas. No quiero repetir las palabras como un loro, así es que voy a hacer un estudio de los Van Daan a mi manera para ver lo que pueda haber de justo y de exagerado en la opinión que de ellos nos hemos formado los demás. Si personalmente me siento decepcionada, tomaré el partido de mis padres, pero si ocurre lo contrario, intentaré hacerles comprender en qué cosas no tienen razón, y si no me hacen caso tendré el valor de mantener mi propia opinión y mi propio juicio. Me dispongo a aprovechar cualquier ocasión que se ofrezca para discutir francamente con la señora Van Daan y hacerle ver que mis opiniones son imparciales, aunque vuelvan a llamarme impertinente.

Tal vez sería injusto enfrentarme con mi propia familia, pero lo cierto es que, por lo que a mí se refiere, a partir de hoy, los chismes han pasado a la historia.

Hasta hoy creía a pie juntillas que los únicos culpables de todas las disputas eran los Van Daan. Ahora me doy cuenta de que también mi familia interviene en las querellas. Al principio, la razón estaba de nuestra parte, pero precisamente las personas inteligentes, como las que componen mi familia, o al menos así lo creemos, son las más obligadas a tener más tacto en sus relaciones con los demás. Confío poseer al menos una brizna de ese tacto, y tener ocasión de aplicarlo.

Tuya,

ANNE

Lunes, 24 de enero de 1944

Querida Kitty:

Me ha ocurrido algo muy extraño. Al menos, así lo creo. Tal vez la palabra "extraño" no sea la más apropiada.

Antes, cuando en casa o en el colegio se hablaba de sexo, se hacía en una forma misteriosa o con cierta vergüenza. Sólo podía abordarse el tema con cuchicheos y, si alguien demostraba su ignorancia, los demás se burlaban. A mí esto me parecía bastante estúpido y pensaba: "¿Por qué tanto misterio para hablar de estas cosas? Es un fastidio". Pero como no había nada que hacer, me callaba en la medida de lo posible o procuraba ser ilustrada por las amigas.

Yo estaba ya al tanto de muchas cosas cuando hablé del tema con mis padres. Un día mi madre me dijo:

—No hables nunca de esto con ningún muchacho, si quieres seguir mi consejo. Y si alguno intenta hablarte de ello, debes limitarte a no contestar.

Todavía recuerdo la respuesta que le di:

—¡Claro que no lo haré…! ¡No faltaría más!

Y en eso quedó la cosa.

Al principio de nuestra estancia en el refugio, mi padre se refería, de vez en cuando, a ciertos detalles que yo hubiera preferido escuchar de labios de mi madre y mis conocimientos se ampliaron gracias a las lecturas y a las conversaciones que podía escuchar. Peter van Daan nunca me habló como antes hacían, con raras excepciones, mis compañeros de clase, de estas cosas.

Una vez, su madre nos confesó que ni ella ni su marido habían hablado nunca de la materia delante de Peter. Ignoraba, pues, o fingía ignorar el nivel de los conocimientos de su hijo en lo referente a esta cuestión.

Ayer, mientras Margot, Peter y yo estábamos pelando papas y charlando como de costumbre, yo pregunté aludiendo a *Boschi:*

—La verdad es que no sabemos si es gato o gata.

—Es gato —contestó Peter.

Me eché a reír.

—Sí, es un gato que espera tener gatitos.

Peter y Margot se rieron también. La cosa no era para menos. Peter había anunciado, hacía ya dos meses, que *Boschi* tendría gatitos, pues su vientre crecía ostensiblemente. La aparente preñez se debió a lo muy ladrón que era *Boschi*. Por lo tanto, no eran gatos pequeños lo que llevaba en su vientre, sino la gran cantidad de comida que atrapaba en sus correrías.

Peter se defendió:

—Puedes comprobarlo tú misma, si lo deseas. El otro día jugando con él, me di cuenta de que se trataba en realidad de un gato.

Picada por la curiosidad, fui con él al almacén, pero *Boschi* no aparecía por parte alguna. Esperamos un ratito, pero como hacía frío, volvimos a subir. A primera hora de la tarde, oí que Peter volvía a bajar. Haciendo de tripas corazón, atravesé sola la casa silenciosa y llegué al almacén. Peter estaba jugando con *Boschi* encima de la mesa de embalaje. Lo estaba pesando en una balanza.

—¡Hola! ¿Quieres verlo?

Y sin ningún rodeo, puso el animal patas arriba sujetándoselas hábilmente y empezó la lección:

—Esto es el sexo masculino... Y esto es el trasero.

El gato hizo una pirueta y recobró su posición normal sobre sus patas enguantadas de blanco.

Si el que me mostró el "sexo masculino" hubiera sido otro muchacho, no habría vuelto a mirarlo a la cara. Pero Peter siguió hablando con la mayor naturalidad, sin reserva alguna, sobre tan escabroso tema y acabó por hacerme sentir a mis anchas. Estuvimos hablando, nos entretuvimos con *Boschi* y salimos del espacioso local como quien va de paseo.

—Cuando quiero enterarme de algo, siempre acabo por encontrarlo en algún libro. ¿No haces tú lo mismo?

—¿Por qué? Yo se lo pregunto a mi padre, que sabe mucho más que yo y tiene una gran experiencia.

Al llegar al pie de la escalera, yo no había vuelto a abrir la boca.

¡Cómo cambian las cosas! Nunca hubiera creído poder hablar con semejante naturalidad ni siquiera con una chica. Creo que mi madre no quiso referirse a esto cuando me dijo que no debía hablar de estas cosas con los muchachos. Sea como fuere, me siento distinta y pienso sin querer en aquella escena. Por lo menos, algo he aprendido: que se puede hablar de todas las cosas con un muchacho sin mojigatería y sin hacer aspavientos.

¿Hablaría Peter con sus padres de todo con la naturalidad con que habló conmigo?

Pero, después de todo, ¿qué me importa?

Tuya,

Anne

Jueves, 27 de enero de 1944

Querida Kitty:

Estos últimos tiempos me he aficionado a los árboles genealógicos de las familias reales. He llegado a la conclusión de que, por medio de la investigación, puede uno remontarse hasta la Antigüedad y hacer descubrimientos muy interesantes.

Dedico mi tiempo principalmente al estudio. Ya empiezo a entender a los locutores de la BBC, pero paso buena parte de los domingos escogiendo y clasificando mi colección de estrellas de la pantalla, que alcanza ya unas proporciones respetables.

Estoy muy agradecida con el señor Kraler, que cada lunes me trae *Cinema y Teatro*. La población del refugio, que es menos frívola que yo, cree que estoy malgastando el dinero en extravagancias, lo que no les impide sorprenderse al oírme citar con la mayor exactitud los nombres de los actores de películas pasadas hace más de un año. Elli aprovecha sus horas libres para ir al cine con algún amigo y me informa de los títulos de las películas que se pueden ir a ver el sábado. Después, yo me informo de la vida de las estrellas de aquellas películas leyendo las críticas. No hace mucho, mi madre decía que no me haría ninguna falta ir al cine para estar al día, a juzgar por lo bien grabados que llevaba en la memoria las películas, las estrellas y las críticas.

Cuando me da por cambiar de peinado, nunca falta, después de la consiguiente crítica, la pregunta: "¿A qué estrella estás imitando?". Y sólo me creen a medias si les digo que se trata de una creación mía.

En cuanto al peinado, no lo llevo ni media hora, pues me asquean tanto las bromas que debo aguantar que acabo por regresar al baño y peinarme como siempre.

Tuya,

ANNE

Viernes, 28 de enero de 1944

Querida Kitty:

Vas a creer que te tomo por una vaca obligándote a rumiar constantemente las mismas historias y las mismas noticias. Me imagino que estás bostezando por la monotonía de mis cartas y que deseas que ocurra algo nuevo en nuestro refugio. Ya lo sé, desde luego. Te estoy repitiendo siempre lo mismo y esto resulta tan aburrido para ti como para mí. En la mesa, cuando no se habla de política se evoca el recuerdo de comidas opíparas, y mi madre y la señora Van Daan rivalizan contando unas historias de juventud que sabemos ya de memoria. Si no, el señor Dussel se dedica a fastidiarnos con la revelación del espléndido guardarropa de su esposa o hablando de caballos de carreras o de embarcaciones, o de muchachos precoces que nadan desde los cuatro años y de los calambres que ha tenido que atender. Cuando alguien toma la palabra, sea quien sea, cualquier otro podría seguir el hilo de la historia y terminarla con la mayor facilidad. Hemos oído ya antes todos los chistes y anécdotas que salen a relucir, de modo que sólo se ríe el que los cuenta. A veces me imagino a los lecheros, tenderos y carniceros de antes con unas venerables barbas a fuerza de escuchar en la mesa recuerdos que a ellos se refieren. Nada de lo que ha salido a colación en el refugio puede resistir el peso de la reiteración. Todo parece viejo y ajado.

Tal vez me podría acostumbrar, con tal de que las personas mayores se abstuvieran de repetir hasta la saciedad lo que han oído decir a Koophuis, Miep o Henk, añadiendo, a lo sumo, algún detalle de su propia cosecha. Me pone tan nerviosa esto que debo pellizcarme por debajo de la mesa para no soltar una barbaridad contra el que está hablando y no decirle las cosas por su nombre. Las muchachas juiciosas, como Anne, por ejemplo, no pueden contradecir bajo ningún pretexto a los mayores por muchas tonterías que digan y por muchas mentiras que quieran hacernos creer.

Koophuis y Henk tienen una cierta tendencia a hablar de las personas que se ocultan, pues no ignoran que todo aquello que concierne a nuestros semejantes y sus refugios nos interesa en grado sumo y nos aflige sinceramente cualquier desgracia que les ocurra, si son detenidos. En cambio, la noticia de la evasión de un preso nos colma de gozo.

Sin embargo, hasta esta cuestión se ha convertido en cosa tan habitual como poner las pantuflas de mi padre debajo de la estufa. Funcionan numerosas organizaciones como "Holanda Libre", que confeccionan documentaciones falsas y procuran trabajo clandestino a los hombres jóvenes. Asombra el valor y el desinterés de esos seres que protegen la vida de los demás poniendo en riesgo la propia. Y no tengo que ir muy lejos para encontrar un ejemplo: nuestros protectores nos han resuelto hasta la fecha todas las dificultades y espero que puedan seguir haciéndolo hasta el final, pues, en el caso de una denuncia, correrían la misma suerte que nosotros. Nunca han hecho la menor alusión a ello, ni se han quejado de la carga que para ellos representamos.

Nos visitan cada día, hablan de negocios y de política con los hombres, de suministros y dificultades de la guerra con las mujeres, y de libros y periódicos con nosotros. Se muestran contentos, por poco que las circunstancias se presten a ello; nos traen flores y regalos si se trata de celebrar un aniversario, o simplemente los días festivos, y siempre están dispuestos a servirnos. Jamás olvidaremos el heroísmo de los que luchan contra los alemanes, pero debemos poner al mismo nivel el de nuestros protectores, que tantas muestras de cariño y benevolencia nos ofrecen constantemente. Circulan rumores que parecen increíbles. No obstante, algunos son ciertos. Por citar uno, esta semana el señor Koophuis nos ha contado que en la provincia de Güeldres se jugó un partido de futbol; uno de los equipos estaba formado exclusivamente por muchachos que viven en la clandestinidad y el otro por miembros de la policía. En Hilversum, ocurrió también algo muy chusco. A cierta hora fueron convocados los proscritos a fin de entregarles las nuevas cartillas de racionamiento, que estaban discretamente separadas en una mesa aparte. Se necesita valor para hacer esto en las propias narices de los alemanes.

Tuya,

Anne

Jueves, 3 de febrero de 1944

Querida Kitty:

En todo el país no se habla de otra cosa que del desembarco. Es como una fiebre que sube cada día más. Si estuvieras en mi lugar, te ocurriría lo que a mí: en un momento me dejo impresionar por los preparativos extraordinarios que se hacen, y al siguiente me río de las personas que se entusiasman, a lo mejor sin fundamento alguno.

Los periódicos no hablan de otra cosa. El desembarco trae a la gente de cabeza. En los artículos de los periódicos se puede leer, por ejemplo: "En caso de desembarco de ingleses y holandeses, los alemanes tomarán las medidas necesarias para la defensa del país, llegando, si es preciso, a inundarlo". Circulan mapas reducidos con las regiones que se verían afectadas por las inundaciones, y como Ámsterdam se encuentra enclavado en dicha zona, nos preguntamos cómo podremos arreglárnoslas con un metro de agua por las calles.

Tan difícil problema ha provocado las más diversas respuestas:

—Imposible ir en bicicleta. Habrá que andar penosamente a pie por el agua.

—Lo mejor será huir a nado. Nos pondremos el traje de baño, sin olvidar la gorra, y procuraremos nadar lo más sumergidos posible. Así, nadie se dará cuenta de que somos judíos.

—Ya estoy viendo a las señoras nadando cuando las ratas les muerdan las pantorrillas.

Esto lo dice un hombre, claro está, pero ya veremos quién gritará más cuando llegue el caso, si ellos o nosotras.

—El edificio es tan vetusto, que se va a derrumbar a los primeros embates de las aguas. Nunca conseguiremos salir de casa.

—Nada de bromas. Vamos a arreglárnoslas para procurarnos una embarcación.

—No hace falta. Bastará con una caja vacía de botes de leche, como la que tenemos en el desván, y remaremos con bastones.

—Yo voy a andar con zancos. En mi juventud gané un campeonato.

—Henk van Santen podrá prescindir de los zancos. Llevará a Miep sobre sus espaldas y será ella quien vaya montada en zancos.

Yo creo que esto basta para que puedas hacerte una idea aproximada. Estos comentarios tal vez parezcan chocantes ahora. Cuando llegue el momento, las cosas se pondrán más serias.

Hemos considerado también otra cuestión. ¿Qué haremos si, ante el desembarco, los alemanes ordenan la evacuación de Ámsterdam?

—Marcharnos con toda la población procurando disfrazarnos lo mejor posible.

—No nos marcharemos de ningún modo. No podemos hacer otra cosa que quedarnos. Los alemanes son muy capaces de empujar a toda la población hasta Alemania y una vez allí exterminarla.

—¡Claro que nos vamos a quedar! No hay lugar más seguro que éste. Trataremos de convencer a Koophuis de que venga aquí con toda su familia. No faltará algún saco de aserrín que sirva de colchón. Miep y Koophuis podrían empezar ya a traer mantas.

—Nos quedan treinta kilos de trigo y habrá que encargar más. Henk se ocupará de las legumbres secas. Nos quedan todavía casi treinta kilos de alubias y cinco de chícharos, sin olvidar los cincuenta botes de verduras en conserva.

—Mamá, ¿quieres hacer inventario de las demás conservas?

—Diez botes de pescado, cuarenta de leche, diez kilos de leche en polvo, tres botellas de aceite, cuatro botes de mantequilla salada, cuatro de carne, dos de fresas, dos de frambuesa y dos de grosella, treinta de tomates, cinco de avena tostada, y tres y medio de arroz... Esto es todo.

No está mal, pero hay que pensar en alimentar a los invitados y si nos vemos obligados a permanecer seis semanas sin poder adquirir los suministros, estas reservas no serán suficientes. Tenemos carbón y madera suficientes, y lo mismo podemos decir de las bujías. Para el caso de huida, cada uno va a prepararse un pequeño talego cosido para llevar colgado del cuello, con dinero.

Habrá que confeccionar una lista de las cosas que tendremos que llevarnos si nos vemos obligados a huir, y podemos empezar ya a preparar un saco para cada uno. Al llegar el momento, dos de nosotros estarán en guardia permanente, uno en la buhardilla de atrás y otro en la del frente.

—¿Qué haremos con las reservas de alimentos si nos cortan el agua, el gas y la luz?

—En este caso, cocinaremos en la estufa, con agua de lluvia hervida. Debemos empezar a acumular ya reservas, llenando todos los recipientes disponibles.

No oigo otra cosa durante todo el día. El desembarco de los Aliados y discusiones sobre el hambre, la muerte, los certificados de los judíos, los gases, etc., etc. Desde luego, todo esto no tiene nada de reconfortante. Voy a darte una muestra de una conversación de los hombres del refugio con Henk.

Los hombres:

—Tememos que, cuando se vean obligados a retroceder, los alemanes arrastren con ellos a toda la población.

—¡Imposible! No tienen bastantes trenes.

—¿Trenes? ¿Y para qué los necesitarían? Nada de esto. Van a obligar a la población a ir a pie. (*Per pedes apostolorum,* como suele decir Dussel.)

—No lo creo —repuso Henk—. Ustedes lo ven todo a través de unas lentes muy oscuras. ¿Qué interés podrían tener en arrastrar a la población?

—¿Ha olvidado usted lo que dijo Goebbels?: "Si nos obligan a retirarnos, dejaremos cerradas las puertas de los países ocupados".

—No hagan caso. ¡Son tantas las cosas que han dicho!

—¿Cree usted que sus sentimientos caritativos les impedirían a los alemanes cometer este desaguisado? Su plan es muy sencillo: "Si hemos de morir, morirán con nosotros todas las poblaciones bajo nuestro dominio".

—Por más que me digan, no puedo creerlo.

—Siempre ocurre lo mismo. Hasta que uno mismo no se ve en peligro, no se da cuenta de lo que el peligro supone.

—En resumidas cuentas, ustedes tampoco saben nada con certeza. Están haciendo suposiciones.

—Esta experiencia la hemos tenido ya en Alemania, primero, y más tarde, aquí, en Holanda. Y en Rusia, ¿qué cree usted que ocurre?

—Olvídense un momento del problema de los judíos. Creo que nadie sabe con certeza lo que ocurre en Rusia. Los ingleses y los rusos hacen lo mismo que los alemanes en plan a exagerar para hacer propaganda.

—No lo creo. La radio inglesa ha dicho siempre la verdad...

Y aun admitiendo que haya alguna exageración en sus emisiones, debe reconocer ciertos hechos. No ignora usted que en Rusia y en Polonia millares de personas han sido asesinadas o enviadas a las cámaras de gas.

Voy a ahorrarte las otras conversaciones. Me siento sosegada y apenas si advierto el barullo que me rodea. He llegado a un punto en que apenas me afecta pensar que puedo morir. Yo no puedo variar el curso de los acontecimientos ni el mundo va a dejar de girar porque yo muera o siga viviendo.

Lo único que puedo hacer es esperar. Solamente me preocupo de mis estudios y confío en llegar a buen fin.

Tuya,

Anne

Sábado, 12 de febrero de 1944

Querida Kitty:

Brilla el sol, el cielo es maravillosamente azul, el aire está cargado de promesas y mi alma despierta a todos los deseos... Unos deseos locos de charlar, de sentirme libre, de amistad, de soledad. Unos deseos locos... de llorar. Estoy a punto de estallar. Sé que las lágrimas me calmarían, pero no soy capaz de llorar. No consigo estar un momento quieta, voy de una habitación a otra, me detengo un instante para respirar a través de la rendija de una ventana cerrada y siento los exigentes latidos de mi corazón, como diciéndome: "¿Por qué no satisfaces de una vez mi deseo...?".

Siento en todo mi ser la primavera que empieza a despertarse. La siento en mi cuerpo y en mi alma. Tengo que hacer enormes esfuerzos para comportarme como de costumbre, la cabeza me da vueltas, no sé qué leer ni qué escribir, ni qué hacer, en una palabra. En suma, una languidez que no consigo vencer.

Tuya,

ANNE

Domingo, 13 de febrero de 1944

Querida Kitty:

Las cosas han cambiado para mí desde ayer. Voy a explicártelo. Se apoderó de mí una profunda nostalgia que no ha desaparecido aún… También me invade una vaga sensación de sosiego.

Esta mañana me di cuenta de que Peter me miraba insistentemente de cierta manera. Sinceramente, me sentí halagada. Me miraba de un modo que no sabría explicarte con exactitud. Quiero decir, que no me miraba como de costumbre.

Siempre creí que Peter estaba enamorado de Margot y he aquí que ahora, de pronto, tengo la sensación de haberme equivocado. Me he abstenido deliberadamente de mirar a Peter todo el día; bueno, quiero decir, que no lo he mirado mucho, pues cada vez encontraba sus ojos fijos en mí y, además, la verdad es que una sensación maravillosa me ha impedido mirarlo con demasiada insistencia.

Quisiera estar sola, completamente sola. Peter se ha dado cuenta de que me ocurre algo, pero a mí no me sería posible contárselo. Tengo ganas de gritar: "Déjenme en paz. Quiero estar sola". ¡Quién sabe si un día no estaré más sola de lo que quisiera!

Tuya,

ANNE

Querida Kitty:

El domingo por la noche los habitantes del refugio, excepto Pim y yo, estaban escuchando el programa musical: *Unsterbliche Musik Deutscher Meister.* Dussel no paraba de manipular los mandos del aparato, poniendo nerviosos a los demás, sobre todo a Peter. Al cabo de media hora, Peter no pudo contenerse y le pidió con un tono irritado que dejara de mover los mandos de una vez. Dussel le contestó desdeñosamente:

—*Ich mach'das schon.* (Estaba sintonizando.)

Peter se molestó y le contestó con alguna insolencia. Los Van Daan lo defendieron y Dussel tuvo que ceder. Esto fue todo.

El incidente no tiene nada de extraordinario, pero me parece que Peter se lo ha tomado muy a pecho. En todo caso, ha venido a encontrarme en el desván, donde estaba yo hurgando en la caja de libros, para hablarme de ello. Como yo ignoraba el incidente, lo escuché con atención, lo que le hizo recobrar ánimos y contarme con vehemencia lo ocurrido.

—Tú sabes bien que siempre me callo, pues sé de antemano que en estos casos nunca encuentro las palabras justas. Me ruborizo, empiezo a tartamudear y acabo no sabiendo lo que digo. Entonces tengo que callarme porque no acierto a decir lo que quiero. Ayer ocurrió lo mismo y no dije lo que en realidad quería decir, pero una vez que me lancé, perdí el hilo de mis ideas y esto es muy desagradable. Antes tenía la costumbre de servirme de los puños mejor que de las palabras. Era una mala costumbre, pero no me disgustaría reanudarla, te lo aseguro. Ya sé que esta manera de comportarme no me llevará a ninguna parte. Por esto te admiro. Tú sabes decir las cosas sin rodeos y dices lo que tienes que decir. Eres la persona menos tímida que he conocido.

—No lo creas —contesté—. La mayor parte de las veces digo las cosas de una manera distinta de cómo me proponía decirlas. Después, una vez que me he soltado, hablo demasiado. Es un defecto que tú no conoces.

Yo me reía para mis adentros, pero procuré tranquilizarlo sin que se diera cuenta de mi regocijo. Tomé un almohadón para sentarme en el suelo y apoyé el mentón sobre las rodillas. Era toda oídos.

Estoy maravillada de verdad. Las habitaciones del anexo albergan a otro ser que sufre las mismas crisis de furor que me distinguen. Peter se sentía aliviado de verdad de poder desahogarse dando rienda suelta a su peor lenguaje para criticar a Dussel. Sabía que podía contar con mi discreción: no soy una soplona. Yo pasé un rato delicioso sintiéndome unida a él por una comunión que únicamente había conocido con alguna de mis amigas.

Tuya,

ANNE

Miércoles, 16 de febrero de 1944

Querida Kitty:

Hoy es el cumpleaños de Margot. A las doce y media, Peter vino a ver los regalos. Ha permanecido más de lo acostumbrado hablando, cosa que no habría hecho si se hubiera tratado de una simple visita de cortesía. Por la tarde, después de comer, fui a buscar café y papas. Una vez al año, al menos, puedo permitirme el gusto de mimar a Margot. Peter quitó enseguida sus papeles de la escalera para abrirme el paso y yo le pregunté si era necesario cerrar la escotilla del desván.

—Sí —me contestó—, es preferible. Cuando vuelvas, llama y yo mismo te abriré.

Le agradecí, subí al desván y pasé allí unos buenos diez minutos, escogiendo las papas más pequeñas del tonel en que las guardamos. Empezaban a dolerme los riñones y a sentir frío. No lo llamé, claro está, y abrí yo misma la escotilla. No obstante, Peter, muy servicial, acudió enseguida y cargó la cacerola.

—Por más que busqué, no encontré otras más pequeñas —dije.

—¿Buscaste en el tonel grande?

—Sí, lo revolví de arriba abajo.

Mientras Peter examinaba las papas de la cacerola yo había llegado al pie de la escalera.

—Las escogiste muy bien —me dijo.

Y al recibir el recipiente, añadió:

—Enhorabuena, señorita.

Lo dijo mirándome con ternura, arropándome con la mirada, y yo me enternecí a mi vez. Me di cuenta de que quería halagarme, pero como no acierta a expresarse con palabras, se sirvió de la mirada, lo que no fue menos elocuente. ¡Cómo lo comprendo y cuánto se lo agradezco! En este momento, al evocar sus palabras y la dulzura de sus ojos, me siento feliz.

Mi madre me hizo notar que no habría bastantes papas para la cena y yo, dócilmente, me ofrecí para una segunda expedición al desván.

Al pasar por las habitaciones de Peter, me excusé por molestarlo dos veces seguidas. Se levantó, se colocó entre la escalera y la pared y, tomándome por el brazo, me cerró el paso.

—Esta vez lo haré yo. Para mí no representa ningún esfuerzo.

Le dije que no valía la pena, pues esta vez no tenía que escoger las pequeñas. Convencido, me soltó el brazo. Al regreso, me abrió la escotilla otra vez y tomó la cacerola. En la puerta le pregunté:

—¿Qué estás haciendo ahora?

—Francés —me contestó.

Le pedí que me enseñara las lecciones y, después de haberme lavado las manos, me senté en el diván. Le hice ciertas indicaciones sobre su lección y nos pusimos a hablar. Él me explicó que, una vez que terminara la guerra, pensaba irse a las Indias Holandesas para vivir en una plantación. Habló de su familia, del mercado negro y de otras cosas, y acabó por confesarme que se sentía completamente inútil. Yo le contesté que lo probable es que padeciera un complejo de inferioridad. Habló también de los judíos y me dijo que le parecía mucho más ventajoso ser cristiano. Me preguntó si no podría pasar por cristiano después de la guerra. Le pregunté si quería bautizarse, pero replicó que no se trataba de esto. Él dice que después de la guerra nadie sabrá si es judío o cristiano.

Por un instante sentí que se me encogía el corazón. Es lamentable que no pueda desprenderse de manera definitiva del cinismo. Después, la conversación tomó un giro muy agradable: hablamos de mi padre, de la humanidad y de otras cosas que no recuerdo bien. Estuvimos juntos hasta las cuatro y media.

Por la noche, añadió algo muy halagador al referirse a una foto de una estrella del cine que yo le había regalado y que adorna su cuarto desde hace un año y medio. Como le gusta tanto, le dije que puede escoger algunas estrellas más de mi colección.

—No —me contestó—. Prefiero guardar sólo ésta. La veo todos los días y se ha convertido en mi amiga.

Ahora comprendo por qué con tanta frecuencia estrecha a *Mouschi* contra su pecho. También él necesita ternura, está claro.

Me olvidaba decirte que añadió:

—No tengo nunca miedo. Solamente temo a las enfermedades, incluso cuando no son graves, pero esto cada día me preocupa menos.

El complejo de inferioridad de Peter es verdaderamente terrible. Se cree siempre estúpido, mientras a Margot y a mí nos considera muy inteligentes. No sabe cómo agradecerme la ayuda que le presto en sus lecciones de francés. Me propongo decirle un día:

—Estás bromeando. En inglés y en geografía tú estás mucho más fuerte que nosotras.

Tuya,

Anne

Viernes, 18 de febrero de 1944

Querida Kitty:

Cada vez que, por un motivo u otro, subo al desván, mi objetivo principal es verlo a "él". Ahora hay alguien que forma el centro de mi vida, y me alegro de ello.

Al menos, el objeto de mi amistad está siempre en la casa. Es cómodo y no tengo necesidad de temer a ninguna rival, Margot aparte. No creas que estoy enamorada, no es esto, pero hay algo que me advierte que el sentimiento que se está desarrollando entre Peter y yo puede llegar a ser algo hermoso, una amistad que aumentará con la confianza. Me paso en sus habitaciones todos mis ratos libres. Cuando llego, ya no ocurre como antes, cuando él no sabía cómo comportarse. Ahora pasa exactamente lo contrario, y cuando me voy, sigue hablando después de haber cerrado la puerta.

Mi madre no ve mis idas y venidas con buenos ojos. Dice que no hago más que estorbar a Peter y que debo dejarlo en paz. ¿No llegará a comprender nunca que también yo tengo, en alguna forma, el don de la intuición?

Cuando subo a la habitación de Peter, me mira siempre con sorpresa, y cuando vuelvo me pregunta dónde he estado. Yo encuentro esto desagradable, inadmisible.

Tuya,

Anne

Sábado, 19 de febrero de 1944

Querida Kitty:

Otro sábado. Tú sabes lo que esto quiere decir. La mañana transcurre en un relativo silencio. Ayudé a hacer la comida en casa de los Van Daan. "Él" no hizo más que dirigirme algunas miradas furtivas. A las dos y media, la hora en que cada uno se va a su cuarto para dormir una siesta, yo me instalé en el despacho privado, provista de unas mantas, para leer o escribir con tranquilidad. No duró mucho. No podía más. Dejé caer la cabeza sobre el brazo y estallé en sollozos. Derramé un torrente de lágrimas, sintiéndome muy desgraciada. ¡Oh, si "él", solamente "él" hubiera venido a consolarme! Subí a las cuatro a buscar papas. Mi corazón latía con la esperanza de volver a verlo. Entré a peinarme en el cuarto de aseo. En aquel momento, oí que bajaba al almacén a jugar con *Boschi*.

De pronto, sentí que los ojos se me llenaban de lágrimas y entré precipitadamente en el baño con el espejo en la mano. ¡Qué bonito verme recluida allí, vestida con lo mejor que tengo, con las lágrimas resbalando hasta manchar con sombrías manchas mi delantal rojo! Me sentía horriblemente desgraciada.

Pensaba, poco más o menos, esto: "¡Jamás conseguiré conquistarlo! ¿Quién sabe? Seguramente no me encuentra bastante atractiva y no siente la necesidad de confiar en mí. Quizá piensa en mí, pero de una manera superficial. Tendré que proseguir sola mi camino sin confidente, sin Peter. Esto es lo que me espera. ¡Oh, si únicamente pudiera apoyar mi cabeza en su hombro para sentirme menos desesperadamente sola, menos abandonada! Tal vez no siente ningún afecto por mí, y mira a las demás con la misma ternura. ¡Y yo me imaginaba que todo esto era para mí sola! ¡Oh, Peter, si pudieras verme y oírme! Tal vez la verdad me decepcionaría. Si éste es el caso, no podría soportarla".

Pero, al cabo de un rato, sentí renacer mi alegría y mis esperanzas mientras mis lágrimas seguían corriendo en mi interior.

Tuya,

ANNE

Miércoles, 23 de febrero de 1944

Querida Kitty:

Desde ayer, el tiempo ha mejorado bastante, y yo me he recobrado por completo. Cada mañana subo al desván donde Peter trabaja y el aire de fuera refresca mis pulmones saturados de aire viciado. Tendida en el suelo, desde mi lugar favorito, contemplo el cielo azul, el castaño que aún no ha echado hojas y en cuyas ramas brillan unas gotas de agua, las gaviotas y otros pájaros plateados que surcan el aire en su raudo vuelo.

Los dos respirábamos el aire fresco, él con la cabeza apoyada contra la gruesa viga y yo sentada. Entre nosotros había algo que no debía interrumpirse con palabras. Permanecimos mucho tiempo contemplando el cielo y cuando tuvo que dejarme para ir a cortar madera, yo sabía ya que aquello era magnífico. Lo seguí escaleras arriba y durante el cuarto de hora que estuvo aserrando la madera, no nos dijimos una sola palabra. Él se aplicó a cortarla como un leñador para demostrarme su fuerza. Yo he mirado por la ventana abierta, desde la que se divisa una gran parte de Ámsterdam. Por encima de los tejados se ve hasta el horizonte, de un azul tan límpido que no se puede distinguir.

Yo me dije: "Mientras exista este sol radiante, este cielo sin nubes, y yo lo sienta en mi alma, no puedo estar triste".

El mejor remedio para el que tiene miedo, o se siente solo o desgraciado, es salir al aire libre y encontrar un lugar solitario donde estará en comunicación con el cielo, con la naturaleza y con Dios. Solamente entonces se siente que todo está bien así y que Dios quiere ver a los hombres dichosos en medio de la naturaleza sencilla, pero hermosa. Mientras esto exista, y sin duda seguirá existiendo siempre, estoy segura de que toda pena será consolada, cualesquiera que sean las circunstancias que la hayan provocado.

Quizá no tenga que esperar mucho para compartir este instante de dicha suprema con aquel que lo habrá vivido como yo.

Tuya,

ANNE

Pensamiento:

Aquí nos faltan muchas cosas, muchas y desde hace ya mucho tiempo, y estoy tan privada de ellas como tú. No quiero decir que físicamente nos falte algo, pues hasta ahora tenemos lo que nos hace falta. No, yo hablo de lo que ocurre en el interior de cada uno, las preocupaciones y los sentimientos. Como tú, siento la nostalgia de la libertad y del aire libre, pero estoy empezando a creer que tenemos una compensación enorme a todas esas privaciones. Me he dado cuenta de pronto, esta mañana, delante de la ventana abierta. Me refiero a una compensación espiritual.

Al contemplar el exterior, es decir, a Dios, y al abarcar con una sola y profunda mirada la naturaleza, me sentí dichosa, nada más que dichosa. Y te digo, Peter, que mientras esta dicha anide en tu alma —gozar de la naturaleza, de la salud y de otras muchas cosas—, y mientras seas capaz de sentirla, siempre volverá a ti.

Pueden perderse la riqueza, el prestigio, pero esta dicha de tu corazón puede ensombrecerse a lo sumo, pero volverá otra vez y siempre mientras vivas. Pase lo que pase, mientras puedas levantar los ojos al cielo, sin temor, estarás seguro de ser puro y volverás a ser feliz.

Domingo, 27 de febrero de 1944

Muy querida Kitty:

En el fondo, no hago más que pensar en Peter desde la mañana hasta la noche. Me duermo evocando su imagen, sueño con él y me despierto viendo su mirada.

Contra lo que pueda parecer, tengo la impresión muy clara de que Peter y yo no somos muy distintos el uno del otro. Voy a decirte en qué me baso: a Peter, lo mismo que a mí, le falta una madre. La suya es demasiado superficial, no piensa más que en coquetear, y no se preocupa de lo que pueda pensar su hijo. La mía se interesa más por mí, pero está desprovista de ese hermoso y sutil instinto maternal.

Peter y yo luchamos constantemente, con lo que constituye el verdadero fondo de nuestro ser. Ni él ni yo estamos aún seguros de nosotros mismos, somos demasiado jóvenes y de una naturaleza demasiado sensible para soportar las brusquedades de nuestros mayores. Y cuando me veo forzada a soportarlas, reacciono automáticamente: quiero "irme". Como esto es imposible, me defiendo fingiendo. Empiezo a alborotar, y armo un ruido tan insoportable que todos quisieran verme en el otro extremo de la tierra. Peter, al contrario, se repliega en sí, apenas habla, se pone taciturno y se oculta detrás de su timidez.

Pero ¿cómo y dónde podremos estar, por fin, juntos?

No sé si podré dominar mi deseo, y si lo consigo, no sé por cuánto tiempo.

Tuya,

ANNE

Lunes, 28 de febrero de 1944

Muy querida Kitty:

La noche, lo mismo que el día, es una pesadilla. Su imagen no se aparta de mi pensamiento, y no puedo estar con él. Tengo que aparentar que estoy alegre y evitar que me traicione la desesperación que se ha apoderado de mí.

Peter Wesel y Peter van Daan se han fundido en sólo Peter, que yo quiero y que es bueno, y que ha de ser para mí sola.

Mi madre me cohíbe. Mi padre es tan gentil que me cohíbe aún más. Y en cuanto a Margot, con sus pretensiones de belleza, me cohíbe más que mis padres. Y yo querría estar tranquila.

Peter ha tenido que ir a la buhardilla, ocupado en un trabajo de carpintería, y no ha acudido al desván. Cada martillazo o cada chirrido que escuchaba, hacía caer un pedazo de mi valor, y me ponía cada vez más triste. A lo lejos, un carillón tocaba: *Rechtop, van lijf, rechtop van ziel* ("El cuerpo erguido y erguida el alma"). Soy una sentimental, ya lo sé. No soy razonable y vivo desesperada, también lo sé, ¡oh, ayúdame!

Tuya,

ANNE

Miércoles, 1 de marzo de 1944

Querida Kitty:

Mis asuntos han quedado relegados a segundo plano, a causa... de un robo. No tiene gracia repetirse, pero no puedo evitarlo. Los ladrones experimentan cierto placer en honrar a Kraler y Cía. con sus visitas. Este robo ha sido más complicado que el que ocurrió en julio de 1943.

Anoche, cuando el señor Van Daan, como de costumbre, fue al despacho de Kraler, a las siete y media, se dio cuenta de que la puerta de cristales y la del despacho estaban abiertas. Sorprendido, decidió inspeccionar la casa y tuvo más sorpresas: las puertas del vestidor estaban igualmente abiertas y en el despacho de la parte delantera todo estaba revuelto. Pensó que habría sido un ladrón y para cerciorarse bajó hasta la puerta de entrada. Estaba cerrada y la cerradura de seguridad intacta. Entonces pensó que Peter y Elli se habían olvidado de ordenar el despacho después de su trabajo. Permaneció un buen rato en el despacho de Kraler, apagó la luz antes de subir y no se preocupó ya del misterio de las puertas abiertas y del desorden que reinaba.

Esta mañana, Peter llamó a la puerta de nuestras habitaciones para comunicarnos la noticia inquietante de que la puerta que da a la calle estaba abierta de par en par. Además, el aparato de proyección y una cartera nueva de Kraler habían desaparecido del armario. Peter se encargó de cerrar la puerta y entonces el señor Van Daan nos informó de lo que había descubierto la víspera. En el refugio cundió la alarma.

Llegamos a la conclusión de que el ladrón debía tener un doble de la llave maestra, pues la puerta había sido abierta normalmente. Debió de haber venido a primera hora de la noche y cerrar. Después, al oír a Van Daan, que andaba por la casa, debió ocultarse hasta que éste desapareció y se marchó enseguida con el botín, sin cerrar. ¿Quién puede tener un doble de nuestra llave? ¿Por qué el ladrón no fue al almacén? ¿Sería uno de los empleados? Si es así, ¿no nos denunciará, toda vez que debe de haber oído y tal vez visto al señor Van Daan?

Es horrible no saber si el ladrón va a detenerse aquí o si se propone abrir nuestra puerta otra vez. ¿O se ha asustado al ver a un hombre pasearse libremente por los despachos?

Tuya,

ANNE

Martes, 2 de marzo de 1944

Querida Kitty:

Hoy, Margot y yo hemos pasado un rato agradable en el desván. Tal vez yo esperaba otra cosa mejor, pero he podido darme cuenta de que con frecuencia la sensibilidad de mi hermana coincide exactamente con la mía.

Mientras estábamos lavando la vajilla, Elli habló con mamá y con la señora Van Daan sobre lo descorazonada que se encuentra. ¿Cómo van a poder ellas serle de alguna utilidad?

Lo único que se le ocurrió a mamá fue aconsejarle que pensara que cada día mueren muchas personas. ¿Cómo consolar a un desdichado con sus propias ideas de desdicha? Dije esto y por toda respuesta me dijeron que yo no estaba preparada para hablar de estas cosas.

¡Qué idiotas y qué estúpidas pueden ser las personas mayores! Como si Peter, Margot, Elli y yo no tuviéramos los mismos sentimientos y no apeláramos a la ayuda que podría prestarnos el amor de una madre o de un amigo de verdad. Nuestras madres están muy lejos de comprendernos. Tal vez la señora Van Daan podría llegar a comprendernos mejor que mi madre. ¡Me hubiera gustado tanto poder encontrar alguna palabra de consuelo para Elli, sabiendo por experiencia lo que se espera escuchar! Pero entonces intervino mi padre y ya no pude intervenir.

¡Qué tontos son! No nos piden nunca nuestra opinión. Y seguramente se consideran muy modernos. Según ellos, no tenemos ninguna opinión. Cállate: se puede siempre decir esto, pero no se puede decir que no tenemos opinión. Esto no es verdad. Se puede tener opinión por joven que se sea y nadie nos la puede quitar.

Elli, lo mismo que yo, siente el vacío de un acendrado amor que la ayuda. Y nadie hace el menor esfuerzo para comprendernos, sobre todo los filósofos idiotas que nos rodean. Desde luego, no tienen la menor idea de que somos mucho más sensibles y tenemos ideas más avanzadas que cualquiera de ellos.

Mi madre, para variar, está de uñas conmigo y no disimula sus celos porque en estos últimos tiempos hablo más con la señora Van Daan que con ella.

Esta tarde he pescado a Peter al vuelo y hemos estado hablando al menos tres cuartos de hora. Le costó mucho hablar de sí mismo, pero poco a poco se ha ido confiando. Sin perder su timidez, me ha contado las frecuentes querellas que se producen entre sus padres con motivo de la política, por unos cigarrillos o por cualquier cosa sin importancia.

Le hablé a mi vez de mis padres. Él tomó el partido de papá. Lo encuentra encantador y dice que se gana el afecto de quienes lo rodean. Se quedó algo sorprendido al saber que sus padres no eran siempre personas gratas en mi casa.

—Peter —le dije—, ya conoces mi franqueza, que me obliga a no ocultarte la verdad. Por otra parte, no ignoramos sus defectos.

Después, entre otras cosas, le dije que me gustaría ayudarle, si él no tenía inconveniente en ello.

—Yo sé que te encuentras siempre entre la espada y la pared con respecto a tus padres y que te afecta mucho.

—En efecto, podrías prestarme una gran ayuda —me contestó.

—Tal vez lo mejor que podrías hacer sería hablar con mi padre. Puedes confiar en él con la seguridad de que te guardará el secreto.

—Sí, tu padre es un verdadero amigo.

—Lo quieres mucho, ¿verdad?

Hizo un gesto afirmativo y yo añadí:

—Él te quiere también mucho.

Peter levantó la mirada y se ruborizó. Verdaderamente fue emocionante comprobar el efecto de mis palabras.

—¿De verdad?

—Puedes estar seguro —respondí—. Me doy perfecta cuenta de lo que quiere expresar con las palabras sueltas que deja escapar a veces.

Peter, lo mismo que mi padre, se hace querer.

Tuya,

ANNE

Querida Kitty:

Esta noche, mirando la llama de la vela,* me sentí calmada y dichosa. Vi en ella a mi abuela. Es mi abuela que me guarda y me protege y me devuelve la alegría.

Pero todo mi ser está dominado por otra persona. Ese otro es... Peter. Hace un momento, cuando subí a buscar papas, me detuvo en la escalera y me preguntó:

—¿Qué hiciste esta tarde?

Bajé y me senté en un peldaño, puse la cacerola en el suelo y empezamos a charlar. Las papas llegaron a su destino un cuarto de hora más tarde. Peter no ha dicho una sola palabra de sus padres y la conversación ha recaído exclusivamente en libros de antes. Su mirada es ardiente y creo que voy a enamorarme de él. Falta muy poco. Por otra parte, esta noche dejó escapar una palabra sobre esta cuestión cuando, después de haber pelado las papas, fui a verlo a su habitación.

—Tengo calor. Con Margot, para saber la temperatura, basta mirarnos. Si hace frío estamos pálidas, cuando hace calor estamos coloradas.

—¿Enamorada? —me preguntó.

—¿Y por qué iba a estarlo?

Mi respuesta fue más bien una tontería.

—¿Por qué no? —dijo él.

Después, nos reunimos con los demás para comer.

¿Qué habrá querido decir? Esta noche me las arreglé para preguntarle si mis charlas no le fastidiaban.

Con la mayor naturalidad del mundo me contestó:

* Tradición judía. El viernes por la noche se encienden las velas.

—De ningún modo…

¿Lo dijo por timidez? No lo sé.

Kitty, estoy exactamente como una enamorada que no sabe hablar de otra cosa que de su amor. Por otra parte, Peter es realmente adorable. ¿Cuándo podré decírselo? Naturalmente, no antes de que él me llame querida. Por descontado, tendrá que hacer acopio de delicadeza si quiere llegar a conocerme. Y como, por otra parte, es bastante retraído, no he podido darme cuenta de hasta qué punto le gusto. De todos modos, empezamos a conocernos un poco, pero lo que yo querría es haber recorrido el camino que nos lleve a confesarnos lo que estamos sedientos de oír. Quizás esto llegue antes de lo que espero, no lo sé. Muchas veces, en el transcurso de la jornada, él me dirige una mirada de complicidad, a la que yo correspondo con un guiño y nos quedamos los dos embobados. Me parece una locura emplear la palabra "embobado" hablando de él, pero no puedo resistirme a sentir que piensa exactamente como yo.

Tuya,

Anne

Sábado, 4 de marzo de 1944

Querida Kitty:

Por fin, pasé un sábado menos aburrido, menos triste y monótono que de costumbre. No recuerdo ya los meses que hace que esto no me ocurría. La causa de ello es Peter, y nadie más que él.

Esta mañana, al ir a buscar mi delantal en el desván, me preguntó si quería quedarme un rato para hablar en francés. Me puse muy contenta ante la ocasión que se me ofrecía de poder explicar algo en francés a Peter, y enseguida pasamos al inglés. Mi padre leyó a Dickens en voz alta. Yo estaba sentada en la misma silla de mi padre, y acurrucada contra Peter. Me sentía en la gloria.

A las once me fui a mi habitación. A las once y media, en el momento de volver a subir, él ya me estaba esperando en la escalera. Estuvimos hablando hasta la una menos cuarto. Cada vez que me marcho, después de las comidas, por ejemplo, me dice, sin que los demás puedan oírlo:

—Hasta ahora, Anne.

¡Oh, qué feliz soy! Pero ¿empieza ya a quererme realmente? Sea como sea, yo lo encuentro adorable y me prometo conversaciones magníficas con él.

La señora Van Daan parece consentir mis charlas con su hijo, pero hoy me dijo con tono malicioso:

—Espero que pueda confiar en ustedes, a pesar de que los dejo solos en el desván.

—¡Claro que sí! —protesté yo—. ¿Quiere usted ofenderme, por casualidad?

Cada vez que veo a Peter, me alegro desde la mañana hasta la noche.

Tuya,

ANNE

Lunes, 6 de marzo de 1944

Querida Kitty:

Sin temor a equivocarme, leo en la cara de Peter que no piensa en otra cosa, lo mismo que yo. Anoche, la señora Van Daan me molestó diciendo burlonamente: "El Pensador". Peter se ruborizó y yo me puse como una pila eléctrica.

¡No puede callarse esa gente!

Tú no tienes idea de hasta qué punto es para mí penoso ver lo solo que se siente y no poder ayudarle. Comprendo perfectamente, como si me ocurriera a mí, cómo deben exasperarle los perpetuos altercados y las consiguientes zalamerías, después, entre sus padres. ¡Pobre Peter! También él necesita que lo quieran.

Me ha dicho que podía muy bien estar sin amigos. Mis oídos duelen todavía ante la dureza de esas palabras. ¡Oh, cómo se equivoca! Yo pienso que en el fondo dice lo que no cree.

Se aferra a su soledad, simula indiferencia y juega a persona mayor, porque se ha impuesto este papel y porque no quiere confiar. Pobre Peter, ¿cuánto tiempo aguantarás todavía? Este esfuerzo sobrehumano, ¿no te va a producir, tarde o temprano, una reacción terrible?

Si me dejara ayudarle... Los dos de acuerdo podríamos vencer nuestra soledad en común.

No le explico mis pensamientos. Soy feliz cuando lo veo y cuando brilla el sol además. Ayer, lavándome la cabeza, armé un ruido de todos los diablos porque sabía que él estaba en la habitación contigua. Fue algo mucho más fuerte que yo, como siempre. Cuanto más siento en mí una cierta gravedad, más me comporto como una loca.

¿Quién descubrirá primero esta armadura y la romperá? Es una suerte que los Van Daan no hayan tenido una hijita, pues mi conquista no hubiera sido tan difícil, tan bella y tan espléndida como con un muchacho.

Tuya,

ANNE

P.D. Tú sabes bien que te escribo con toda franqueza. Es porque quiero añadir que, en el fondo, son estos encuentros los que me hacen vivir. Vivo de la esperanza de que me está esperando también él y, cuando observo algún tímido progreso por su parte, me siento transportada de alegría. Apuesto a que él desea tanto como yo encontrar las palabras que le permitan expresar lo que siente. No sabe que lo que más me emociona precisamente son sus esfuerzos desamparados.

Martes, 7 de marzo de 1944

Querida Kitty:

Cuando pienso en la alegre existencia que llevaba en 1942, todo me parece irreal. Esta vida bendita la vivía una Anne completamente diferente de ésta que ha crecido entre estas cuatro paredes y se ha vuelto juiciosa. Sí, era una vida bendita. Admiradores en cada esquina, una veintena de amigas, no todas íntimas, desde luego; ser la preferida de la mayor parte de los profesores y mimada hasta más no poder por los padres, con bombones y dinero para los pequeños gastos. No se podía pedir más.

Tú te preguntarás cómo me las arreglaba para embobar de este modo a los que me rodeaban, ¿no? Peter dice que era por mi "encanto"; pero no, esto no me parece del todo justo. Los profesores encontraban divertidas mis réplicas y mis observaciones, mi cara era alegre y tenía un sentido crítico original y gracioso. Yo era una especie de *flirt* incorregible, coqueta y divertida, y nada más. La popularidad de que gozaba era debida a algunas de estas cualidades: mi aplicación, mi honestidad, mi franqueza, mi generosidad. Jamás se me hubiera ocurrido negarme a dejar copiar mis tareas a cualquier compañera de clase; repartía generosamente mis dulces, y nunca he sido vanidosa.

Esta admiración de que gozaba, ¿no hubiera acabado por convertirme en una pedante? Pero tuve una oportunidad, la de verme bruscamente arrojada a la realidad, y necesité más de un año para acostumbrarme a una vida desprovista de toda admiración.

¿Mi reputación en la escuela? Yo era siempre la primera en bromear y en hacer comedias, siempre bulliciosa, y nadie me vio nunca lloriquear ni enfurruñarme. Me bastaba levantar el dedo para tener quien me acompañara en bicicleta o me hiciera objeto de una atención.

Con la perspectiva del tiempo, veo a la colegiala de entonces como una muchacha encantadora, pero muy superficial, que no tiene nada en común conmigo. Peter, muy acertadamente, ha dicho de mí: "Siempre te veía al menos con dos muchachos y un grupo de muchachas. Tú reías siempre y eras siempre el centro del grupo".

¿Qué queda de aquella chiquilla? No me he olvidado de reír ni de replicar, y no me privo de criticar a la gente, como hacía antes, tal vez más aún. Y todavía soy capaz de flirtear, si quiero, desde luego. Y el caso es que me gustaría aún ser aquella de antes, alegre y aparentemente despreocupada, por espacio de una noche, un día o una semana. Pero al cabo de una semana, ya estaría hasta la coronilla y acogería agradecida al primero que fuera capaz de hablarme de algo que valiera la pena. Ya no necesito más adoradores o admiradores atraídos por una sonrisa de halago, sino amigos atraídos por mi carácter y mi manera de obrar. Me doy perfecta cuenta de que estas exigencias reducirían mucho mi círculo de amistades, pero ¿qué puede importarme esto si logro conservar unas cuantas personas sinceras a mi alrededor?

A pesar de todo, mi felicidad de 1942 no era completa. Muchas veces me sentía abandonada, pero como no paraba de moverme de la mañana a la noche, me impedía pensar en ello y me divertía tanto como podía. Consciente o inconscientemente, yo intentaba ignorar el vacío que sentía divirtiéndome así. Ahora, en cambio, me gusta mirar las cosas de frente y trabajar. Aquel periodo de mi vida está cerrado, irrevocablemente cerrado. Los años de colegio, con su tranquilidad y su despreocupación, no volverán nunca.

Los pasé y no los deseo más. No podría ya soñar únicamente en el placer. Una pequeña parte de mi ser exigirá en lo sucesivo ser seria.

Mi vida, hasta el nuevo año 1944, la veo como a través de una lupa despiadada. En primer lugar, nuestro hogar radiante de luz; después aquí, desde 1942, el brusco cambio, las querellas, las represiones, etc. Me tomó desprevenida, como si hubiera recibido un mazazo y, para mantener una dirección, me convertí en una insolente.

La primera parte de 1943: crisis de lágrimas, soledad infinita, lenta comprensión de mis defectos que, graves de por sí, parecían agravarse doblemente. Me pasaba el día hablando con razón o sin ella, tratando de tener a mi padre a mi favor. No lo conseguí. Estaba sola ante la difícil empresa de cambiar de manera de ser para no provocar más reproches, pues éstos me deprimían y me desesperaban.

La segunda parte del año, las cosas fueron un poco mejor. Me convertí en muchacha y los mayores empezaron a considerarme un poco como uno de los suyos. Empecé a pensar y escribí unos cuentos. En fin, llegué a comprender que los demás no tenían ningún derecho a servirse de mí mandándome de un lado para otro, como una pelota de tenis. Decidí cambiar y formarme según mi propia voluntad. Pero me afectó mucho tener que admitir ante mí misma que mi padre nunca llegaría a ser mi confidente. No podía tener confianza en nadie más que en mí misma.

Después, el año nuevo; otro cambio, trascendental: mi sueño. Era el deseo de tener un muchacho para mí, no una muchacha. Era el descubrimiento de mi felicidad bajo mi coraza de superficialidad y de alegría. Día tras día, haciéndome seria, tenía conciencia de un deseo sin límites por todo lo que es belleza y bondad.

Y por la noche, al acostarme, al acabar mi plegaria con las palabras: "Gracias, Dios mío, de todo lo Bueno, Amable y Bello", mi corazón se alegraba. Lo "Bueno" es la seguridad de nuestro refugio, mi salud y todo mi ser. Lo "Amable" es Peter, el despertar una ternura que sentimos sin atrevernos a darle un nombre ni a rozarla siquiera, pero que un día va a revelarse en todo su significado: el amor, el porvenir, la felicidad. Lo "Bello" es el mundo, la naturaleza, la belleza, todo lo que hace la belleza.

No pienso ya en la miseria, sino en la belleza que sobrevivirá. Ésta es la gran diferencia que existe entre mi madre y yo. Si alguien está descorazonado y triste, su consejo es siempre: "Pensemos en las desgracias del mundo y sintámonos contentos de estar al abrigo de ellas". En cambio, yo aconsejo: "Sal, corre por los campos, contempla la naturaleza y el sol, aspira el aire libre y trata de encontrar la dicha en ti mismo y en Dios. Piensa en la belleza que hay en ti y a tu alrededor".

A mi juicio, el consejo de mi madre no conduce a nada, pues ¿qué puede hacerse cuando uno se encuentra con la desgracia? ¿Encerrarse en ella? En este caso, se está perdido. Por el contrario, creo que volviendo los ojos hacia lo que es bello —la naturaleza, el sol, la libertad y la belleza que está en nosotros—, uno se siente enriquecido. No perdiendo esto de vista, uno vuelve a encontrarse con Dios y se recobra el equilibrio.

El que es feliz puede hacer felices a los demás. El que no pierde el valor ni la confianza no se morirá nunca de pena.

Tuya,

Anne

Domingo, 12 de marzo de 1944

Querida Kitty:

Estos últimos días, mi silla está abandonada, no me siento nunca. Mi vida es un ir y volver constante de mi habitación al desván.

Me llena de gozo hablar con Peter, pero tengo un miedo enorme de molestarlo. Me ha hablado nuevamente de las cosas de antes, de sus padres y de sí mismo. Al principio, él me encontraba insoportable y yo le correspondía con la misma moneda. Ahora he cambiado de opinión. ¿Habrá modificado también él la suya?

Yo creo que sí, sin que con esto quiera decir que hemos llegado a ser amigos-amigos, lo que me haría nuestra estancia aquí mucho más soportable. No debería hacerme mala sangre. Me ocupo de él con demasiada frecuencia y no tengo por qué ponerte triste con el relato de mis penas. Pero, con todo, te confieso que me siento bastante incómoda.

El sábado por la tarde, después de haber recibido de fuera una serie de malas noticias, estaba tan impresionada que tuve que recostarme en el diván para dormir un poco. Quería solamente dormir para no pensar. Mi sueño profundo duró hasta las cuatro y después fui a reunirme con los demás. Tuve que esforzarme mucho para contestar todas las preguntas que me hizo mi madre, y en cuanto a mi padre, le dije que me dolía la cabeza para explicarle mi siesta. La verdad es que no dije ninguna mentira, pues tenía un dolor de cabeza moral.

Los seres normales, las muchachas de mi edad, quizá puedan pensar que me empeño en compadecerme a mí misma. Pero como tengo la costumbre de abrirte mi corazón sin reserva alguna, te diré que el resto del día me muestro tan alegre, tan segura de mí y tan insolente como puedo, con objeto de evitar preguntas y no tener que ponerme nerviosa.

Margot es muy amable y no pide otra cosa que ser mi confidente, pero me es imposible contárselo todo. Es simpática, bonita y buena, pero le falta ese algo que permite desasirse de las cosas profundas. A mí me toma demasiado en serio, y sin duda se preocupa pensando en su hermana menor. Como si quisiera penetrar con la mirada lo que ocurre en mi interior, cuando digo o hago algo, me mira preguntándose: "¿Estará representando una comedia?". Lo malo es que estamos juntas demasiado tiempo y a mí no me gustaría tener a la amiga de mi confianza constantemente a mi alrededor.

¿Saldré alguna vez de este laberinto de ideas y veré claro un día para vivir en paz?

Tuya,

ANNE

Martes, 14 de marzo de 1944

Querida Kitty:

A lo mejor te divierte saber lo que vamos a comer hoy. A mí no me hace ninguna gracia. La mujer de la limpieza está en el despacho en este momento y yo me he instalado en la mesa de los Van Daan. Me tapo la nariz con un pañuelo empapado de un perfume de antes de la guerra. No te imaginas de qué se trata, pero te lo voy a contar. Empecemos por el principio.

Han sido detenidas las personas que nos suministraban las cartillas de racionamiento. Y como Miep y Koophuis están enfermos, no podemos disponer de otro suministro que el de las cartillas. Se han agotado las existencias de alubias y materias grasas. Elli no puede hacer los encargos. En la casa reina la melancolía y las comidas se resienten de ello. A partir de mañana, no nos quedará un solo gramo de grasa, ni mantequilla ni margarina. El desayuno se ha reducido a una papilla con leche en sustitución de las papas fritas que tomábamos para ahorrar pan. La señora Van Daan ha dado la voz de alarma sobre el hambre y nos ha obligado a comprar leche condensada en el mercado negro.

La comida de hoy consistirá en papas y coles del barril de conservas cuyo olor exige la protección del pañuelo del que te hablé. No tienes idea del hedor que desprenden estas coles, en conserva desde hace un año. La habitación apesta a ciruelas podridas mezcladas con desinfectante y a huevos podridos. ¡Puaj! La idea de que tendré que comer semejante potaje me da náuseas.

A esto tienes que añadir que de dos sacos de papas únicamente hemos podido aprovechar uno; las demás se echaron a perder en este ambiente. Nos hemos entretenido en diagnosticar las enfermedades contraídas por los vegetales y, entre ellas, encontramos el cáncer, la viruela y el sarampión. No tiene ninguna gracia vivir en un refugio cuando se va ya por el cuarto año de guerra. Y me pregunto si esto va a acabar alguna vez.

La verdad es que el problema de la alimentación no me preocuparía demasiado si lo demás fuera mejor. Pero la monotonía empieza a agotarnos y, en general, estamos hartos de vivir así.

Voy a transcribirte las opiniones de los cinco adultos de la casa.

La señora Van Daan:

—No me seduce el papel de Cenicienta, y como me aburre estar sentada retorciéndome los dedos, me pongo a cocinar. Lo hago un poco a disgusto, pues no es posible cocinar sin grasas y rodeada de olores dudosos que me producen náuseas. En pago de la molestia que me tomo, tengo que aguantar la más negra de las ingratitudes, pues si algo no está bien, la culpa la tengo yo, desde luego. En una palabra, soy el chivo expiatorio. Además, creo que la guerra no avanza mucho y los alemanes van a acabar venciendo. Me entra un pánico horrible cuando pienso que podemos morirnos de hambre y doy rienda suelta a mi malhumor maltratando a todo el mundo.

El señor Van Daan:

—Lo importante es fumar, fumar y fumar. Al lado de esto, la comida, la política y los exabruptos de Kerli pueden resistirse. Kerli es muy amable.

Cuando no tiene tabaco todo va mal y se pasa el día quejándose:

—Voy a ponerme enfermo. Comemos muy mal y yo necesito carne. Kerli es una estúpida que no entiende nada de esto.

Después de esto, nunca falta un altercado entre los dos esposos.

La señora Frank:

—Quizá la alimentación no sea lo más importante, pero de todos modos me gustaría conseguir una rebanada de pan integral. Tengo un hambre espantosa. Si estuviera en el lugar de la señora Van Daan, hace ya mucho tiempo que hubiera frenado esta manía de fumar constantemente, como hace su marido. Pero necesito un cigarrillo enseguida o me va a dar un ataque de nervios. Los ingleses se equivocan con frecuencia, pero, de todos modos, la guerra hace progresos. Tengo todavía el derecho de hablar y estoy muy contenta de no estar en Polonia.

El señor Frank:

—Todo marcha bien y no me falta nada. Con un poco de paciencia podemos aguantar todavía. Mientras pueda comer papas, no me quejo. Tengo que reservar una parte de mi ración para Elli. La política marcha a medida de mis deseos. Soy optimista, muy optimista...

El señor Dussel:

—Tengo que terminar mi tesis a su debido tiempo. La política anda muy bien y nunca podrán detenernos. Es imposible. Yo... ¡Je, je, je...!

Tuya,

ANNE

Miércoles, 15 de marzo de 1944

Querida Kitty:

Por fin, me escabullí de la fatalidad.

Todo el santo día solamente oigo repetir: "En el caso de que ocurra esto o lo de más allá, pasaremos dificultades; si éste o aquél se ponen enfermos nos quedamos solos en el mundo; si...". Con esto puedes comprender lo que son las conversaciones en el refugio.

Los "si, si..." lo llenan todo. El señor Koophuis ha sido citado para incorporarse a las labores agrícolas. Elli padece un fuerte resfriado y probablemente mañana tendrá que quedarse en su casa. Miep sigue sin restablecerse de su gripe y Koophuis ha sufrido un desvanecimiento causado por una nueva hemorragia del estómago. Una verdadera serie de calamidades.

Mañana los empleados del almacén tienen día libre. En el caso de que Elli no venga, la puerta de la calle permanecerá rigurosamente cerrada; tendremos que andar con sumo cuidado para no hacer ruido, con objeto de evitar que nos oigan los vecinos. Henk vendrá a visitarnos a la una, como quien hace una visita a las fieras del zoológico. Por primera vez en mucho tiempo, nos ha hablado de lo que ocurre en el mundo exterior. Había que vernos, sentados a su alrededor, como en una estampa con la leyenda: "El cuento de la abuela". Ante su auditorio atento, habló del suministro y a petición nuestra, del médico de Miep.

—¡No me hablen ustedes del médico! —replicó—. Le telefoneé esta mañana y tuve que conformarme con pedirle alguna medicina contra la gripe a una enfermera que me contestó que fuera a recoger las recetas por la mañana, de ocho a nueve. El médico ni siquiera se molesta en acudir al teléfono si no es un caso grave, y entonces dice: "A ver, enséñeme la lengua y diga: 'Aaaah...'. Bien, tiene usted la garganta irritada. Voy a prepararle una receta. Buenos días". La cosa funciona así. En la actualidad, los médicos ni se molestan en visitar. Servicio únicamente por teléfono.

No quiero hacer ningún reproche a los médicos. No tienen más que dos manos como todo el mundo, y son pocos para el trabajo que les cae encima. De todos modos, Henk nos hizo reír reproduciendo la conversación por teléfono.

Me imagino la sala de espera de un médico en tiempo de guerra. Ya no son los enfermos pobres los despreciados, sino los que van al médico por cualquier tontería y merecen que se les mire de arriba abajo, pensando: "¿Qué viene usted a hacer aquí? Haga fila como todo el mundo. Los enfermos graves tienen preferencia".

Tuya,

Anne

Querida Kitty:

Hace un tiempo maravilloso y estoy impaciente por subir al desván. Subiré dentro de un rato.

No me extraña que Peter se muestre mucho más tranquilo que yo. Tiene una habitación para él solo y puede trabajar, pensar, soñar y dormir todo lo que se le antoja, mientras que yo tengo que andar constantemente de un lado para otro, pues siempre hay alguien que me empuja. Lo raro es que tenga un momento para mí sola en la habitación que comparto a la fuerza con Dussel. ¡Lo necesito tanto! Por esto voy con tanta frecuencia al desván. Allí puedo estar sola conmigo misma un momento, aparte de los que estoy contigo. Bueno, ya acabé de agobiarte con mis quejas. Por el contrario, quiero absolutamente ser valerosa. Gracias a Dios, los demás no pueden adivinar lo que pasa por mí, salvo que cada día estoy más distanciada de mi madre, menos cariñosa con mi padre y que no tengo ningún deseo de confiarle algo a Margot. Estoy aislada, encerrada en mí. Ante todo, debo esforzarme en mantener una seguridad aparente para que los demás ignoren este conflicto interior que no quiere acabarse. Conflicto entre mi corazón y mi cabeza. Hasta este momento, triunfa la cabeza. Pero no sé si es el corazón el que va a mostrarse más fuerte. Lo temo y lo deseo a la vez.

Es difícil no dejar traslucir nada delante de Peter. Y, no obstante, es él quien tiene que empezar. Es una pena, al fin de cada jornada, no haber visto realizarse las conversaciones ya materializadas en mis sueños. Sí, Kitty, Anne es algo rara, pero la época en que vivo lo es también, y lo son aún más las circunstancias.

Lo más maravilloso es que puedo escribir todo lo que siento. Sin esto, me asfixiaría. Me gustaría saber qué piensa Peter de todo esto. Mantengo la esperanza de que un día podremos hablar los dos juntos de esto. Me parece imposible que no haya adivinado a la Anne interior, por poco que sea, pues la Anne que conoce, es decir, la única que conoce, no podrá quererlo nunca.

Él, tan amante del reposo y de la calma, ¿podría simpatizar conmigo, que soy un torbellino, un alboroto permanente? ¿Será el primero, el único en el mundo, que habrá visto lo que hay detrás de mi máscara de cemento? ¿Por qué no la arranca pronto? ¿No dice un viejo proverbio que el amor nace con frecuencia de la piedad y que los dos andan juntos, tomados de la mano? Éste es mi caso, ¿verdad? Siento tanta lástima de él, que a veces hasta la siento de mí misma.

No sé verdaderamente cómo arreglármelas para encontrar las palabras de aproximación. ¿Cómo esperar a que las diga él, que tiene aún más dificultades que yo para expresarse? ¡Ah! Si pudiera escribirle, al menos sabría que forzosamente se vería obligado a comprender lo que quiero decir. Hablar es demasiado difícil, es atroz.

Tuya,

ANNE

Viernes, 17 de marzo de 1944

Querida Kitty:

Por nuestro refugio ha pasado una ráfaga de alivio. Kraler está exento del trabajo obligatorio decretado por la Municipalidad. Elli ha resuelto no hacer caso de su resfriado, al menos hoy. Todo funciona de nuevo *all right*, salvo que Margot y yo estamos ya un poco hartas de nuestros padres. No te he ocultado que la cosa no anda bien con mi madre; en cuanto a mi padre, sigo queriéndolo tanto como antes, y Margot los quiere a los dos, pero a nuestra edad a veces necesitamos mayor libertad de movimientos y no sentir constantemente el peso de la decisión paterna.

Cuando subo al desván, me preguntan qué es lo que voy a hacer allí; no puedo servirme sal en la mesa, y cada noche, a las ocho y cuarto, mi madre me pregunta si no me parece que ya es hora de acostarme. No leo un solo libro sin pasarlo por la censura previa, aunque no es demasiado severa, ésta es la verdad, y se me permite leer casi todos los libros. Pero ello no impide que las dos nos sintamos cohibidas, con tantas advertencias y tantas preguntas desde la mañana hasta la noche.

Hay otra cosa que les fastidia, por lo que a mí se refiere, y es que estoy cansada ya de tanto besuqueo y abrazo así, sin más, al pasar. Y encuentro afectados los diminutivos que me dedican; en una palabra, me gustaría dejarlos, aunque no fuera más que una temporada. Sin ir más lejos, anoche me decía Margot:

—Si por desgracia se me ocurre suspirar dos veces seguidas y pasar la mano por la frente, ya me están preguntando si me duele la cabeza o si me siento mal.

Al darnos cuenta, las dos, de lo poco que queda del ambiente familiar, antes tan íntimo y armonioso, nos decimos que es para nosotras un rudo golpe. Casi siempre estamos en una posición falsa porque siguen tratándonos como chiquillas. Esto está bien por lo que se refiere a las cosas físicas, pero se olvidan de que, en lo moral, hemos madurado mucho más que otras muchachas de nuestra edad.

A pesar de mis catorce años, sé perfectamente lo que quiero, y soy capaz de discernir quién tiene razón y quién está equivocado, y de formarme una opinión. Opino acerca de las cosas según las veo y, por raro que pueda parecer en una colegiala, me siento mucho más cerca de los adultos que de los chiquillos. Tengo la sensación de ser absolutamente independiente.

No me costaría mucho ganarle la partida a mi madre en las discusiones y las controversias porque soy más objetiva que ella y menos exagerada. Asimismo, soy más ordenada y hábil en muchas cosas y, aunque te rías, esto me confiere sobre ella una cierta superioridad. No puedo querer a una persona que antes no me haya inspirado admiración y respeto, sobre todo admiración. Todo irá bien cuando me haya ganado a Peter, pues lo admiro por muchos motivos. Es un tipo elegante y muy guapo.

Tuya,

Anne

Domingo, 19 de marzo de 1944

Querida Kitty:

La jornada de ayer ha sido muy importante para mí. Estaba decidida a aclarar las cosas y, en el momento de sentarnos a la mesa, he podido cuchichearle: "Peter, ¿tienes que estudiar taquigrafía esta tarde?". "No", contestó él. "Tengo que hablarte luego, ¿de acuerdo?" "De acuerdo." A fin de salvar las apariencias, me quedé un momento con sus padres, después de lavar la vajilla. Luego, fui a su habitación. Él estaba de pie, a la izquierda de la ventana abierta. Me coloqué a la derecha, y hablamos. Afuera, empezaba a oscurecer, lo que hacía más fácil la conversación, que en este ambiente se desarrolla mejor que a plena luz. Esto me iba mejor y creo que lo mismo le ocurría a Peter.

Nos dijimos tantas y tantas cosas que no podría repetirlas todas aunque me lo propusiera. Fue maravilloso. La más hermosa velada que he pasado en el refugio. Voy a hacerte un breve resumen de los diferentes temas de nuestra conversación. En primer lugar, las peleas: ya te he dicho que me he hecho menos sensible a ellas que al foso abierto entre nosotras y nuestros padres. Peter ha escuchado mis historias de la familia.

En un momento dado me preguntó:

—Ustedes se dan un beso todas las noches, antes de acostarse, ¿verdad? Un beso en cada mejilla, ¿no?

—¿Uno solo? No, muchos. Apuesto a que a ti no te besan tanto.

—No, casi nunca he besado a nadie.

—¿Ni siquiera a tus padres el día de tu cumpleaños?

—Sí, es verdad.

Hemos hablado de la confianza que no hemos logrado tener en nuestros padres. Los suyos se la habían pedido, pero él jamás se la otorgó. Se escapaba al desván para desahogarse solo. Yo le dije que por la misma causa lloraba por las noches en la cama. Le hablé también de la amistad entre Margot y yo, muy reciente, después de todo, y que no podemos decírnoslo todo porque siempre estamos todos juntos. Hablamos un poco de todo. ¡Oh, resultó tal como me lo había imaginado! Ya sabía yo que iba a ocurrir así.

Después, hablando de 1942, encontramos que éramos muy diferentes. Apenas si podemos reconocernos ahora de tanto como hemos cambiado. Al principio, no podíamos soportarnos. Mi presencia le resultaba molesta, por mi continua charla y porque me metía en todo, y yo enseguida lo tuve clasificado como una nulidad porque no podía comprender que un muchacho no flirteara. Ahora me alegro de ello. Le dije que no había mucha diferencia entre su aislamiento voluntario y su calma, y mi continuo bullir; que me gustaba la calma, pero la única que podía tener era refugiarme en mi Diario, que era toda mi intimidad.

Él dijo que sentía gratitud hacia mis padres por el hecho de haber traído a sus hijas. Yo también estoy contenta de que él viva con nosotros. Todo esto nos dijimos y yo añadí que lo comprendía muy bien cuando buscaba la soledad y que no ignoraba las relaciones que había entre él y sus padres.

—Querría ayudarte —le dije.

—Me ayudas constantemente —contestó.

—¿Cómo es eso? —exclamé, muy sorprendida.

—¡Con tu alegría!

Es lo más hermoso que me dijo. Fue exquisito. Probablemente ha empezado a quererme como a una camarada y por el momento me basta. No encuentro palabras para expresar la dicha que siento. Perdóname, Kitty, hoy mi estilo está por los suelos.

No te he referido más que algunas impresiones sobre la marcha. Tengo la sensación de compartir un secreto con Peter. Cada vez que me mira con sus ojos, su sonrisa y su parpadeo, parece encender en mí una llamita. Deseo que esto quede así, que podamos pasar aún otras horas juntos, horas de felicidad.

Tuya, agradecida y arrebatada,

ANNE

Lunes, 20 de marzo de 1944

Querida Kitty:

Esta mañana, Peter me preguntó por qué no iba a verlo con mayor frecuencia por las tardes, asegurándome que no le estorbaba lo más mínimo y que su cuarto era bastante grande para dos. Yo le hice observar que no me permitirían ausentarme todas las tardes, y él repuso que la cosa no tenía mayor importancia. Entonces le propuse vernos algún sábado por la noche, si había luna…

—En este caso, bajaremos al piso inferior, y la admiraremos desde allí —contestó.

Mientras tanto, una sombra ha enturbiado nuestra dicha. Yo lo había pensado más de una vez. A Margot también le gusta Peter. No sé si en realidad lo quiere, pero, de todos modos, esto me disgusta. Tengo la impresión de hacerle daño cada vez que veo a Peter, y lo bueno del caso es que ella oculta sus sentimientos.

Yo, en su lugar, me moriría de celos. Margot me asegura que no tengo ninguna necesidad de compadecerla.

—Debe de ser desagradable sentirse como la tercera rueda de una carreta —le he dicho.

—¡Oh, estoy acostumbrada! —contestó, no sin una sombra de amargura.

Confieso que no le he dicho nada de esto a Peter. Quizá más tarde se lo cuente. Por el momento, tenemos todavía un montón de cosas que decirnos. Anoche, mi madre me regañó, con razón por cierto. Yo debería tener más cuidado en no llevar hasta tan lejos mi indiferencia hacia ella. Bien, empezaremos de nuevo y, a pesar de todo, procuraré ser más comedida y amable.

También mi padre está menos afectuoso conmigo. Nuestras relaciones se han enfriado, probablemente a causa del esfuerzo que hace para no tratarme como a una niña. Esperemos.

Basta por hoy. No hago más que mirar a Peter y me siento satisfecha.

Tuya,

ANNE

Hoy, 20 de marzo; he recibido una carta de Margot que prueba su bondad:

"Anne, cuando te dije ayer que no tenía celos de ti, no te dije la verdad más que a medias. Quiero decir en primer lugar que no tengo celos ni de ti ni de Peter. Lo único que ocurre es que lamento no haber encontrado todavía alguien con quien poder hablar de mis pensamientos y de mis sentimientos, y no tener por el momento ninguna perspectiva. No estoy despechada ni resentida contra ti ni contra él. Al contrario, si se tienen confianza mutuamente y traban una profunda amistad, tanto mejor. Demasiado privada te encuentras ya, por la situación, de muchas cosas que debieras poseer.

"Por otra parte, no creo que sea precisamente Peter la persona con quien me gustaría intimar. Puedes estar segura de que nunca habría llegado a este punto con él. Ese alguien esperado tendría que adivinarme antes de que yo tuviera necesidad de hablar mucho de mí. Esto es porque lo veo superior a mí por su talento. Peter no me ha dado nunca esta impresión. En cambio, no me cuesta comprender esta especie de intimidad que existe entre tú y él.

"Así, pues, no tienes que reprocharte más. Sobre todo, no pienses que me quitas algo. Nada más lejos de la verdad. Si llegan a entenderse bien, los dos saldrán ganando."

Mi respuesta:

"Querida Margot, tu carta es verdaderamente gentil, pero, de todos modos, no acaba de tranquilizarme.

"Entre Peter y yo no existe aún la intimidad a que te refieres, pero evidentemente una ventana abierta y la oscuridad se prestan mejor a la conversación que la luz del día. Así, se confían sentimientos que no se proclamarían en voz alta. Me imagino que sientes por Peter un afecto como de hermana mayor y que te gustaría poder ayudarlo como me gustaría a mí. Quizá puedas hacerlo algún día, sin llegar a la intimidad que constituye nuestro sueño. En este caso, la confianza debe ser recíproca. Esto te explicará por qué se ha ensanchado la brecha entre papá y yo, precisamente por falta de mutua confianza.

”No hablemos más de esto ni tú ni yo. Si deseas saber algo, te ruego que me escribas. Me será más fácil contestarte por escrito que de viva voz.

”No puedes imaginar cómo te admiro, y mientras sienta junto a mí tu bondad y la de nuestro padre, pues sobre el particular no veo ninguna diferencia entre tú y él, conservaré la esperanza de vivir.

”Tuya,
ANNE”

Miércoles, 22 de marzo de 1944

Querida Kitty:
Anoche recibí otra carta de Margot.

“Querida Anne, tu breve carta me ha producido una impresión desagradable. Parece ser que, para ti, ir a charlar o a trabajar con Peter es un caso de conciencia que te planteas frente a mí. Te aseguro que te equivocas. Yo otorgaré mi confianza a aquel que corresponda a la que yo deposite en él. Por el momento, no concedería este puesto a Peter. Está claro.

”No obstante, Peter ha llegado a ser para mí una especie de hermano, exactamente como tú dices en tu carta, pero… un hermano menor. Tal vez tendemos nuestras antenas el uno hacia el otro, y encontraremos más tarde o más temprano un terreno común de hermano y hermana, pero no hemos llegado todavía a esto y tal vez no lleguemos nunca.

"No me compadezcas, te lo repito. Aprovecha tanto como puedas la buena compañía de tu nuevo amigo."

En todo caso, encuentro la vida más bella. Yo creo, Kitty, que en este refugio se va a sentir el hálito de un amor grande y verdadero. No pienso en el matrimonio. Peter es muy joven todavía y no sé qué clase de hombre será más tarde. Tampoco sé si nos querremos lo bastante como para querer casarnos. En todo caso, estoy segura de una cosa: él me quiere también, pero no puedo decir de qué modo.

O tiene necesidad de una buena camarada o ha sucumbido a mis encantos de muchacha, o tal vez ocupo el puesto de una hermana. No llego a formarme una idea clara.

Cuando me dijo, hablando de las peleas entre sus padres, que encontraba ayuda en mí, me llené de gozo. A mi modo de ver, éste fue el primer paso de su amistad, en la cual quiero creer. Ayer le pregunté qué haría si de pronto la casa se viera totalmente invadida por una docena de Annes que le estorbaran todo el tiempo.

—Si todas fueran como tú, la cosa no sería tan grave.

Es la hospitalidad misma, lo que prueba que está contento de verme. Mientras tanto, se ha entregado al estudio del francés con un celo ejemplar y trabaja incluso en la cama hasta las diez y cuarto. Cuando pienso en el sábado por la noche, en lo que nos dijimos y en los momentos deliciosos que pasamos, me siento contenta de mí por primera vez. Y cuanto más pienso en ello, tanto más satisfecha me siento: no cambiaría una sola palabra de lo que le dije. Esto no suele ocurrirme más que después de reflexionar mucho.

Es tan guapo cuando está serio como cuando se ríe: es la delicadeza y la bondad personificadas. Creo que lo que más lo ha afectado ha sido descubrir en mí, no a esa Anne superficial que los demás conocen, sino a una criatura completamente diferente, un ser soñador como él, que lucha con las mismas dificultades.

Tuya,

ANNE

Mi respuesta a Margot:

"Querida Margot, me parece que lo mejor que podemos hacer es dejar que la vida siga. Con Peter nos quedaremos donde estamos, o algo va a cambiar; en todo caso, será pronto. No sé lo que va a resultar; en este orden de cosas, no veo más allá de la punta de mi nariz. No obstante, tomé una decisión: si Peter y yo consolidamos nuestra amistad, le diré que también tú lo quieres mucho y que puede recurrir a ti, si lo considera necesario. No ignoro que a ti no va a interesarte, pero esto es cuenta tuya. No tengo la menor idea del concepto que Peter tiene de ti, pero voy a preguntárselo.

"Nada malo, estoy segura de ello, sino todo lo contrario. Cuando quieras, puedes reunirte con nosotros en el desván o dondequiera que estemos: no nos estorbarás. No te sorprendas si nos encuentras en la oscuridad, pues estamos de acuerdo en que, a oscuras, hablamos mejor.

"Valor. Yo lo necesito también y esto no siempre es fácil. Ya llegará tu turno, quizás antes de lo que imaginas.

"Tuya,

ANNE"

Querida Kitty:

Las cosas van algo mejor. Gracias a Dios, las personas que nos proporcionaban las cartillas de racionamiento fueron puestas en libertad. Ayer volvió Miep; Elli se va reponiendo, a pesar de la tos que persiste; pero, en cambio, Koophuis deberá permanecer en cama bastante tiempo aún.

Ayer fue derribado un avión no lejos del refugio y sus tripulantes se lanzaron en paracaídas para salvar su vida. El aparato cayó sobre una escuela, por fortuna vacía, aunque hubo algunas víctimas y un ligero incendio. Los alemanes ametrallaron a los tripulantes. Fue horrible. Los espectadores holandeses permanecieron mudos ante aquella cobardía y tuvieron que dominar su ira. Un terrible pánico se apoderó de las mujeres de la casa. Esas ametralladoras me parecen abominables.

Me he acostumbrado a subir al anochecer al cuarto de Peter para respirar aire fresco. Me siento en una silla, a su lado, y soy feliz mirando afuera, por la ventana.

Los señores Van Daan y Dussel, al ver que me voy, no pueden evitar un comentario estúpido:

"Anne se va a su nuevo hogar", o lo que es peor todavía: "Los muchachos reciben a las muchachas a oscuras, a estas horas. Es edificante". Peter da muestra de una impresionante presencia de ánimo ante estos comentarios tan espirituales.

Por otra parte, mi madre no disimula su curiosidad y se muere de ganas de saber de qué podemos hablar, pero no se atreve a preguntar por temor a un chasco. Peter atribuye a los celos la actitud de las personas mayores. Están celosos de nuestra juventud y molestos porque no hacemos ningún caso de sus odiosas observaciones. A veces, viene a buscarme y, a pesar de sus buenas intenciones, se pone colorado como una amapola y empieza a tartamudear. Yo no me ruborizo nunca y estoy encantada de ello, porque debe ser una sensación muy desagradable.

Papá dice siempre que soy una presumida. Esto no es verdad, pero soy coqueta. No he oído todavía elogiar mucho mi belleza. Excepto a un compañero de clase, que me decía que yo era seductora cuando reía. Ayer Peter me dedicó un cumplido sincero. Para reír un poco, voy a contarte, poco más o menos, nuestra conversación.

Peter ha tomado la costumbre de decirme:

—Vamos, una sonrisita.

A la larga, acabé por preguntarle:

—¿Por qué quieres que sonría siempre?

—Porque te favorece. Cuando te ríes, tienes unos hoyuelos encantadores. ¿Cómo lo haces?

—Nací con hoyuelos en las mejillas y en la barbilla. Es lo único bonito que tengo.

—No es verdad.

—Sí. Sé que no soy bonita. No lo he sido nunca ni lo seré.

—No estoy de acuerdo. Yo te encuentro muy bonita.

—No es verdad.

—Si yo lo digo, es verdad. Puedes confiar en mí.

Naturalmente, le devolví el cumplido.

Cada uno tiene algo que decir sobre nuestra súbita amistad. Pero sus habladurías no nos interesan y, por otra parte, no tienen nada de originales. ¿Es que los padres olvidan su juventud? Se diría que sí. Nos toman siempre en serio cuando decimos algo en broma, y, en cambio, se ríen cuando hablamos en serio.

Tuya,

ANNE

Querida Kitty:

En nuestra vida clandestina, la política desempeña un papel capital. Como esto a mí no me interesa más que muy vagamente, lo he descuidado bastante en estos últimos tiempos. Ya es hora de que consagre una carta a la política.

Es lógico, hasta cierto punto, que no se hable de ella más que en esta época de guerra, como lo es que se expongan opiniones discrepantes. Lo que me parece estúpido es que la política sea motivo de discusiones eternas.

A mí no me molesta que ellos se rían, hablen, se desahoguen, se entusiasmen y hagan lo que quieran mientras sea dentro de los límites del comedimiento, pero que empiecen a vociferar y a pelearse lo encuentro menos divertido.

Nuestros amigos traen de fuera noticias falsas. En cambio, la radio, al menos hasta ahora, no ha mentido nunca. Henk, Miep, Koophuis y Kraler se muestran con un humor que varía según los acontecimientos políticos. Tan pronto son pesimistas como optimistas. Henk es el más ponderado de todos.

En cambio, el clima político general del refugio cambia muy poco. Las conversaciones giran siempre sobre el desembarco, los bombardeos, los discursos, etc., que provocan exclamaciones como: "Es imposible", "*Um Gotes Willen,* si estamos todavía en los preparativos, ¿qué es lo que nos espera?", "Las cosas marchan bien, todo va a pedir de boca", "¡Formidable!". Optimistas y pesimistas, sin olvidar a los realistas, se esfuerzan con infatigable ardor en exponer sus respectivas opiniones y cada uno cree poseer la verdad, lo que, por otra parte, no tiene nada de nuevo. Cierta señora se muestra constantemente descompuesta por la desmesurada confianza que su marido tiene en los ingleses, y cierto señor ataca a su esposa por sus desdeñosas observaciones respecto a su querida Inglaterra.

Nunca se cansan. A veces me aprovecho, con resultados infalibles. Dan un brinco como si les hubiera picado una avispa. Dejo caer una sola palabra, hago una pregunta, una frase basta para hacer perder la cabeza a toda la familia.

Como si no estuviéramos bastante saturados con las emisiones alemanas de la Wehrmacht y la BBC inglesa, nos abruman desde hace algún tiempo con las de la *Luftlagemeldung.*[*] Estaría muy bien si no fuese por el reverso de la medalla. Los ingleses se sirven de sus emisiones, como de un arma de propaganda, para contrarrestar las mentiras que cuentan los alemanes. Y así se pasan todo el día escuchando la radio, de una emisora a otra, hasta las nueve de la noche y, a veces, hasta las diez y las once.

Esto prueba que las personas mayores, bajo su apariencia de ponderación y calma, pueden muy bien perder la cabeza, salvo algunas excepciones. No quiero ofender a nadie. Yo creo que para estar bien informados nos bastaría con una emisión o dos, pero es imposible convencer de esto a esos viejos chochos… En fin, ya sabes lo que pienso de ellos.

Nadie deja de ser escuchado en nuestro refugio: se oye el programa de los Trabajadores, la Holanda de ultramar, Frank Phillips o Su Majestad la reina Guillermina, a medida que van hablando por radio. Y cuando no están acostados o en la mesa, se reúnen alrededor de la radio a hablar de comida, de insomnios y de política.

Bueno, esto ya es demasiado largo. No vaya a ser que, sin darme cuenta, me esté comportando como ellos. ¡Cuidado con la vejez! De todos modos, los viejos de aquí no tienen nada que

---

[*] Noticias sobre bombardeos.

temer. Voy a explicarte, como ejemplo, una escena ocurrida mientras estaba hablando Churchill, muy querido en el refugio.

Domingo a las nueve de la noche. La tetera está encima de la mesa y los invitados van entrando. Dussel, a la izquierda del aparato; el señor Van Daan, delante; Peter, al otro lado; mi madre, al lado del señor Van Daan; su esposa, detrás; y en la mesa, Pim, con Margot y conmigo. Es posible que la distribución no sea exactamente ésta. Los hombres contienen la respiración. Peter cierra los ojos a fin de concentrar la atención. Mamá lleva puesta una bata negra que le llega a los pies. El ruido de los aviones en ruta hacia Essen hace estremecer a la señora Van Daan. Margot y yo estamos tiernamente unidas por *Mouschi*, adormecido encima de una rodilla de Margot y otra mía. Papá saborea su té. Margot tiene sus rulos en el cabello y yo estoy en camisón, que ya me queda demasiado corto y estrecho.

Cualquiera diría al vernos que somos una familia unida. Por una vez, reinan la paz y la intimidad. El discurso se está acabando y empiezan mis temores a medida que el fin se acerca. Los hombres apenas pueden esperar que termine, pateando impacientes para ponerse a discutir. Empieza a circular una corriente todavía perceptible de provocación. Después, vienen la discusión, la disputa, la discordia.

Tuya,

Anne

Martes, 28 de marzo de 1944

Muy querida Kitty:

Podría llenar tantas páginas como quisiera hablando de política, pero tengo otras muchas cosas que contarte. Hoy, mi madre me advirtió que mis visitas al piso de arriba son demasiado frecuentes; teme que susciten los celos de la señora Van Daan. Otra cosa: Peter invitó a Margot a unirse a nosotros. ¿Por cortesía o porque lo desea verdaderamente? No lo sé. Le pregunté a papá si le parecía que yo debía temer los celos de la señora Van Daan, y me dijo que no. ¿Y qué ha pasado? Mamá está enfadada y tal vez celosa también. Papá nos permite, de todo corazón, a Peter y a mí, nuestras veladas amistosas y está contento de ver que nos entendemos tan bien. Margot quiere también a Peter, pero se siente de más sabiendo que en una conversación entre tres personas no se dicen las mismas cosas que entre dos.

Mi madre cree que Peter está enamorado de mí. Yo no pido otra cosa si he de decirte la verdad. Si fuera así, estaríamos en paz y podríamos llegar al fondo fácilmente. No niego que cuando estamos con los demás, con frecuencia nos hacemos un guiño y que él no deja de mirar mis hoyuelos, pero no puedo evitarlo.

Me encuentro en una situación difícil. Mi madre está en contra de mí y papá hace como quien no quiere darse cuenta de la sorda lucha entre ella y yo. Mamá está triste porque me quiere mucho. Yo no lo estoy porque sé que su tristeza se debe a su falta de comprensión. Y no quiero renunciar a Peter, que es la delicadeza personificada. ¡Lo admiro! ¿Por qué tienen los demás que meter las narices en lo nuestro, que podría llegar a ser muy hermoso? Afortunadamente, estoy acostumbrada a ocultar mis sentimientos y poco tengo que esforzarme para que no se dé cuenta de que estoy loca por él. ¿Me dirá un día lo que ardo en deseos de escuchar? ¿Sentiré un día su mejilla contra la mía, como en sueños sentí la del otro Peter? Los dos se han convertido en una sola persona.

No nos comprenden. Nunca podrían creer que, para sentirnos contentos, nos basta con estar solos, sentados uno al lado del otro, en silencio. No comprenden lo que nos empuja el uno hacia el otro. No sé cuándo lograremos vencer estas dificultades, que, por lo demás, da gusto vencer y hacen la victoria más apetecible. Cuando está echado, con la cabeza sobre los brazos y los ojos cerrados, es como un niño; cuando juega con *Mouschi,* es un encanto; cuando lo veo cargado con papas o con otras cosas, es un hombre vigoroso; cuando contempla los bombardeos o acecha a los ladrones en la oscuridad, es el hombre valeroso, y cuando se muestra torpe, es sencillamente delicioso.

Prefiero que me enseñe a enseñarle; quisiera poder reconocerlo como superior en todo o en casi todo.

Comprenderás que me importa muy poco lo que puedan decir las mamás. ¡Ah, si él me hablara!

Tuya,

Anne

Miércoles, 29 de marzo de 1944

Querida Kitty:

Anoche en la emisión de la Holanda de ultramar, el ministro Bolkestein dijo que después de la guerra se recopilarán las cartas y las memorias concernientes a nuestra época. Al oír esto, todas las miradas se volvieron hacia mí, como si quisieran tomar por asalto mi Diario. Imagínate que yo publicase una novela sobre nuestro refugio. ¿No crees que sería interesante? Bastaría con el título para creer que se trata de una novela policiaca.

Bueno, vamos a hablar en serio. La historia de ocho judíos escondidos en un refugio, su manera de vivir, de comer y de hablar produciría un efecto extraño, diez años después de la guerra.

Porque aunque te he hablado mucho de ello, en realidad sabes poco, muy poco.

Por ejemplo, la angustia de las mujeres durante los bombardeos, sin tregua. El del domingo, pongo por caso: 350 bombarderos ingleses descargando medio millón de kilos de bombas sobre Ijmuiden, haciendo temblar los edificios como briznas de hierba al viento. Después, el país infestado de toda clase de epidemias. No sabes nada de estas cosas, pues si me propusiera contártelas, me pasaría el día escribiendo. La gente obligada a hacer fila para comprar cualquier cosa sin importancia; los médicos agobiados de trabajo, sin poder atender a sus enfermos si les roban el coche, lo que sucede con frecuencia. El robo y el hurto están a la orden del día, hasta tal punto que nos preguntamos qué les ha ocurrido a nuestros holandeses, que de la noche a la mañana se han convertido en ladrones. Los niños de ocho a once años rompen los cristales de los escaparates, para apoderarse de lo que encuentran a mano. Nadie se atreve a abandonar su casa, ni cinco minutos, por temor a encontrarla desvalijada al regreso. Los periódicos aparecen llenos de anuncios ofreciendo recompensas a quien les devuelva máquinas de escribir robadas, tapices persas, ropas, relojes, etc. En plena calle, son desmontados los relojes eléctricos y los teléfonos de las cabinas, hasta el último hilo. Después de todo, no es extraño que la población esté tan desmoralizada: reina el hambre, las raciones de una semana no bastan para vivir dos días, exceptuando los sustitutos del café. Por temor al desembarco, los hombres son enviados a trabajar a Alemania. Los niños están desnutridos y enfermos, y todo el mundo deficientemente vestido y calzado.

Unas medias suelas cuestan siete con cincuenta florines. La mayor parte de los zapateros no quieren hacer composturas, a menos que el cliente se resigne a esperar cuatro meses, al cabo de los cuales puede muy bien ocurrir que los zapatos se hayan extraviado.

Existe y se propaga el sabotaje contra las autoridades, a pesar de las medidas, cada vez más severas, contra el pueblo, que no se resigna a una alimentación cada vez peor. Los empleados del racionamiento, la policía y los funcionarios están al lado de los ciudadanos para ayudarles o son soplones que llevan mucha gente a la cárcel. Por fortuna, entre estos últimos hay muy pocos holandeses.

Tuya,

ANNE

Viernes, 31 de marzo de 1944

Querida Kitty:

Todavía hace frío y casi todo el mundo está sin carbón desde hace un mes. ¿Te das cuenta? Lo que nos calienta es el optimismo que procede del frente ruso, cuyas noticias son sensacionales. No me voy a lanzar a la política, pero de todos modos voy a contarte la situación. Los rusos tienen al alcance de la mano el Gran Cuartel General alemán y se acercan a la frontera avanzando por el Prut; de Rumania, han tomado Odesa y se espera de un día a otro un comunicado especial de Stalin.

Las salvas hacen temblar a Moscú. Este modo de manifestar su alegría debe recordarles el asedio. Hungría sigue ocupada por los alemanes. Allí hay todavía un millón de judíos. Me imagino sus sufrimientos.

En el refugio, Peter y yo hemos dejado de ser tema de actualidad, al menos en parte. Somos dos buenos amigos y aprovechamos todas las ocasiones que se nos presentan para estar juntos hablando de todo y de todos. Si sale en la conversación un tema delicado, nunca me veo obligada a recurrir a los subterfugios, como me ocurriría con cualquier otro muchacho. Esto es en verdad maravilloso.

Decididamente, mi vida ha cambiado y va mucho mejor. Dios no me ha abandonado y no me abandonará nunca.

Tuya,

Anne

Sábado, 1 de abril de 1944

Querida Kitty:

Sin embargo, sigo haciendo frente a las mismas dificultades. Tú sabes a qué me refiero, ¿no es verdad? Deseo ardientemente un beso, el beso que se hace esperar. ¿Me sigue considerando su camarada? ¿No soy nada más para él?

Tú sabes bien que soy fuerte, lo suficiente para soportar sola la mayor parte de mis pesares. Tengo por costumbre no compartirlos con nadie y nunca he recurrido a mi madre en busca de consuelo.

Pero cuando estoy al lado de Peter, querría apoyar mi cabeza en su hombro para encontrar el reposo.

Este sueño de la mejilla de Peter no me deja nunca y no puedo olvidar ese instante en el que todo se volvía infinitamente bueno. ¿Y él no lo desea tanto como yo? ¿No será solamente la timidez lo que le impide confesarme su amor? ¿Por qué me quiere siempre a su lado? ¿Por qué se calla, Dios mío?

Vale más seguir callándome a mi vez, tomar las cosas con calma. Encontraré la fuerza necesaria y, con un poco de paciencia, lo que espero llegará por sus pasos contados. Esto no me evita sentirme mortificada por dar la lamentable impresión de que corro tras él. Siempre soy yo quien va hacia él, y no él hacia mí.

Claro está que a causa de la disposición de nuestras habitaciones, es para él un obstáculo del que debe darse cuenta.

Sí, él debe darse cuenta de muchas cosas.

Tuya,

ANNE

Lunes, 3 de abril de 1944

Querida Kitty:

Contra la costumbre, vas a tener una carta exclusivamente consagrada a la alimentación, pues este problema no se plantea únicamente en nuestro refugio, sino en toda Holanda, en toda Europa, y en todas partes constituye una grave preocupación. En los veintiún meses que llevamos en este refugio, hemos hecho la experiencia de lo que podríamos llamar una alimentación por periodos. Hemos hecho diversos ensayos. Vas a ver. Durante un cierto periodo, nos hemos obligado a comer siempre lo mismo. En el curso de nuestra estancia aquí y según las circunstancias, nos hemos alimentado sucesivamente de ensalada, con arena o sin ella, puré de verduras y papas hervidas o al horno, espinacas, rábanos, nabos, pepinos, tomates, chucrut, etc., etc.

Desde luego, no tiene ninguna gracia comer chucrut todos los días en la comida y en la cena, pero cuando se tiene hambre, uno se resigna. Actualmente, estamos atravesando un periodo de fuertes restricciones, pues no hay modo de encontrar verduras. Esta semana, la comida se basa en alubias rojas, chícharos en puré, buñuelos de papa o papas a secas, rábanos, por la gracia de Dios, o zanahorias podridas, y vuelta a empezar con las alubias. Las papas están a la orden del día, a falta de pan, y las comemos a todas horas, empezando por el desayuno. Hacemos sopa de alubias blancas o rojas y papas, o con paquetes preparados de sopa de verduras, sopa de pollo, y vuelta a las alubias, que se encuentran por todas partes. Hasta el pan contiene buena parte de harina de alubias.

Por la noche, papas con salsa, bueno, una fantasía de salsa, y afortunadamente, ensalada de remolacha, de lo que tenemos alguna reserva. En vez de pan, comemos una especie de buñuelos de harina, con un poco de levadura, pero resultan difíciles de digerir, y pesan como piedras en el estómago, sin contar con que al masticarlos se hace una pasta en la boca que no hay forma de tragar.

Una vez por semana nos permitimos una golosina: un trozo de salchichón de hígado y un poco de mermelada con pan seco. Con todo, no sólo seguimos vivos todavía, sino que hasta a veces nos deleitamos con nuestras comidas frugales.

Tuya,
ANNE

Martes, 4 de abril de 1944

Querida Kitty:

Durante mucho tiempo me he preguntado por qué trabajaba. El fin de la guerra está todavía horriblemente lejos y es irreal, fantástico. Si no termina en septiembre, no volveré al colegio, pues nunca podré recuperar estos dos años. Peter llena mis días, pienso en él, sueño con él. Peter y nada más, hasta el punto de que me pone nerviosa como no tienes idea. El sábado fue terrible. En el cuarto de Peter, a duras penas podía contener las lágrimas y poco después me reí con un Van Daan alegre por haber tomado un ponche, excitada yo misma con una alegría nerviosa. Pero apenas me vi sola, di rienda suelta a mis lágrimas. Aunque no enseguida. Después de haberme puesto el camisón, me arrodillé para recitar mis oraciones, con fervor, y acto seguido me derrumbé y lloré amargamente. Los sollozos me devolvieron a la realidad y dejé de llorar para que no me oyeran. Luego, me esforcé en recobrarme, diciéndome: "Es necesario, es necesario, necesario...". Completamente entumecida por el largo rato que estuve acurrucada, me acosté. Eran casi las once y media. Se había acabado.

Y ahora se ha acabado todo. Quiero llegar a ser periodista y debo trabajar para aprender, debo estudiar mucho. Estoy convencida de que podré escribir. He escrito algunos cuentos que no están mal y las descripciones de nuestra vida en las habitaciones del refugio tienen cierta gracia. En mi Diario hay algún pasaje interesante, pero... aún no sé si en verdad tengo talento.

Lo mejor de cuanto he escrito es un cuento de hadas, *Eva's Droom* ("El sueño de Eva"). No sé de dónde lo saqué, es asombroso. Otro cuento, *Cady's Leven* ("La vida de Cady"), tiene algunos aciertos desperdigados, pero le falta unidad.

Aquí, yo soy mi única crítica, y de lo más severa. Me doy perfecta cuenta de lo que está bien o mal escrito. Los que no escriben no saben lo maravilloso que es escribir. Antes, lamentaba no saber dibujar, pero ahora estoy en la gloria al constatar que, al menos, tengo algunas cualidades de escritora. Y si no tengo bastante talento para llegar a ser periodista o escritora, me conformaré con hacerlo para mí.

Quisiera hacer algo, adelantar. No me resigno a vivir como mi madre o la señora Van Daan, como las mujeres que se dedican a las labores propias de su sexo, destinadas a caer en el olvido. Por supuesto, quisiera casarme y tener hijos, pero con esto no me basta.

Quiero seguir viviendo aun después de mi muerte. Y doy gracias a Dios que desde la cuna me ha otorgado la posibilidad de desarrollar mi espíritu para expresar todo lo que pasa por mí.

Cuando escribo, me olvido de todo, mis penas desaparecen y renace mi ánimo. Pero la cuestión capital es saber si llegaré a escribir algo perdurable, si llegaré a ser periodista o escritora. Con esta esperanza vivo, pues al escribir puedo dejar testimonio de mis pensamientos, mis ideales y mis fantasías.

Hace mucho tiempo que tengo olvidado *Cady's Leven.* He pensado en el desarrollo, pero la cosa no progresa, no hay medio de avanzar. No sé si llegaré a terminarlo, y quizás este cuento esté destinado al cesto de la basura o a ser consumido por el fuego, en la estufa. Lo lamentaría, pero, pensándolo bien, "a los catorce años no puede tenerse la suficiente experiencia como para adentrarse en la filosofía".

¡Adelante, pues, con renovado ánimo! Todo fluirá. Lo importante es mi decisión de escribir.

Tuya,

ANNE

Jueves, 6 de abril de 1944

Querida Kitty:

Como me has preguntado qué me interesa y cuáles son mis chifladuras, voy a contestarte. No te asustes, son muchas.

En primer lugar, escribir. Pero, en el fondo, esto no entra en la categoría de las verdaderas chifladuras.

Número dos: los árboles genealógicos. Estoy en plan de investigaciones, estudiando documentos, periódicos y libros sobre la genealogía de las familias reales de Francia, Alemania, España, Inglaterra, Austria, Rusia, Países Nórdicos y Holanda. He conseguido buenos resultados en la mayor parte de los casos, a fuerza de estudiar y tomar notas de las biografías y los libros de Historia. Incluso llego a copiar algunos trozos.

Mi tercera chifladura es la historia, y mi padre me ha comprado ya bastantes libros. Espero impaciente el día en que pueda meter las narices en la biblioteca pública.

Número cuatro: mitología de Grecia y de Roma. Tengo ya muchos libros sobre la materia.

Otras manías: las fotos de familia y de estrellas de cine...

Me vuelven loca los libros y la lectura. La historia del arte y la literatura me interesan, sobre todo cuando se trata de escritores, poetas y pintores. Tal vez un día les llegará su turno a los músicos.

Siento una absoluta antipatía por el álgebra, la geometría y las matemáticas. En cambio, me gustan las demás materias escolares, especialmente la historia.

Tuya,

ANNE

Martes, 11 de abril de 1944

Querida Kitty:

No sé por dónde empezar; la cabeza me da vueltas.

El pasado viernes (el Viernes Santo) nos entretuvimos con juegos de mesa, y el sábado por la tarde también. Estos días han pasado deprisa, sin nada digno de señalar. Invitado por mí,

Peter estuvo en nuestra habitación a las cuatro y media; a las cinco y cuarto subimos al desván, donde nos quedamos hasta las seis. De seis a siete y cuarto escuchamos una emisión que daba un bello concierto de Mozart. Lo que más me gustó fue el *Kleine Nachtmusik*. La buena música me produce siempre el mismo efecto: me conmueve profundamente.

El domingo por la tarde, a las ocho, me instalé con Peter en el desván de la parte del frente del edificio. A fin de estar más cómodos, habíamos llevado varios almohadones para convertir una caja en un sofá. Sentados, acurrucados uno contra el otro, con las cabezas echadas atrás, apoyadas en un montón de cajas, el único que nos veía era *Mouschi*.

De repente, a las nueve menos cuarto, el señor Van Daan nos silbó y vino a preguntarnos si por casualidad nos habíamos llevado el cojín de Dussel. Nos levantamos de un salto y bajamos con el cojín, el gato y el señor Van Daan.

Este cojín fue toda una historia. Dussel estaba furioso porque nos habíamos llevado, en efecto, el cojín que le servía de almohada. Nos hizo una verdadera escena delante de todos, por el malhadado cojín y las pulgas que, según él, seguramente habría recogido en el desván. En revancha, Peter y yo escondimos dos cepillos de pelo duro en su cama, lo que dio lugar a un sainete bastante divertido.

No tuvimos mucho tiempo para reírnos. A las nueve, Peter llamó quedamente a la puerta de nuestra habitación para pedir la ayuda de mi padre a fin de resolver una duda sobre una frase de inglés.

—Aquí pasa algo —le dije a Margot—. Se ve a leguas que esto del inglés es un pretexto.

Con razón lo temía. La causa de la llamada de Peter era la presencia de ladrones en el almacén. En un santiamén estuvieron en la planta baja papá, el señor Van Daan, Dussel y Peter, mientras Margot, mamá, la señora Van Daan y yo conteníamos la respiración, en espera de su regreso.

No hay motivo de evitar que cuatro mujeres angustiadas se pongan a hablar. Y esto fue lo que hicimos, hasta que nos dejó sin habla un violento golpe. Palidecimos las cuatro, si bien logramos conservar la calma a pesar del miedo. ¿Qué les habría ocurrido a los hombres? ¿Qué era aquel golpe que habíamos oído? Tal vez estaban luchando con los ladrones. A las diez, oímos pasos en la escalera; el primero que entró fue papá y después el señor Van Daan.

—Apaguen las luces y suban sin hacer ruido. Corremos el peligro de que venga la policía.

Apagamos las luces en el acto. Yo apenas tuve tiempo de echarme una bata sobre los hombros, y subimos.

—¿Qué pasó? Por Dios, expliquen pronto.

Pero ya no había nadie para hacerlo, pues habían vuelto a bajar. No volvieron hasta diez minutos más tarde, los cuatro. Dos se quedaron al acecho en la ventana abierta de la habitación de los Van Daan. Pasaron el cerrojo de la puerta del descansillo y lo mismo hicieron con la del armario giratorio. Cubrieron la lámpara de noche con un suéter y fuimos todo oídos.

Peter había escuchado dos golpes secos desde el descanso y bajó enseguida a la planta baja, donde pudo ver que faltaba una tabla en la hoja izquierda de la puerta del almacén. Dio media vuelta, comunicó su descubrimiento y los cuatro hombres bajaron a fin de practicar un reconocimiento. Al llegar al almacén, el señor Van Daan perdió la cabeza y se le escapó un grito:

—¡La policía!

Su exclamación fue seguida de pasos apresurados hacia la salida. Los ladrones emprendían la huida. Con objeto de ocultar el agujero de la puerta, intentaron colocar de nuevo la tabla en su lugar, pero alguien, desde el otro lado, la hizo caer al suelo de un puñetazo. Los nuestros quedaron mudos de asombro ante tanta osadía. Una furia homicida se apoderó del señor Van Daan y de Peter. Van Daan tomó un hacha y dio con ella varios golpes en el suelo, seguidos de un silencio mortal. Otros intentos para cerrar el agujero colocando la tabla fueron contrarrestados en la misma forma. Una pareja que estaba paseando por la acera se detuvo y envió la luz cegadora de una lámpara de bolsillo al interior del almacén. Uno de los nuestros dejó escapar una exclamación y todos se precipitaron hacia arriba con tanta premura como antes los ladrones habían huido hacia la calle. Antes de reunirse con los demás tras la puerta disimulada, Peter abrió apresuradamente las ventanas de la cocina y del despacho privado, e hizo caer el teléfono al suelo.

Fin de la primera parte de la aventura

Temíamos que la pareja de la lámpara de bolsillo avisara a la policía. Era el domingo por la noche, primer día de Pascua. Al día siguiente, lunes de Pascua, nadie iría a nuestro despacho. No podríamos movernos hasta el martes por la mañana. ¿Te imaginas pasar dos noches y un día con esta angustia? No nos hacíamos ninguna ilusión. La más miedosa, la señora Van Daan, quería incluso apagar la velada lámpara de noche. Nos quedamos a oscuras y al menor ruido reaccionábamos: "¡Chist!".

Las diez y media, las once, ni un ruido. Mi padre y el señor Van Daan, que estaban de vigilancia, volvían a vernos por turno. A las once y cuarto oímos que alguien se movía en la planta baja. En nuestra habitación, únicamente nuestra respiración era perceptible, pues todos estábamos como petrificados.

Oímos pasos en el primer piso, en el despacho privado, en la cocina, y por fin, en la escalera que conducía a la puerta disimulada. Nuestra respiración estaba cortada, ocho corazones latían hasta romperse oyendo aquellos pasos y unas sacudidas en la puerta del armario. Aquel momento es indescriptible. Yo me veía en las garras de la Gestapo aquella misma noche, y dije: "Estamos perdidos". Alguien estaba tirando de la puerta del armario, una vez, otra, hasta tres veces. Algo se cayó al suelo y los pasos se alejaron. Por el momento estábamos salvados. Un estremecimiento nos recorrió a todos. A alguien, no sé a quién, le castañeteaban los dientes. Nadie dijo nada.

El silencio reinaba en toda la casa, pero al otro lado de la puerta camuflada, a través de una rendija, se podía ver la luz encendida. Seguramente el armario le había parecido sospechoso. ¿Se había olvidado la policía de apagar la luz? Las lenguas empezaron a desatarse. No había nadie en la casa, tal vez un guardia delante de la puerta...

Me acuerdo de tres cosas: nos enfrascamos en suposiciones hasta el agotamiento, temblábamos de miedo y todos, sin excepción, tuvimos que ir al baño. Las cubetas estaban en el desván, y únicamente el cesto de la basura de Peter, una especie de cubeta de hojalata, podía servirnos de recipiente. Van Daan pasó el primero y después mi padre. A mi madre le daba vergüenza, y entonces mi padre llevó el recipiente a nuestra habitación, donde Margot, la señora Van Daan y yo, muy contentas, lo utilizamos, y también, por fin, mi madre. Afortunadamente, yo llevaba papel en el bolsillo y pude satisfacer las demandas de todas.

El recipiente apestaba. Cuchicheos. Era medianoche y todos estábamos extenuados.

—Échense en el suelo e intenten dormir —dijo alguien.

A Margot y a mí nos dieron un almohadón y una manta. Ella se puso delante del armario y yo debajo de la mesa. Tiradas en el suelo, el hedor nos parecía más soportable. La señora Van Daan fue a buscar un poco de polvo de cloro y un trapo para tapar el recipiente.

No había manera de dormir. Susurros, hedor, pedos y alguien sobre el recipiente cada minuto. Yo estaba tan molida que me quedé dormida alrededor de las dos y media, y no oí nada hasta una hora más tarde. Me desperté con la cabeza de la señora Van Daan sobre mis pies.

—Tengo frío —dije—. ¿Tienen algo para echarme encima?

No me preguntes lo que me dieron: un pantalón de lana, un súeter rojo, una falda negra y unos calcetines blancos. Después, la señora Van Daan se sentó en una silla y el señor Van Daan se echó a mis pies. A partir de este momento, me puse a pensar, temblando todo el tiempo, de modo que el señor Van Daan no logró conciliar el sueño. La policía iba a venir, y yo estaba preparada. Tendríamos que declarar que nos ocultábamos. Podía ocurrir que los policías fuesen buenos holandeses, en cuyo caso estaríamos salvados, o tendríamos que enfrentarnos con los NBS[*] y trataríamos de sobornarlos.

—Esconde la radio —suspiró la señora Van Daan.

—En el horno, tal vez. Sería lo mejor —respondió su marido.

—No vale la pena. Si nos descubren, descubrirán también la radio.

—En este caso, encontrarán también el Diario de Anne —añadió mi padre.

—Deberías quemarlo —propuso la más miedosa del grupo.

* Nacional-socialistas holandeses.

Estas palabras y las sacudidas en la puerta-armario me hicieron pasar los instantes más angustiosos de mi vida.

—¡Mi Diario, no…! ¡Mi Diario no será quemado más que conmigo!

Por fortuna, mi madre no contestó.

¡Se dijeron tantas cosas! Repetirlo todo no tiene sentido. Traté de reanimar a la señora Van Daan, muerta de miedo. Hablamos de huir, de los interrogatorios de la Gestapo, de arriesgarnos a usar el teléfono y del valor.

—Ahora debemos portarnos como soldados, señora. Si nos descubren, seremos sacrificados por la reina y por la patria, por la libertad, la verdad y el derecho, como repite sin cesar la Holanda Libre. Pero llevaremos la desgracia a otros seres, lo que es espantoso. Esto es atroz.

Transcurrida una hora, el señor Van Daan cedió su puesto a la señora y mi padre se echó a mi lado. Los hombres fumaban sin cesar suspirando de vez en cuando. Después utilizaban la cubeta, y así sucesivamente.

Las cuatro, las cinco, las cinco y media. Yo me levanté para reunirme con Peter en el puesto de vigilancia, delante de su ventana abierta. Juntos los dos, podíamos sentir los estremecimientos que recorrían nuestros cuerpos. De vez en cuando decíamos algo, pero, sobre todo, aguzábamos el oído. A las siete, quisieron telefonear a Koophuis para ver si podía mandarnos a alguien. Escribieron previamente lo que iban a decir por teléfono. El peligro de ser escuchados por el guardia apostado en la puerta del almacén era grande, pero mayor era el de la llegada de la policía.

Se llegó a un acuerdo sobre el texto:

Robo: visita de la policía, que entró hasta la puerta-armario, no más lejos.

Los ladrones, probablemente sorprendidos, forzaron la salida del almacén y huyeron por el jardín.

La entrada principal, con el cerrojo echado, obligó sin duda a Kraler a salir la víspera por la otra puerta de entrada. Las máquinas de escribir y la de calcular están seguras en el gran armario del despacho privado.

Procuren advertir a Henk para que vaya a buscar la llave en casa de Elli, antes de ir al despacho, en el que entrará con el pretexto de dar de comer al gato.

Todo salió de acuerdo con nuestros deseos. Telefoneamos a Koophuis y trasladaron las máquinas de escribir de nuestras habitaciones al despacho privado. Hecho esto, nos sentamos alrededor de la mesa esperando a Henk o a la policía.

Peter se durmió. El señor Van Daan y yo permanecimos echados en el suelo hasta que oímos unos pasos firmes. Me levanté dulcemente:

—Es Henk.

—No, es la policía —contestaron los demás.

Llamaron a nuestra puerta. Miep silbó. La señora Van Daan no podía más. Estaba pálida como un cadáver, inerte en su silla y seguro se hubiera desvanecido si la tensión hubiese durado un minuto más.

Cuando entraron Miep y Henk, la habitación debía ofrecer un delicioso aspecto. La mesa justificaba por sí sola una foto. Encima de la revista *Cine y Teatro*, abierta en una página dedicada a las bailarinas, había unos restos de mermelada y un medicamento contra la diarrea. Después, todo mezclado, dos botes de mermelada, dos trozos de pan, uno grande y otro pequeño, un espejo, un peine, cerillos, ceniza, cigarrillos, tabaco, un cenicero, libros, un pantalón de señora, una lámpara de bolsillo, papel higiénico, etc., etc.

Como es de suponer, Henk y Miep fueron recibidos con lágrimas de alegría. Henk, después de haber arreglado el agujero de la puerta, fue a advertir del robo a la policía. Después se proponía hablar con Slagter, el vigilante nocturno, que había dejado una nota para Miep diciendo que había visto la puerta violentada y que había avisado a la policía.

Teníamos, pues, una media hora para refrescarnos. Nunca he visto un cambio tan completo en tan poco tiempo. Después de haber hecho las camas, Margot y yo nos fuimos al baño. Luego nos cepillamos los dientes, nos lavamos y nos peinamos. Enseguida, puse orden en la habitación y subí a la de los Van Daan. La mesa estaba ya limpia. Preparamos el té y el café, y hervimos la leche, pues se acercaba la hora del desayuno y pusimos la mesa. Mi padre y Peter se ocuparon de vaciar el recipiente que habíamos utilizado por la noche y lo limpiaron con polvo de cloro.

Henk volvió a las once. Estábamos sentados alrededor de la mesa, agradablemente, y poco a poco empezábamos a humanizarnos. Henk explicó:

—Slagter estaba durmiendo todavía, pero su mujer me repitió lo que le había contado su marido. Al hacer la ronda en los muelles, había descubierto el agujero en la puerta. Entonces recabó la presencia de un agente y juntos recorrieron el edificio. El martes iría a ver a Kraler para referirle el resto. En la Comisaría de Policía no sabían nada del robo. Se limitaron a tomar nota para practicar un reconocimiento el martes.

De paso, Henk se detuvo en casa de nuestro proveedor de papas, que vive cerca, y le habló del robo. "Ya estoy enterado —le dijo el hombre lacónicamente—. Al volver a casa con mi mujer, me di cuenta de que había un agujero en la puerta. Mi mujer iba a pasar sin prestar atención al hecho, pero yo saqué mi lámpara de bolsillo y eché una mirada dentro. Los ladrones emprendieron la fuga. Para mayor seguridad pensé que era preferible no dar parte a la policía creyendo que así era mejor para usted. No sé nada, ni me meto en nada".

Henk le dio las gracias y se fue. El hombre, por supuesto, sospecha a quién van destinadas sus papas, pues las trae cada día a la hora de comer. ¡Un tipo estupendo!

A la una acabamos de lavar los platos. Henk se había ido y todos nos retiramos a descansar. Me desperté a las tres menos cuarto y me di cuenta de que Dussel no estaba. Medio dormida aún, encontré a Peter en el cuarto de aseo y convinimos en vernos en el despacho.

Me aseé ligeramente antes de ir.

—¿Quieres que vayamos al desván del frente? —me preguntó.

Consentí, tomé mi almohada al pasar y allá nos fuimos. El tiempo era espléndido, pero pronto empezaron a aullar las sirenas. Nosotros no nos movimos. Peter rodeó mis hombros con su brazo, yo hice lo mismo y permanecimos así, en los brazos el uno del otro, muy tranquilos, hasta que Margot nos llamó para el café de las cuatro.

Comimos nuestra ración de pan, tomamos limonadas y bromeamos un poco como si nada hubiera ocurrido, y todo volvió a su cauce. Por la noche, di las gracias a Peter por haber sido el más valiente de todos.

Ninguno de nosotros había rozado nunca el peligro tan de cerca como el que nos amenazó la noche pasada. Dios debe de habernos protegido particularmente. Piensa un poco… La policía delante de nuestra puerta, con la luz encendida, sin haber percibido nuestra presencia del otro lado.

En el caso de un desembarco, cada uno encontraría el medio de defenderse, pero en este caso, la angustia nos paralizaba, no solamente por nosotros, sino también por nuestros protectores inocentes. "Estamos salvados. Salvados en lo sucesivo." Es todo lo que podemos decir.

Esta aventura ha traído no pocos cambios: el señor Dussel no trabajará desde ahora en el despacho de Kraler, sino en el cuarto de aseo. Peter hará una ronda a las ocho y media de la noche. Por la noche, las ventanas permanecerán cerradas. Esta tarde, un carpintero reforzará las puertas del almacén.

Las discusiones en el refugio no se acaban. Kraler nos ha echado en cara nuestra imprudencia. Henk lo ha apoyado diciendo que, en un caso parecido, nadie debía dejarse ver en los pisos inferiores. Uno de los nuestros ha recordado nuestra situación "clandestina", nuestra triste condición de judíos recluidos, enclaustrados entre cuatro paredes, cargados de obligaciones y sin ningún derecho. Los judíos no tenemos derecho a defender nuestros sentimientos. El único refugio que nos queda es la fortaleza, el valor. Debemos aceptar todos los inconvenientes sin chistar, limitarnos a hacer lo que podamos, lo que esté a nuestro alcance, con la confianza puesta en Dios. Un día esta terrible guerra acabará; un día volveremos a ser seres como los demás, y no solamente judíos.

¿Quién nos ha marcado así? ¿Quién ha decidido la exclusión del pueblo judío de todos los demás pueblos? Dios lo ha dispuesto así, pero también será Dios quien nos rehabilitará. Sí, sobrevivirán muchos de nosotros, los judíos, a pesar de la onerosa carga que llevamos sobre nuestras espaldas, y es de esperar que un día los judíos, los proscritos, serán puestos como ejemplo. La última razón de nuestros sufrimientos es la espera de que quizás un día nuestro Antiguo Testamento enseñará el bien al mundo y a todos sus pueblos. Jamás podremos ser los representantes de un país, cualquiera que sea; jamás seremos holandeses o ingleses sin más, sino que, por añadidura, seremos judíos. En seguir siéndolo, ciframos nuestro orgullo.

¡Valor! Seamos conscientes de nuestra labor sin quejarnos y tengamos confianza en nuestra salvación. Dios nunca ha dejado caer a nuestro pueblo. En el transcurso de los siglos, hemos sido obligados a sufrir y, en el transcurso de estos mismos siglos, hemos ganado en fuerza. Los débiles caen, pero los fuertes sobrevivirán y no caerán jamás. La noche pasada supe, en el fondo de mí, que iba a morir. Esperaba a la policía y estaba preparada, dispuesta como el soldado en el campo de batalla. Me apresté a sacrificarme gozosamente por la patria. Ahora que me veo a salvo, me doy cuenta de que mi primer deseo para después de la guerra es convertirme en una holandesa.

Quiero a los holandeses, su país y su lengua, y querría trabajar aquí. Aunque tenga que escribir a la reina, no retrocederé hasta alcanzar este objetivo.

Me siento cada vez más desligada de mis padres, cada vez más independiente. A pesar de mi juventud, tengo más valor que mi madre para afrontar la vida, me siento más justa y más íntegra que ella. Sé lo que quiero, tengo mi objetivo en la vida, mi opinión, mi religión y mi amor. Soy consciente de ser mujer, una mujer con una moral acendrada y mucho valor.

Si Dios me deja vivir, iré mucho más lejos que mi madre, no seré una mujer insignificante. Tendré mi pueblo en el mundo y trabajaré para mis semejantes.

Tengo plena conciencia de que el valor y la alegría son dos factores vitales.

Tuya,

ANNE

Querida Kitty:

La atmósfera sigue cargada. Pim tiene los nervios a flor de piel, la señora Van Daan guarda cama con un resfriado y su nariz se ha convertido en una verdadera trompeta. El señor Van Daan está negro; no le queda ni una triste colilla. Dussel nos recuerda a cada paso que la otra noche tuvo que dormir en el suelo, y está latoso y pesado. Por si faltaba algo, las cosas se han torcido un poco. Tenemos una fuga en el baño. La goma del grifo está muy gastada, pero gracias a nuestras numerosas relaciones, esto será arreglado pronto.

A veces, soy una sentimental, ya lo sé, pero... a veces también tengo mis motivos para serlo. Cuando, en medio de un inenarrable desorden, en cualquier parte, estoy al lado de Peter, sentados sobre una caja dura, su brazo alrededor del mío y el mío alrededor del suyo, y él juega con un mechón de mi cabello, cuando se oye el gorjeo de los pájaros, cuando los árboles reverdecen, cuando el sol nos llama, cuando el cielo es demasiado azul, ¡oh!, entonces, entonces mi alma se abre a infinitos deseos.

No veo más que rostros ceñudos y agrios, no oigo más que suspiros y lamentos reprimidos. Cualquiera diría que las cosas se han puesto muy mal en nuestro refugio. Si en realidad las cosas van mal, a nadie pueden echar la culpa sino a ellos mismos. Nadie en el refugio tiene autoridad para dirigir. Cada uno se tropieza con sus nervios, sin lograr dominarse. Cada día se oye lo mismo: "¿Cuándo va a acabar esto?".

Mi trabajo, mi esperanza, mi valor y mi amor, todo esto me sostiene con la cabeza alta y me hace prudente.

Me parece, Kit, que hoy estoy algo loca, y no sé verdaderamente por qué. Todas las cosas se embrollan, no acabo de poner en claro mis ideas y mucho me temo que, más tarde, nadie estará interesado por mis tonterías.

Las confidencias del patito feo será el título de mis apuntes. El señor Bolkestein y los coleccionistas de documentos de guerra no encontrarán gran interés en mi Diario.

Tuya,

ANNE

Domingo, 16 de abril,
por la mañana, antes de las once

Querida Kitty:

Graba bien en tu memoria el día de ayer, pues es muy importante en mi vida. ¿No es un acontecimiento importante para una muchacha recibir el primer beso? Esto es. El beso de Bram en mi mejilla derecha no cuenta más que el del señor Walker en mi mano derecha.

Voy a explicarte cómo el beso me cayó repentinamente del cielo.

Ayer, a las ocho de la noche, estaba en la habitación de Peter, sentada a su lado en el diván y pronto rodeó mi talle con su brazo.

—Si te hicieras un poco más para allá— le dije—, no me daría de cabeza contra tus libros.

Se retiró hasta el extremo y yo pasé a mi vez mi brazo por su espalda para sentirme bien enlazada, de modo que quedé literalmente sepultada. No era la primera vez que estábamos sentados así, pero nunca tan apretados uno contra otro. Me estrechó fuertemente contra sí. Mi seno derecho oprimido contra su corazón tuvo la virtud de acelerar los latidos del mío, pero el momento no había llegado aún. Él atrajo mi cabeza hacia su hombro y encima de ella descansaba la suya. Cinco minutos más tarde me levanté, pero Peter tomó mi cabeza entre sus manos y la estrechó contra su pecho. Me quedé sin habla, henchida de gozo. Era exquisito. Me acarició la mejilla y el brazo, con movimientos algo torpes, se entretuvo jugando con un mechón de mi cabello, unidas nuestras cabezas. No podría describirte la emoción que se apoderó de mí. Era demasiado feliz, y creo que él también.

A las ocho y media, nos levantamos. Miré a Peter mientras se ponía sus zapatos deportivos con objeto de dar una vuelta de vigilancia por la casa sin hacer ruido. No sé cómo fue, pero antes de bajar, de pronto me besó en la sien izquierda, cerca de la oreja. Hui como una cebra, sin volverme. Estoy llena de esperanza para hoy.

Tuya,

ANNE

Lunes, 17 de abril de 1944

Querida Kitty:

¿Tú crees que mis padres me permitirían estar con un muchacho en un diván, besándonos? Un muchacho de diecisiete años y medio y una muchacha de cerca de quince. Yo creo que no, pero este asunto no importa a nadie más que a mí. En sus brazos me siento segura y tranquila, con todos mis sueños. ¡Qué placer sentir su mejilla contra la mía y qué delicia saber que alguien me espera! Pero… siempre hay un pero… ¿Peter se detendrá aquí? Desde luego, no he olvidado su promesa, pero… ¡es un muchacho!

Yo sé bien que empiezo muy pronto. No tengo aún quince

años, y ya tan independiente. Para los demás, esto puede ser incomprensible. Tengo la seguridad de que Margot no besaría a un muchacho sin que se tratase de un noviazgo o de matrimonio. Pero ni Peter ni yo hacemos proyectos. Estoy segura de que mi madre no tocó a hombre alguno antes de conocer a papá. ¡Qué dirían mis amigas si me supieran en brazos de Peter, con mi corazón sobre su pecho, mi cabeza sobre su hombro y su cabeza contra la mía!

Vamos, Anne, esto es una vergüenza. Pero verdaderamente no veo nada vergonzoso para nosotros, que estamos separados de todo, aislados del mundo y abrumados de preocupaciones, de angustias, sobre todo en estos últimos tiempos. ¿Por qué debemos guardar las distancias si nos queremos? ¿Por qué esperar hasta la edad conveniente? ¿Por qué pedirnos tanto?

He tomado la responsabilidad de cuidar de mí misma. Peter no querría causarme pena ni disgusto, razón de más para no escuchar más que mi corazón y hacernos felices los dos. ¿Por qué no? Tengo razón para creer, Kitty, que tú adivinas un poco mis dudas, que creo que provienen de mi franqueza, que se opone a toda simulación. ¿Te parece que debo contar a mi padre lo que hago? ¿Es preciso que un tercero comparta nuestro secreto? ¿Qué me dices? Perdería, desde luego, su magia, pero al contárselo, ¿no me sentiría más segura moralmente? Voy a pedirle a "él" su parecer.

¡Oh, sí! Tengo que decirle aún muchas cosas, pues las caricias solas no son todo. Confiarnos nuestros pensamientos... Para esto debemos estar seguros el uno del otro. Reconocer esta base de confianza nos hará más fuertes a los dos.

Tuya,
ANNE

Querida Kitty:

Aquí todo va bien. Papá acaba de decir que seguramente podemos confiar en que antes del 20 de mayo habrá operaciones a gran escala tanto en Rusia como en Italia y en todo el Occidente. Cuanto más se alarga la guerra, la idea de salir de aquí y recobrar la libertad cada vez me parece menos factible.

Ayer tuve con Peter una conversación que se había retrasado por lo menos diez días. Se lo he explicado todo acerca de las muchachas y le he hablado sin ningún escrúpulo de las cosas más íntimas. Al despedirnos, nos hemos besado, esta vez casi en la boca. Realmente es una sensación maravillosa.

Pienso llevar mi libro de cuentos uno de estos días a fin de discutir juntos ciertas cuestiones. No encuentro ninguna satisfacción en encontrarnos día tras día el uno en brazos del otro, y me gustaría que él pensara lo mismo.

Después de nuestro invierno clemente, tenemos una primavera magnífica. El mes de abril es espléndido, ni demasiado caluroso ni demasiado frío, con un pequeño chubasco de vez en cuando. Nuestro castaño se viste de verde y se ven algunos brotes por todos lados.

Elli tuvo la delicadeza el sábado de regalarnos cuatro ramos de flores: tres de narcisos y uno de jacintos silvestres, el último para mí.

Mi álgebra me espera, Kitty, hasta luego.

Tuya,

ANNE

Querida Kitty:

¿Hay algo más bello en el mundo que contemplar la naturaleza por una ventana abierta, escuchar el gorjeo de los pájaros, la tibia caricia del sol en las mejillas y tener en los brazos al hombre amado?

¡Me siento tan bien y tan segura con su brazo alrededor de mi talle, en silencio! No es posible que en esta bienhechora calma haya nada malo. ¡Oh, que nadie venga a estorbarnos nunca, ni siquiera *Mouschi*!

Tuya,

ANNE

Querida Kitty:

La señora Van Daan se pasó la mañana quejándose; está de mal humor. En primer lugar, por su resfriado. Se le terminaron las pastillas y está harta de sonarse. Después la tomó contra el sol, porque no ha salido; contra el desembarco, porque no acaba de llegar; contra la ventana camuflada, etc., etc. Nos ha hecho reír tanto que acabó por reír con nosotros.

En este momento estoy leyendo *Keizer Karel V* ("El emperador Carlos V"), escrito por un gran profesor de la Universidad de Gotinga. Le tomó cuarenta años escribir este libro. En cinco días, no he leído más que cincuenta páginas, imposible hacer más. El libro tiene quinientas noventa y ocho páginas, así que figúrate lo que tardaré en leerlo. ¡Y hay un segundo volumen! Pero es muy interesante.

Parece mentira lo que una estudiante puede aprender en un solo día. Por ejemplo, hoy empecé la jornada traduciendo del holandés al inglés un fragmento de la última batalla de Nelson. Después, seguí estudiando la historia de los Países Nórdicos, la guerra de 1700-1721, Pedro el Grande, Carlos XII, Estanislao Leszczynski, Mazeppa, von Götz, el Brandemburgo, la Pomerania y Dinamarca, con las fechas correspondientes.

Luego, emprendí la tarea con Brasil: lección sobre el tabaco de Bahía, la abundancia de café, los habitantes de Río de Janeiro (un millón y medio), de Pernambuco y São Paulo, sin olvidar los del Amazonas. Negros, mulatos, mestizos, blancos, con más de un cincuenta por ciento de analfabetos, y la malaria. Todavía tuve tiempo de recorrer un árbol genealógico: Juan el Viejo, Guillermo Luis, Ernesto y Casimiro I, hasta llegar a la pequeña Margarita Francisca, nacida en Ottawa, en 1943.

Mediodía: en el desván continué mi programa con la historia de las catedrales… hasta la una. ¡Uf!

Después de las dos, la pobre niña vuelve al trabajo, empezando por los monos de nariz aplastada o puntiaguda. ¿Sabes tú cuántos dedos tiene un hipopótamo?

Enseguida, le llega el turno a la Biblia: "El Arca de Noé, Sem, Cam y Jafet". Y a continuación Carlos V. En la habitación de Peter, *Henry Esmond,* de Thackeray, en inglés; corregimos las palabras de francés y, por último, comparar el Misisipi con el Misuri.

Sigo con mi resfriado y se lo contagié a Margot, así como a papá y a mamá. ¡Con tal de que no contagie a Peter! Ha insistido en pedirme un beso y me ha llamado su "Eldorado". ¡Pobre muchacho, no tengo ninguna relación con "Eldorado"! Pero, de todos modos, ¡lo quiero!

Y basta por hoy. Adiós.

Tuya,

ANNE

Querida Kitty:

No he olvidado mi sueño a propósito de Peter Wesel, del que te hablé en mis cartas de primeros de enero. Todavía hoy, al pensar en él, siento su mejilla contra la mía, comunicándome esta sensación maravillosa de que todo es bueno.

Con mi Peter de aquí, he llegado a experimentar a veces la misma sensación, pero nunca con la misma fuerza, hasta… anoche, cuando estábamos abrazados, como de costumbre, en el diván. De pronto, la pequeña Anne de cada día se transformó y apareció la segunda Anne, la que no es audaz, ni divertida, pero que no pide más que dar ternura y amor. Estaba acurrucada contra él y la emoción se apoderó de mí. Los ojos se me llenaron de lágrimas y una de ellas cayó en su solapa mientras otra me resbalaba por la nariz. ¿Se dio cuenta? En todo caso, ningún movimiento lo traicionó. ¿Sintió la misma emoción que yo? No dijo casi nada. ¿Se dio cuenta de que tenía a otra Anne delante de él? Estas preguntas quedan sin respuesta.

A las ocho y media me levanté y fui a la ventana, el lugar de nuestra habitual despedida. Yo temblaba todavía. Seguía siendo la Anne número dos cuando se acercó. Le eché los brazos al cuello y le di un beso en la mejilla. Cuando quise besarle la otra, nuestros labios se encontraron y su boca se apretó contra la mía. Presa de un vértigo, nos abrazamos estrechamente y nos besamos como si aquello no tuviera que acabar nunca.

Peter necesita ternura. Por primera vez en su vida, se le ha revelado la muchacha joven y ha comprendido que la más traviesa oculta un corazón y puede transformarse en cuanto se está a solas con ella. Por primera vez en su vida se ha entregado y ha hecho ofrenda de su amistad. Nunca había tenido un amigo ni una amiga. Nosotros nos hemos encontrado, pues yo tampoco lo conocía ni había tenido nunca un confidente. Y he aquí las consecuencias…

Ésta es precisamente la cuestión que me obsesiona: "¿Esto es correcto? ¿He hecho bien cediendo tan pronto, con la misma intensidad y el mismo deseo que Peter? ¿Tengo el derecho yo, una muchacha, de abandonarme así?". No hay más que una respuesta: "Tenía ese deseo… desde hacía mucho tiempo. Me sentía muy sola y por fin he encontrado consuelo".

Por la mañana, nos portamos como siempre, muy bien. Por la tarde, bastante bien, salvo un raro desfallecimiento. Al anochecer, el deseo de la jornada entera toma su revancha, con la dicha y la felicidad de todas las veces anteriores, no pensando el uno más que en el otro. Cada noche, después del último beso, querría poder huir, sin mirarlo a los ojos, estar lejos, muy lejos de él, sola, en la oscuridad…

¿Y dónde estoy después de haber bajado los catorce peldaños? En la luz brutal, entre las risas y las preguntas de los demás, procurando no dejar traslucir nada. Mi corazón es todavía demasiado sensible para suprimir tranquilamente un choque como el de anoche. La pequeña Anne llena de ternura aparece en tan pocas ocasiones que no se deja atrapar tan fácilmente. Excepto en mi sueño, nunca había sentido una emoción tan profunda como al lado de Peter. Él me ha transformado, me ha vuelto del revés como un guante. Después de esto, ¿no tengo el derecho, como cualquiera, de encontrar el reposo necesario para restablecer el equilibrio en el fondo de mi ser?

¡Oh, Peter! ¿Qué has hecho de mí? ¿Qué quieres de mí? ¿Dónde va a acabar esto? Después de esta nueva experiencia, empiezo a comprender a Elli y sus vacilaciones. Si fuera mayor y él me pidiera matrimonio, ¿qué le contestaría? ¡Sé prudente, Anne! No podrías casarte con él, pero tampoco es fácil rechazarlo. Peter tiene todavía poco carácter, poca voluntad, poca fuerza moral. Emocionalmente, no es más que un niño, no mayor que yo, que sólo pide sosiego y felicidad.

¿Yo no tengo en verdad más que catorce años? ¿No soy todavía más que una colegiala estúpida, sin ninguna experiencia desde todos los puntos de vista? No, yo tengo más experiencia que los demás, he tenido una experiencia que pocos de mi edad han conocido. Tengo miedo de mí, miedo de verme arrastrada por el deseo, miedo de no mantenerme recta, más tarde, con otros muchachos. ¡Oh, qué difícil es! Están el corazón y la cabeza, siempre allá el uno y el otro, y cada uno habla en el momento que quiere. Pero ¿cómo saber si he elegido bien el momento?

Tuya,

Anne

Martes, 2 de mayo de 1944

Querida Kitty:

El sábado por la noche pregunté a Peter si no creía que había llegado el momento de decirle algo a mi padre. Después de alguna vacilación, consintió en ello. Me sentí dichosa, pues su respuesta era la prueba de la pureza de sus sentimientos.

Al volver a nuestra habitación, me las arreglé para ir a buscar agua con papá. En la escalera, le dije:

—Padre, sin duda sabes que cuando estoy con Peter no estamos sentados a un metro de distancia el uno del otro. ¿Qué piensas tú? ¿Crees que está mal?

Mi padre no contestó enseguida y despúes dijo:

—No, no encuentro que esté mal, Anne, pero aquí, en este espacio restringido, harás mejor si eres prudente.

Añadió algo por el estilo mientras estábamos trabajando. El domingo por la mañana me llamó y me dijo:

—Anne, he pensado en lo que me dijiste.

Yo empezaba a tener miedo.

—Nuestra estancia en este refugio no es lo más indicado para un *flirt*. Yo creía que sólo eran dos buenos amigos. ¿Qué está pasando? ¿Está enamorado de ti?

—En absoluto —contesté—. No se trata de esto.

—Sí, desde luego. Los comprendo muy bien a los dos, pero vale más guardar las distancias. No vayas a verlo tantas veces, no te acerques tanto. Esto vale más para él. En estas ocasiones, el hombre es el elemento activo y la mujer puede resistirse. En la vida normal, cuando se puede ir libremente de un lado a otro, es otra cosa. Tú ves a otros muchachos y tienes amigas y puedes ir y venir, hacer deporte, correr al aire libre; pero aquí, viéndolo constantemente, puede ocurrir que no puedas huir de él aunque quieras. Si no me equivoco, se ven a todas horas. Sé prudente, Anne, y no te lo tomes demasiado en serio.

—No lo tomo en serio, padre, pero Peter es muy correcto y muy gentil.

—Sí, pero le falta carácter, y lo mismo podría inclinarse por el lado bueno que por el malo. Espero que se mantenga juicioso, pues en el fondo es un buen muchacho.

Seguimos hablando un rato y por fin acordamos que hablaría con Peter.

El domingo por la tarde, en el desván, Peter me preguntó:

—¿Hablaste con tu padre, Anne?

—Sí —le contesté —, iba a hablarte de ello. A mi padre no le parece mal, pero dice que aquí, como estamos unos encima de otros, nuestras entrevistas podrían dar lugar a malentendidos.

—Está convenido entre nosotros no pelearnos y me propongo firmemente mantener el acuerdo.

—Yo también, Peter, pero mi padre no sospechaba nada, nos creía dos buenos amigos. ¿Crees tú que es posible que lo seamos?

—¡Claro que sí! ¿Y tú?

—Yo también. Le he dicho también a mi padre que tengo confianza absoluta en ti. Y es verdad, Peter. Tengo en ti la misma confianza que en él, te estimo tanto como a él, y no me engaño, ¿verdad?

—Espero que no.

Parecía muy tímido y se ruborizó ligeramente.

—Yo creo en ti, Peter —proseguí—. Estoy segura de que eres hombre de carácter y que te abrirás paso en la vida.

Después hablamos de muchas cosas y más tarde le dije:

—Cuando salgamos de aquí, sé muy bien que dejarás de pensar en mí.

—No es verdad, Anne —protestó con vehemencia—. ¡Oh, no tienes ningún derecho a pensar esto de mí!

En aquel momento me llamaron.

Mi padre habló con él. Acaba de decírmelo:

—Tu padre creía que esta amistad podría acabar en amor. Pero yo le he contestado que los dos solíamos tener cuidado.

Mi padre me ha vuelto a decir que debo mantenerme a cierta distancia y espaciar mis visitas a Peter por la noche, pero no pienso hacerlo. He dicho ya que no sólo me gusta la compañía de Peter, sino que tengo entera confianza en él. Y para probárselo, voy a reunirme con él. De no hacerlo así, mi ausencia sería una prueba de desconfianza.

Y, naturalmente, voy.

Tuya,

Anne

Miércoles, 3 de mayo de 1944

Querida Kitty:

En primer lugar, las noticias de la semana. Nada que señalar en política. Poco a poco, empiezo a creer, como los demás, que habrá un desembarco. No es posible dejar que los rusos se las arreglen solos. Por otra parte, los rusos no se están moviendo en este momento.

¿Te he contado que nuestro *Boschi* desapareció? Desapareció sin dejar rastro desde el jueves pasado. No sé si está en el paraíso de los gatos o si algún aficionado a la carne ha hecho de él un plato apetitoso. Quizás una muchacha se hará un sombrero con su piel. Esta idea entristece a Peter.

Desde el sábado comemos a las doce y media. Por economía, nuestro desayuno se compone únicamente de una taza de papilla. No hay manera de encontrar verduras. La comida de hoy, ensalada podrida hervida y ensalada cruda o cocida y espinacas constituyen nuestros menús. Nada más, salvo las papas podridas. Realmente, delicioso.

No hace falta mucha imaginación para comprender nuestra constante desesperación. ¿Para qué sirve la guerra? ¿Por qué los hombres no pueden vivir en paz? ¿Por qué esta devastación?

Preguntas comprensibles, pero nadie les encuentra respuesta. En realidad, ¿por qué en Inglaterra se construyen aviones cada vez más potentes, capaces de transportar bombas cada vez más pesadas y, al lado de esto, bloques de casas para la reconstrucción? ¿Por qué se gastan cada día millones en la guerra y no hay un céntimo disponible para la medicina, los artistas y los pobres?

¿Por qué hay seres que sufren hambre mientras en otras partes del mundo se echan a perder los alimentos por superabundancia? ¿Por qué los hombres son tan locos?

No creeré nunca que los responsables de la guerra son únicamente los poderosos, los gobernantes y los capitalistas. No, el hombre de la calle está también contento con la guerra. Si no fuera así, los pueblos se hubieran sublevado hace mucho tiempo. Los hombres nacen con el instinto de destruir, de masacrar, de asesinar y de devorar. La guerra persistirá mientras la humanidad no sufra una enorme metamorfosis. Las reconstrucciones, las tierras cultivadas volverán a ser destruidas. Y la humanidad tendrá que volver a empezar.

Con frecuencia me he sentido abatida, pero nunca aniquilada. Considero nuestra estancia aquí como una aventura peligrosa que el riesgo convierte en romántica e interesante. Considero cada privación como una cosa divertida para comentarla en mi Diario. Se me ha metido en la cabeza, de una vez por todas, que llevaré una vida diferente de la de las buenas amas de casa. Mis primeros pasos no están mal y esto es lo que me permite reírme de una situación cómica en medio de los mayores peligros.

Soy joven, deseo ardientemente vivir la gran aventura que forma parte de mí. Muchas cualidades están aún adormecidas en mi alma y no quiero pasarme el día quejándome. Me favorecen mi naturaleza expansiva, mi alegría y mi valor. Cada día me siento crecer interiormente, siento que se aproxima la libertad, siento la belleza de la naturaleza y la bondad de los que me rodean. Tengo plena conciencia del interés de esta aventura. ¿Por qué habría de desesperarme?

Tuya,

ANNE

Querida Kitty:

Mi padre no está contento conmigo pues esperaba que, por mi voluntad, me abstendría de subir al cuarto de Peter todas las noches. Empieza a encontrar mala esta *Knutscherei*. Esta palabra me horroriza, y no puedo entenderla. Si ya no es divertido hablar de ello, ¿por qué se empeña en atosigarme? Voy a discutir esto con él hoy mismo. Margot me ha aconsejado bien. Poco más o menos, voy a decirle lo siguiente:

"Padre, creo que estás esperando una explicación por mi parte. Aquí la tienes: te sientes decepcionado porque hubieras querido que guardara las distancias. Sin duda, quieres que a mi edad me porte como una muchacha juiciosa, tal como tú te la imaginas, pero te engañas.

"Desde que estamos aquí, desde julio de 1942, hasta hace muy poco, mi vida no ha sido precisamente fácil. Si pudieras saber cuántas lágrimas he derramado por las noches y lo desgraciada que soy en mi soledad, comprenderías mejor por qué quiero reunirme con Peter.

"Las cosas no se han producido de la noche a la mañana. He tenido que resignarme a vivir sin la ayuda de mi madre, ni de nadie, a costa de luchas y de lágrimas. Me ha costado caro llegar a ser la muchacha independiente que soy ahora. Puedes reírte o no dar crédito a mis palabras, ¿qué quieres que haga? Soy consciente de haber crecido sola y no me siento en modo alguno responsable ante ustedes. Si te confieso todo esto, es para dejar bien sentado que no quiero que tengas de mí una idea desfavorable, que creas que soy una muchacha que finge. En cuanto a mis actos, no tengo que responder de ellos más que ante mí misma.

"Mientras yo me estaba debatiendo sola, desamparada, ustedes cerraron sus ojos y taparon sus oídos, no me prestaron ninguna ayuda; al contrario, fui objeto de constantes reproches porque alborotaba demasiado. Me hacía notar, así perseguía el fin de acallar mi pena y representaba una comedia, día tras día, para hacer enmudecer la voz que pugnaba por hablar en mi interior, sin lamentarme, sin salirme de un papel, sin desfallecer. Ahora la lucha ha terminado. Vencí. Soy independiente de cuerpo y de alma, y no me hace falta una madre. He llegado a ser fuerte a fuerza de luchar.

"Y ahora que estoy segura de haber vencido, quiero proseguir sola mi camino, el camino que me parece bueno. Tú no puedes, no debes considerarme como una chiquilla de catorce años, pues todas estas miserias me han envejecido. Me propongo obrar según mi conciencia y no lamentaré mis actos.

"Razonablemente, no podrás impedirme que me reúna con Peter. O me lo prohíbes por la fuerza, o me otorgas tu absoluta confianza y me dejas en paz."

Tuya,

ANNE

Sábado, 6 de mayo de 1944

Querida Kitty:

Ayer, antes de cenar, puse en el bolsillo de mi padre una carta en la que decía lo que te he explicado ya. Margot me dijo que toda la noche se vio trastornado. (Yo estaba lavando los platos arriba.) ¡Pobre Pim, qué golpe habrá sufrido con la lectura de mi carta! ¡Es tan sensible! De inmediato advertí a Peter que no le diga ni le pregunte nada. Pim no ha intentado hablar conmigo. ¿Acaso da por terminado el asunto? Las cosas van marchando. Las noticias de fuera son increíbles: un cuarto de kilo de té cuesta trescientos cincuenta florines, medio kilo de café, ochenta; medio kilo de mantequilla, treinta y cinco, y un huevo, uno con cuarenta y cinco. ¡Por cien gramos de tabaco búlgaro se pagan catorce florines! Todo el mundo se dedica al mercado negro y no hay chiquillo que no tenga algo que ofrecer. El hijo del panadero nos proporcionó un carrete de hilo para zurcir por 0.90 florines; el lechero vende cartillas falsas de racionamiento y un empresario de pompas fúnebres vende queso. Cada día hay asesinatos, robos y atracos. Agentes de policía participan en estos delitos como profesionales, pues cada uno quiere llenar su estómago de un modo u otro. Como están bloqueados los salarios, la gente tiene que vivir de la estafa. La policía no para de buscar niños desaparecidos. Cada día desaparecen muchachas de quince, dieciséis y diecisiete años.

Tuya,

ANNE

Querida Kitty:

Ayer, a primera hora de la tarde, tuve una larga conversación con mi padre. Lloré amargamente y él lloró conmigo. ¿Sabes lo que me dijo, Kitty?

—He recibido muchas cartas en mi vida, pero ésta es la más horrible de todas. ¿Eres tú, Anne, el amor de tus padres, que siempre están dispuestos a defenderte, y buenas pruebas te han dado de ello, eres tú la que no se siente responsable ante nosotros? No te hemos abandonado, no te hemos dejado sola, no nos hemos portado mal contigo... Eres tú, Anne, la que se porta mal al mostrarte tan injusta con nosotros. Tal vez no quisiste decir eso, pero lo escribiste. No, Anne, no merecemos tus reproches.

¡Oh, es terrible cometer semejante error! Es la acción más innoble que he cometido en mi vida. Para que él me respete, no he hecho más que hablar de mis lágrimas y de mis penas con la pretensión de una persona mayor. He tenido mucha pena, es cierto, pero acusar de este modo al generoso Pim, que ha hecho por mí todo lo que puede hacerse y lo sigue haciendo, es más que innoble.

Mejor, si esto me ha hecho salir de mi torre de marfil; mejor, si mi orgullo ha sido lastimado, pues se me habían subido mucho los humos. Señorita Anne, que lo que usted hace está muy lejos de ser perfecto. Causar una pena tan grande a quien se dice amar y, además, hacerlo deliberadamente, no es más que una bajeza, una gran bajeza.

Lo que más me avergüenza es el modo como mi padre me ha perdonado. Va a quemar la carta, y se ha mostrado tan cariñoso conmigo que cualquiera diría que es él quien me ha agraviado.

No, Anne, todavía tienes mucho que aprender. En vez de mirar a los demás desde un plano superior y acusarlos, además, harías mejor volviendo a empezar.

Me ha dado mucha pena, pero creo que todos los de mi edad pasan por esto, ¿no es así? Yo represento la comedia antes de saber mi papel; me sentía sola, pero no me he considerado desesperada. Debo avergonzarme y me siento terriblemente avergonzada.

Ya lo hice, pero hay modo de corregirse. Quiero volver a empezar. No debe ser demasiado difícil, pues tengo a Peter. Con él como apoyo, me siento capaz de lograrlo.

Ya no estoy sola en el mundo. Me ama y lo amo. Además, tengo mis libros, los cuentos que escribo y mi Diario. No soy demasiado fea ni demasiado tonta, y tengo una alegría natural. De lo que se trata ahora es de tener buen carácter. En esto cifro mi ambición.

Sí, Anne, ya lo escuchaste, tu carta era muy dura y fue una gran equivocación. ¡Y tú estabas orgullosa de haberla escrito! Siguiendo el ejemplo de mi padre, lograré corregirme.

Tuya,

ANNE

Lunes, 8 de mayo de 1944

Querida Kitty:

Creo que todavía no te he contado nada de mis orígenes, ¿verdad?

Voy a hacerlo enseguida. Los padres de mi padre eran muy ricos. Su padre tenía una fortuna que él mismo se había labrado y su madre procedía de una familia distinguida y acaudalada.

Mi padre tuvo, pues, una juventud de "hijo de papá". Cada semana, velada, baile o fiesta, apartamentos suntuosos, muchachas bonitas, comidas, etc.

Con la Primera Guerra Mundial y la inflación, se perdió todo este dinero. Ayer, mi padre debió reírse para sus adentros cuando por primera vez en su vida, a los cincuenta y cinco años, limpió el fondo de la sartén en la mesa.

Mi madre procede también de padres acaudalados. Muchas veces hemos escuchado embobadas sus historias de fiestas de boda con doscientos cincuenta invitados, de banquetes y bailes de sociedad. En la actualidad, no se nos puede llamar ricos, pero espero que después de la guerra nos recuperemos.

Al contrario de mamá y de Margot, yo no me conformaría con una vida limitada, te lo aseguro. Me gustaría estar un año en París y un año en Londres para estudiar las lenguas e historia del arte. En cambio, Margot quiere ser comadrona en Palestina. Tengo la imaginación llena de vestidos elegantes y personajes interesantes. Quisiera ver un poco de mundo y vivir algunas experiencias, ya te he hablado de ello. Y un poco de dinero, en estos casos, nunca está de más.

Esta mañana, Miep nos habló de una fiesta de compromiso a la cual estaba invitada. Los novios pertenecen a familias ricas, y la fiesta fue muy elegante. Miep despertó nuestra envidia con la descripción del menú: sopa de legumbres con bolitas de carne, queso, panecillos, entremeses con huevos, rosbif, pastel, vinos y cigarrillos a discreción. (Mercado negro.)

Miep se bebió diez copas de aguardiente, lo que para una antialcohólica no está mal, ¿verdad? En este caso, me pregunto cuántas tomaría su marido. Naturalmente, todos los invitados estaban un poco achispados. Entre ellos había dos policías militares que tomaron fotografías de los novios. Diríase que Miep no puede olvidar en ninguna circunstancia a sus protegidos clandestinos. Al enterarse de que eran de los "buenos", tomó nota de sus nombres y direcciones para el caso de que se tuviera necesidad de ellos.

Al oír a Miep, se nos hacía agua la boca a los ocho desgraciados que por todo desayuno teníamos dos cucharadas de papilla, con el estómago vacío la mayor parte del tiempo, por no comer más que espinacas poco cocidas para conservar las vitaminas y papas podridas, ensalada cruda o cocida, y más espinacas. Estamos medio muertos de hambre en espera de hacernos tan fuertes como Popeye —por las espinacas—, aunque no tengo de ello la menor prueba.

Si Miep hubiera podido llevarnos a aquella fiesta no habríamos dejado ni un panecillo para los demás invitados. Puedo decirte que estábamos literalmente pegados a ella sacándole las palabras de la boca, como si nunca hubiéramos oído hablar de buenos manjares y de personas elegantes.

Esto lo dicen las nietas de un millonario. ¡Las vueltas que da la fortuna!

Tuya,

Anne

Martes, 9 de mayo de 1944

Querida Kitty:

Terminé mi cuento *Ellen, el hada buena.* Lo pasé en limpio en un buen papel de cartas, con algunos adornos en tinta roja, y lo cosí. No está del todo mal, pero ¿no será poco para el cumpleaños de papá? No sé si se prepara algo. Mamá y Margot compusieron, cada una, una felicitación en verso.

Esta tarde, el señor Kraler vino con la noticia de que la señora B., que había trabajado como vendedora en la casa, le pidió que le permita hacer su café en el despacho, todos los días, a las dos. ¿Te das cuenta? Ninguno de nuestros protectores podrá subir a vernos, ni podrá traernos papas. Elli no podrá almorzar con nosotros, no podremos usar el baño, no tendremos el derecho de movernos, etc., etc.

Todos nos agotamos buscando pretextos que la hagan desistir de su terrible proyecto. El señor Van Daan sugirió poner un purgante poderoso dentro de su café.

—¡Ah, no! —contestó el señor Koophuis—. Todo menos eso. No se despegaría más del bote.

Carcajada general.

—¿El bote? —preguntó la señora Van Daan—. ¿Qué quiere decir?

Se lo explicamos.

—¿Puede usarse esta expresión? —volvió a preguntar ingenuamente.

—¡Qué ocurrencia! —dijo Elli riendo—. Si entra usted en unos grandes almacenes y pregunta dónde está el bote, seguro que no le entienden.

Hace buen tiempo, Kitty, un tiempo espléndido. ¡Si pudiera salir!

Tuya,
ANNE

269

Querida Kitty:

Ayer, después de comer, estábamos en el desván con nuestra lección de francés, cuando de pronto oí manar agua. Iba a preguntarle a Peter qué era, pero ya había salido disparado hacia la buhardilla, donde se había producido el desastre. Era *Mouschi* que, al encontrar su bote demasiado húmedo, había orinado al lado, mientras Peter, con mano firme, quería obligarlo a ir al lugar correspondiente. Se armó un gran estrépito y el culpable, que ya había acabado, huyó por la escalera.

Sin embargo, *Mouschi* había intentado servirse de su cajón de aserrín. Su necesidad se coló por una grieta del techo del desván y, desgraciadamente, fue a parar directamente sobre las papas. Y como en el techo del desván no faltan agujeros, unas gotas amarillas mojaron un montón de calcetines y algunos libros que estaban sobre la mesa. Me doblaba de risa, pues la verdad es que el barullo no era para menos. *Mouschi,* acurrucado debajo de una silla; Peter, con el agua de cloro en una mano y un trapo en la otra, y el señor Van Daan, pidiendo calma. Pronto fue remediado el desastre, pero nadie ignora que el orín de gato despide una peste horrorosa. La prueba la tuvimos en las papas que comimos ayer y en el aserrín que mi padre quemó en la estufa. El pobre *Mouschi* se verá privado de su antiguo lecho de turba.

Tuya,

ANNE

P.D. Ayer y esta tarde, emisión de nuestra querida reina, que se toma unas vacaciones a fin de volver a Holanda con nuevas fuerzas. Habló de su próximo regreso, de liberación, de valor heroico y de las pesadas cargas que soporta el país.

Después, un discurso del ministro Gerbrandy. Y, por último, un pastor suplicó a Dios que vele por los judíos y por todos los que se encuentran en campos de concentración, en las cárceles y en Alemania.

Jueves, 11 de mayo de 1944

Querida Kitty:

Por extraño que te parezca, estoy tan ocupada que me falta tiempo para acabar el trabajo que se me ha acumulado. ¿Quieres saber todo lo que me queda por hacer? Bien, tengo tiempo hasta mañana para terminar la vida de Galileo, pues hay que devolver el libro a la biblioteca. Ayer lo empecé, pero creo que podré acabar de leerlo.

La semana próxima tengo que leer *Palestine op de Tweesprong* ("Palestina, una encrucijada") y el segundo tomo de *Galileo.* Ayer acabé la primera parte de Carlos V y debo poner orden en las notas que he tomado y los árboles genealógicos. Me quedan por ordenar, además, otras notas tomadas de otros libros, en total tres páginas de palabras extranjeras para poner en limpio y aprenderme de memoria. Esto sin contar con mi colección de estrellas de la pantalla, que está tan revuelta que estoy absolutamente obligada a clasificarla; pero mucho me temo que lo dejaré como está por el momento, pues el profesor Anne, como me llaman, está desbordado.

Teseo, Edipo, Peleo, Orfeo, Jasón y Hércules me esperan. Esperan que ponga algún orden en mi cabeza, pues sus aventuras están embutidas en ella como un tejido de hilos revueltos y multicolores. Tengo que emprenderla cuanto antes con Mirón y Fidias, pues si no lo hago, van a desaparecer de mi recuerdo.

Lo mismo me ocurre con la guerra de los Siete Años y la de los Nueve Años. Me hago un lío inextricable. No sé cómo hacerlo con una memoria como la mía. No quiero pensar en lo que me pasará cuando tenga ochenta años.

Y me olvido de la Biblia. Me pregunto cuánto tiempo me costará llevar a Susana al baño. Y qué quieren decir con los crímenes de Sodoma y Gomorra. ¡Cuántas preguntas y cuántas cosas tengo que aprender! He descuidado completamente *Liselotte von der Pfalz*. Ya ves que estoy desbordada, ¿eh?

Y ahora, otra cosa. Tú sabes desde hace mucho tiempo que mi más ferviente deseo es llegar un día a ser periodista y, más tarde, una escritora célebre. ¿Seré capaz de realizar mis ambiciones, o se trata simplemente de una manía de grandezas? Está por verse, pero hasta la fecha no son temas lo que me falta. En todo caso, después de la guerra, querría publicar una novela sobre nuestro refugio. No sé si lo lograré, pero mi Diario me servirá para documentarme. Aparte de este tema, tengo otros en la cabeza. Ya te hablaré de ellos más extensamente cuando hayan tomado forma.

Tuya,

ANNE

Sábado, 13 de mayo de 1944

Mi muy querida Kitty:

Por fin, ayer celebramos el cumpleaños de papá, que coincide con sus diecinueve años de matrimonio. La mujer de la limpieza no estaba en los despachos y el sol brillaba como no lo había hecho aún en 1944. Nuestro castaño está en plena floración, de arriba abajo, con sus ramas pesadamente cargadas de follaje; está mucho más hermoso que el año pasado.

Koophuis le regaló a mi padre una biografía de Linneo, y Kraler un libro sobre la naturaleza. Dussel le regaló *Amsterdam te Water*, y Van Daan se presentó con una enorme caja, artísticamente adornada, que contenía tres huevos, una botella de cerveza, un frasco de yogur y una corbata verde. Al lado de estos regalos, nuestro modesto bote de jarabe parecía una cosa miserable. Mis rosas huelen deliciosamente y los claveles de Miep y Elli son muy bonitos, aunque sin olor apenas. Pim ha estado muy mimado. Trajeron cincuenta pastelillos exquisitos, maravillosos. Papá nos obsequió con una tarta, cerveza para los caballeros y yogur para las damas. Todo el mundo recibió regalos.

Tuya,

ANNE

Martes, 16 de mayo de 1944

Queridísima Kitty:

Para cambiar un poco, después del tiempo que no he hablado de esto, voy a relatarte una pequeña discusión suscitada ayer por la noche entre el señor y la señora Van Daan.

La señora: Los alemanes deben haber reforzado la barrera del Atlántico de una manera inaudita y harán todo lo que puedan para evitar el desembarco de los ingleses. La fuerza de los alemanes es aún formidable.

El señor: ¡Oh, sí, colosal!

La señora: Sí...

El señor: A la larga, esos alemanes van a ganar la guerra. Son muy fuertes.

La señora: Es muy posible. No estoy todavía convencida de lo contrario.

El señor: Prefiero no contestar.

La señora: No podrás evitarlo. Es más fuerte que tú.

El señor: ¿Qué quieres? Contesto por no dejar de decir algo.

La señora: De todos modos, contestas. Y quieres tener razón. No obstante, tus predicciones están muy lejos de ser justas.

El señor: Hasta ahora, no me he equivocado una sola vez.

La señora: No es verdad. Según tú, el desembarco iba a ser el año pasado, Finlandia habría pedido la paz, Italia sería liquidada en el curso del invierno y los rusos habrían tomado Lemberg. Sin embargo, no ha sido así. No, desde luego, tus predicciones no valen mucho.

El señor, levantándose: ¿Quieres callarte de una vez? El día que tenga razón, te lo haré ver. Estoy harto de tus estupideces y espero el momento de restregarte los hechos en las narices.

Fin del primer acto

Yo hubiera querido soltar la carcajada, lo mismo que mi madre. Peter se mordía los labios. ¡Oh, qué estúpidos son los mayores! Antes de lanzar sus observaciones a la cabeza de los pequeños, deberían empezar por aprender algo.

Tuya,

ANNE

Viernes, 19 de mayo de 1944

Querida Kitty:

Desde ayer, estoy desmadejada. He vomitado —¡imagínate, yo!—, me duele el estómago y se siente como si sobre mí se hubiera vaciado el saco de las desdichas. Hoy me encuentro algo mejor, tengo un hambre canina, pero por una noche prefiero abstenerme de comer alubias rojas.

Con Peter estamos en muy buenas relaciones. El pobre necesita cariño en mayor medida que yo misma. Se pone colorado al darme el beso de despedida y nunca deja de mendigar otro. ¿Podré consolarlo de la pérdida de *Mouschi*? Eso no tiene importancia. El caso es que es feliz desde que sabe que alguien lo quiere.

Después de la difícil conquista, domino la situación, pero no por ello debes pensar que mi amor ha disminuido. Peter es adorable, pero por lo que respecta al fondo de mi ser, lo he protegido muy pronto. Si quiere romper esta coraza, tendrá que hacer uso de una lanza más poderosa.

Tuya,

ANNE

Sábado, 20 de mayo de 1944

Querida Kitty:

Anoche, a mi regreso de la habitación de Peter y al entrar en la nuestra, me encontré con el jarrón donde habíamos puesto los claveles tirado en el suelo. Mi madre estaba de rodillas, con un trapo en la mano, y Margot recogía mis papeles.

—¿Qué pasó? —pregunté, clavada en el sitio y temiéndome lo peor.

Mi carpeta con los árboles genealógicos, mis cuadernos, mis libros, todo estaba empapado. Yo no pude contener mis lágrimas y me puse tan nerviosa que empecé a hablar sin orden ni concierto. Apenas lo recuerdo, pero Margot no paraba de exclamar: "¡Irremediablemente perdido! ¡Espantoso, horrible, irreparable!". Y muchas cosas más. Mi padre se echó a reír y mamá y Margot la imitaron, pero yo lloré al ver perdido mi trabajo de tantos días y mis bien ordenadas notas.

El irreparable daño, como lo había calificado Margot, no era tan grave, visto de cerca. Separé cuidadosamente mis papeles, y los puse a secar, colgados, en el desván. Al verlos, no pude contener la risa: María de Médici al lado de Carlos V, y Guillermo de Orange al lado de María Antonieta. Esto hizo exclamar al señor Van Daan:

—*Rassenschande!*[*]

Dejé al cuidado de Peter los papeles y me fui.

—¿Cuáles son los libros estropeados? —pregunté a Margot, que estaba examinando mi tesoro.

—El tratado de álgebra —me contestó.

Me acerqué para comprobarlo, pero lamento tener que decir que el libro de álgebra apenas había sufrido daño alguno. Nunca he detestado un libro tanto como éste. En la primera hoja se pueden leer los nombres de por lo menos veinte propietarios que me precedieron. Es viejo y está amarillento y lleno de correcciones y garabatos. Un día me entrarán ganas de cometer un acto de vandalismo y lo romperé en mil pedazos.

Tuya,

ANNE

Lunes, 22 de mayo de 1944

Querida Kitty:

Papá perdió la apuesta con la señora Van Daan y le entregó cinco botes de yogur, que era lo apostado. Los Aliados no han

---

[*] ¡Profanación de razas!

desembarcado todavía, pero en todo Ámsterdam, en Holanda entera, y en toda la costa occidental de Europa hasta España, no se habla ni se discute de otra cosa que del desembarco. Se cruzan apuestas y... se espera.

La atmósfera de la espera es tan tensa que parece estar a punto de estallar. Buena parte de las personas que se cuentan entre los "buenos" holandeses han dejado de creer en los ingleses. No todo el mundo se conforma con el famoso *bluff* inglés, ni mucho menos. Hay que aportar pruebas, acciones grandes y heroicas. Nadie ve más allá de la nariz, pues no piensan que los ingleses están luchando en defensa de su país y, en cambio, creen que su obligación es salvar a Holanda lo más rápidamente posible.

¿Qué obligaciones han contraído los ingleses con nosotros? ¿Cómo y en qué forma se han hecho acreedores los holandeses a la generosa ayuda que con tanta certeza esperan? Si a los holandeses les esperan algunas decepciones, tanto peor para ellos. A pesar de toda su propaganda, Inglaterra no tiene por qué ser acusada en mayor medida que los demás países, grandes y pequeños, que están ocupados por los alemanes. Los ingleses no nos ofrecerán excusas, desde luego, pues si se les puede acusar de haberse dormido mientras Alemania se estaba armando, no se puede negar honradamente que los demás países, en especial los limítrofes con Alemania, se han dormido de igual manera. De nada nos va a servir la política del avestruz, y esto lo saben a la perfección Inglaterra y el mundo entero. El resultado es que los ingleses, y en general los Aliados, tendrán que hacer enormes sacrificios para vencer.

Ningún país está dispuesto a sacrificar a sus hombres en interés de otro y los ingleses no serán una excepción. El desembarco y la liberación se producirán en su día, pero la hora será fijada por Inglaterra y Estados Unidos, y no por el conjunto de los países ocupados.

Con gran disgusto y consternación, nos hemos enterado de que muchas personas se han vuelto contra los judíos. Hemos oído decir que en ciertos medios, que en otros tiempos nunca hubieran sucumbido a la idea, empieza a reinar una atmósfera de antisemitismo. Los ocho hebreos que vivimos en este refugio nos hemos sentido profundamente afectados. La causa de este odio es a veces justificable y hasta humana, pero es del todo inadmisible. Los cristianos les reprochan a los judíos que, al verse delante de los alemanes, dicen más de lo que debieran y traicionan con ello a las personas que los protegen, y que por su culpa muchos cristianos sufren la horrible suerte y las torturas que tantos correligionarios nuestros han sufrido.

Esto es algo que no se puede negar, pero hay que ver el reverso de la moneda, como en cualquier caso que se examine. ¿Qué harían los cristianos en nuestro lugar? ¿Puede callarse un hombre, sea judío o cristiano, al ser sometido a las torturas de los alemanes? Todo el mundo sabe que esto es casi imposible. ¿Por qué, pues, pedir imposibles a los judíos?

Entre los grupos de la Resistencia circula un rumor que afecta a los judíos emigrados anteriormente a Holanda y ahora en campos de concentración de Polonia. Después de la derrota de Hitler, a estos judíos no se les permitirá residir en Holanda, donde disfrutaron el derecho de asilo, sino que se les obligará a regresar a Alemania.

Cuando se oyen cosas como éstas, ¿no se pregunta uno qué sentido tiene esta guerra larga y terrible? Estamos hartos de oír cada día que luchamos juntos por la libertad, la verdad y el derecho. Si en plena lucha se manifiesta ya la discordia, es de temer que, una vez más, el judío sea la víctima propiciatoria. Es muy triste comprobar la verdad del viejo adagio: "La mala acción de un cristiano recae sobre quien la ha cometido. La mala acción de un judío recae sobre todos los judíos".

Esta actitud es incomprensible en un pueblo bueno, honrado y leal como el holandés que, juzgándonos así, juzga el pueblo más oprimido, más desgraciado y quizás el más digno de lástima del mundo entero.

Quiero esperar que esta oleada de odio contra los judíos sea pasajera y que los holandeses se muestren pronto tal como son, conservando intactos su sentido de la justicia y su integridad. El antisemitismo es injusto.

Y si este horrible rumor resulta cierto, el mísero puñado de judíos que se han quedado en Holanda acabaría por abandonarla. También nosotros haríamos nuestras maletas y volveríamos al camino, abandonando este hermoso país que nos ha acogido tan cordialmente y que, sin embargo, nos vuelve la espalda.

Quiero a Holanda, y hasta he llegado a esperar que se convierta en mi patria. Lo he esperado yo, una apátrida. Y lo espero todavía.

Tuya,

ANNE

Jueves, 25 de mayo de 1944

Querida Kitty:

Todos los días pasa algo. Esta mañana fue detenido el tendero que nos suministraba las verduras. Tenía a dos judíos en su casa. Es un golpe terrible para nosotros, no sólo porque dos pobres judíos más se encuentran al borde del abismo, sino porque arrastraron con ellos al comerciante.

El mundo anda revuelto. Personas honradas son conducidas a los campos de concentración o a la cárcel, o tiemblan aún en sus escondites mientras la escoria gobierna a jóvenes y a viejos, a ricos y a pobres. Uno se hace detener por actividades en el mercado negro, otro por haber ocultado a judíos o personas de la Resistencia. El que no está en contacto con la NSB no sabe nunca lo que ocurrirá mañana.

El hombre que nos suministraba las verduras nos va a hacer mucha falta. Miep y Elli no podrían traernos los sacos de papas sin despertar sospechas. Lo único que podemos hacer es comer menos. Voy a explicarte lo que hemos acordado al respecto. Por supuesto, no será muy agradable. Mi madre ha propuesto suprimir el desayuno, tomar la papilla con un poco de pan en la comida y papas por la noche. Y una o dos veces por semana, a lo sumo, un poco de verdura o ensalada. Esto es sencillamente el hambre, pero todas las privaciones son soportables comparadas con el horror de ser descubiertos.

Tuya,

ANNE

Viernes, 26 de mayo de 1944

Querida Kitty:

Por fin, tengo un momento para escribirte tranquilamente en mi mesita, delante de una ventana entreabierta.

Me siento tan miserable como no me había sentido desde hace meses. Ni después del robo caí en tan lastimoso estado; estoy rendida. Por una parte, el comerciante de verduras, el problema de los judíos del que todo el mundo habla sin cesar, el desembarco que no llega nunca, la mala alimentación, la tensión nerviosa, la atmósfera deprimente, la decepción que he tenido con Peter. Por otra parte, las historias que hacen soñar, el compromiso matrimonial de Elli, la recepción del día de Pentecostés, flores, etc. Después, el aniversario de Kraler con pasteles, cabaret, cine y conciertos. Esta diferencia, este enorme contraste formado por unos días que tomamos a risa nuestra clandestinidad y sus situaciones cómicas y otros días, la mayor parte, que pasamos temblando de miedo; la ansiedad, la espera y la desesperación son visibles en nuestros semblantes.

Miep y Kraler sienten, en mayor medida que los demás, el peso de nuestra vida de refugiados. Miep interrumpida en su trabajo y Kraler aplastado a la larga por la enorme responsabilidad que ha asumido. Él es aún dueño de sus nervios, demasiado tensos, pero hay momentos en que no consigue pronunciar una sola palabra. Koophuis y Elli, aunque se ocupan de nosotros, y mucho, disfrutan de algún respiro, de algunas horas de ausencia, a veces hasta de un día o dos, que les permiten olvidar las habitaciones del anexo. Tienen sus propios problemas: Koophuis el de su salud y Elli el de haberse comprometido en unos tiempos que no son precisamente para bañarse en agua de rosas; pero, aparte de esto, tienen sus excursiones, sus visitas y, en fin, toda una vida de personas libres. Tienen la posibilidad de alejarse, aunque sea por poco tiempo, de la tensa atmósfera, pero para nosotros, la tensión aumenta de día en día. Esto se ha extendido ya dos años. ¿Cuánto tiempo vamos a poder resistir esta presión insoportable y más fuerte cada día?

El desagüe se atascó y tenemos que dejar circular el agua con cuentagotas. Vamos al baño con una escoba y guardamos el agua sucia en un recipiente grande. Por hoy, la cosa pasará, pero no sé lo que va a ocurrir si el fontanero no puede arreglarlo por sus propios medios. El Servicio de Higiene no podrá venir antes del martes. Miep nos ha enviado un pan de pasas con la inscripción: "Feliz Pentecostés". Casi parece una burla. ¿Cómo ser felices en el estado en que nos hallamos? Después de la detención del comerciante de verduras, el miedo ha cundido en el refugio. Todo lo hacemos más quedamente y todo el tiempo nos estamos advirtiendo: "¡Chist!", "¡Chist!". La policía forzó la puerta del comerciante, así es que nosotros estamos expuestos al mismo peligro. Si nosotros… Pero no, no tengo derecho a escribirlo y, no obstante, esta pregunta me ha tenido obsesionada durante todo el día y las angustias pasadas vuelven de nuevo con todo su horror.

Esta noche, a las ocho, he salido de la habitación de los Van Daan, donde estaban todos escuchando la radio, para ir al baño. Yo quería mostrarme animosa, pero no lo lograba. Con los demás, todavía me siento relativamente segura, pero sola, siento la casa enorme y abandonada, los ruidos de arriba, sordos, cargados de misterio, y luego las bocinas de afuera… Cuando no termino deprisa, me pongo a temblar y nuestra situación se presenta ante mi espíritu en toda su gravedad.

A veces me pregunto si no hubiera sido mejor para todos no ocultarnos y estar muertos ya, y no tener que pasar por toda esta miseria, sobre todo por nuestros protectores que, al menos, no estarían en peligro. Pero esta idea nos hace retroceder. Amamos la vida, no hemos olvidado la voz de la naturaleza, esperamos aún, a pesar de todo y contra todo. Que ocurra algo pronto, bombas si es preciso, pues unas bombas no podrían aplastarnos más que esta inquietud. Que llegue el fin, aunque sea duro. Por lo menos sabremos si, a fin de cuentas, debemos vencer o morir.

Tuya,
ANNE

Querida Kitty:

Una nueva miseria en el refugio: los Frank se pelearon con Dussel por una tontería, el reparto de la mantequilla.

Dussel se rindió. Ha trabado gran amistad con la señora Van Daan, un verdadero *flirt*, con besitos y sonrisitas melosas. Dussel necesita una mujer.

El Quinto Ejército ha tomado Roma, sin devastaciones ni bombardeos.

Las verduras y las papas escasean. Mal tiempo. El paso de Calais y la costa francesa son constantemente bombardeados

Tuya,

ANNE

Martes, 6 de junio de 1944

Querida Kitty:

"Hoy es el día D", ha dicho la BBC a mediodía. Y con razón. *This is the day.* El desembarco ha empezado.

Esta mañana, a las ocho, la BBC anunció el bombardeo pesado de Calais, Boulogne, El Havre y Cherburgo, así como el del paso de Calais, como de costumbre. Medidas de precaución para los territorios ocupados: todos los habitantes de la zona de la costa, hasta unos 35 kilómetros tierra adentro, deben estar constantemente en alerta por los bombardeos. Si es posible, los aviones ingleses arrojarán avisos con una hora de antelación.

La emisión alemana habla de paracaidistas ingleses lanzados en la costa francesa. Según la BBC, se han entablado combates entre los buques de desembarco ingleses y la marina alemana.

Suposiciones que se han hecho en el refugio, desde las nueve hasta la hora del desayuno: ¿se tratará de un desembarco de prueba como el de Dieppe, hace dos años?

A las diez, nueva emisión inglesa en alemán, neerlandés y francés. *"The invasion has begun."* Así, pues, se trata del "verdadero" desembarco. A las once, emisión inglesa en lengua alemana: discurso del comandante en jefe, general Dwight Eisenhower.

Al mediodía, en inglés: *Stiff fighting will come now but after this the victory. The year 1944 is the year of complete victory. Good luck!* *

Una hora más tarde, la BBC, en inglés:

"Once mil aviones están lanzando constantemente paracaidistas detrás de las líneas alemanas. Cuatro mil buques, además de pequeñas embarcaciones, aseguran el transporte permanente de tropas y material entre Cherburgo y El Havre. Han empezado las operaciones de las tropas inglesas y americanas. Discursos de Gerbrandy, del primer ministro de Bélgica, del rey Haakon de Noruega, de Gaulle por Francia, y del rey de Inglaterra, sin olvidar el de Churchill."

El refugio es un volcán en erupción. ¿Se está aproximando en verdad esta libertad tan soñada? Esta libertad de que tanto se ha hablado, ¿no es demasiado hermosa, demasiado fantástica para que se convierta en realidad? ¿Va a darnos la victoria el año 1944? No lo sabemos aún, pero la esperanza nos devuelve la vida y nos da fuerza y valor. Porque lo cierto es que vamos a tener que sufrir valerosamente muchas privaciones, muchas angustias, muchos sobresaltos. Hay que mantenerse en calma y aguantar.

---

* Se avecinan duros combates, pero después nos espera la victoria. El año 1944 es el año de la victoria total. ¡Buena suerte!

Desde ahora, y más que nunca, va a ser preciso encajarnos las uñas en la carne antes de gritar. Es el momento para Francia, para Rusia, para Italia y también para Alemania de exponer su miseria, pero nosotros todavía no tenemos este derecho.

¡Oh, Kitty, lo mejor del desembarco es poder pensar que me estoy acercando a mis amigos! Habiendo sentido la fría hoja del cuchillo en la garganta, habiendo estado oprimidos tanto tiempo por esos horribles alemanes, no podemos evitar sentirnos llenos de confianza al pensar en la salvación de los amigos.

Ya no se trata de judíos, se trata de toda Holanda y de toda la Europa ocupada. Margot dice que quizá podré volver a la escuela en septiembre o en octubre.

Tuya,

ANNE

Viernes, 9 de junio de 1944

Querida Kitty:

El desembarco marcha que es un primor. Los Aliados han conquistado Bayeux, pequeño puerto de la costa francesa, y se está luchando por Caen. El objetivo estratégico consiste en aislar la península de Cherburgo. Todas las noches, los corresponsales de guerra hablan de las dificultades, de la valentía y del entusiasmo del ejército aliado, citando ejemplos increíbles. Desde Inglaterra, algunos heridos evacuados han hablado por radio. A pesar del mal tiempo, la RAF no interrumpe sus vuelos. Hemos sabido por la BBC que Churchill quería participar en el desembarco con sus hombres, pero se ha visto obligado a abandonar su propósito por consejo de Eisenhower y otros generales. ¡Qué valiente es ese anciano de setenta años!

En el refugio, estamos un poco más tranquilos, pero esperamos que la guerra termine antes de fin de año. ¡Ya es hora! La señora Van Daan nos fastidia con sus tonterías; ahora que ya no nos puede fastidiar con el desembarco, la ha tomado con el mal tiempo y no calla en todo el día. Habría que meterla en una cubeta de agua fría y dejarla en la buhardilla.

Tuya,

Anne

Martes, 13 de junio de 1944

Querida Kitty:

Mi cumpleaños ha pasado otra vez. Tengo quince años. Recibí bastantes regalos. *Kunstgeschiedenis* ("Historia del arte"), de Springer, los cinco tomos; ropa interior, dos cinturones, un pañuelo, dos botes de yogur, un tarrito de mermelada, una tarta y un libro de botánica, todo esto de papá y mamá. Margot me regaló una pulsera; los Van Daan un libro, *Patria*; Dussel, un ramillete de guisantes de olor; Miep y Elli, dulces y unos cuadernos, y Kraler me dio la gran sorpresa con un libro, *María Teresa*, y tres rebanadas de queso auténtico; Peter, un ramo muy bonito de amapolas. El pobre muchacho se esmeró lo indecible para encontrar algo, pero no tuvo éxito.

Prosigue con éxito el desembarco, a pesar del mal tiempo, las tormentas, las lluvias torrenciales y la marejada.

Churchill, Smuts, Eisenhower y Arnold visitaron ayer los pueblos conquistados en Francia por los ingleses. Churchill hizo la travesía en un submarino que bombardeó la costa. Este hombre no conoce el miedo. ¡Es admirable!

Desde nuestro refugio, no podemos sondear la moral de los holandeses. De todos modos, no hay duda de que la gente se alegra de ver a la Inglaterra "perezosa" iniciar, por fin, la tarea. Los holandeses que todavía se permiten mirar a los ingleses por encima del hombro, que siguen calumniando a Inglaterra y su gobierno de viejos, llamándoles cobardes, sin dejar de odiar a los alemanes, deberían ser sacudidos como una alfombra para ver si el cerebro que tienen vuelto del revés recobra su forma normal.

Tuya,
ANNE

Miércoles, 14 de junio de 1944

Querida Kitty:

Un ejército de fantasmas formado por anhelos, deseos, ideas, acusaciones y reproches asalta mi mente. No me hago ilusiones, como algunos creen. Conozco mis defectos mejor que nadie, con una sola diferencia: yo sé que tengo la firme voluntad de corregirme y de lograrlo, pues compruebo ya un progreso sensible.

Por esto, no comprendo cómo todos se empeñan en seguir acusándome de falta de modestia y de pretenciosa. ¿Tan pretenciosa soy? ¿Lo soy realmente yo, o lo son los otros? Esto no tiene demasiado sentido, ya lo estoy viendo, pero no por ello voy a borrar la última frase, por extraña que te parezca. Mi principal acusadora, la señora Van Daan, es conocida por su mediocre inteligencia o, si he de decir las cosas claras, por su estupidez. Por lo general, las personas estúpidas no pueden tolerar a una más inteligente o más hábil que ellas.

La señora me encuentra estúpida porque normalmente veo las cosas más claras y más rápido que ella; me tacha de falta de modestia porque desconoce la modestia; critica mis vestidos cortos porque los lleva más cortos aún. Y, por fin, me cree pretenciosa porque, al hablar de cosas que no entiende ni de oídas, muestra doblemente su vanidad. Pero mi proverbio favorito es el siguiente: "Algo hay de verdad en cada reproche". Y estoy dispuesta a admitir que soy pretenciosa.

Además, no tengo un carácter fácil y te aseguro que nadie me riñe ni me critica tanto como yo. Entonces, si mi madre añade leña al fuego con sus consejos, los sermones se acumulan y llegan a ser tan insoportables que, desesperada de no poder acabar con ellos, me muestro insolente y me pongo a contradecirla. A fin de cuentas, vuelvo a lo mismo de siempre: "¡Nadie me comprende!".

Esta idea está muy arraigada en mí y, por discutible que pueda parecerte, no deja de contener una brizna de verdad. Todas las acusaciones que se me infligen adquieren tales proporciones que tengo sed de una voz reconfortante que cure mis heridas, y que se interese por lo que me pasa. Por más que busco, no he encontrado todavía esta voz.

Ya sé que esto te hace pensar en Peter, ¿verdad, Kitty? De acuerdo, Peter me quiere, no en plan de enamorado, pero sí de un amigo, y su afecto por mí aumenta cada día. Sin embargo, hay algo misterioso que nos separa y que yo no acabo de comprender. Llego a pensar que el deseo irresistible que me empujaba hacia él era exagerado, pero no creo que esto sea verdad, pues si tengo que pasar, por cualquier razón, dos días sin verlo, mi deseo renace más intenso que nunca… Peter es bueno y cariñoso, pero no puedo ocultarte que tiene muchas cosas que me decepcionan. Sobre todo, le reprocho que reniegue de su religión. Además, cuando hablamos de la alimentación y de otras cosas, no siempre me gustan sus opiniones ni las comparto. Pero estoy segura de que mantendremos el pacto de no pelearnos nunca. Peter quiere paz, es tolerante y muy indulgente. Jamás permitiría a su madre que le dijera las cosas que a mí me tolera y hace grandes esfuerzos por conservar sus asuntos en buen orden. Sin embargo, su alma sigue siendo impenetrable para mí. Su naturaleza es mucho más cerrada que la mía, es cierto, pero hasta las naturalezas más reservadas experimentan en un momento dado la irresistible necesidad de tener un confidente tanto o más que las otras. Esto es lo que yo quisiera saber.

Peter y yo hemos pasado en el refugio los años en que uno se forma. Hablamos sin cesar del futuro, del pasado y del presente, pero, como te he dicho ya, me falta lo esencial, y sé muy bien que esto existe.

Tuya,

ANNE

Jueves, 15 de junio de 1944

Querida Kitty:

Es posible que sea la nostalgia del aire libre, después de haberme visto privada tanto tiempo, pero estoy más loca que nunca por la naturaleza. No encuentro en mis recuerdos de antaño la fascinación que ahora ejerce sobre mí el cielo resplandeciente de azul, el piar de los pajarillos, el claro de luna, las plantas y las flores. Debo haber cambiado aquí.

El día de Pentecostés, por ejemplo, hacía calor y me esforcé en mantenerme en vela hasta las once y media para contemplar yo sola, por una vez, la luna a través de la ventana abierta. El sacrificio fue bien inútil, pues la luna brillaba con una luz tan fuerte que no pude arriesgarme a abrir la ventana. Otra vez recuerdo que había subido a la habitación de los Van Daan una noche que tenían la ventana abierta. No me fui hasta que la cerraron. Noche sombría y lluviosa, viento y nubes en fuga. Por primera vez en un año, cara a cara con la noche, me sentía dominada por su hechizo. Después de esto, el deseo de volver a vivir un momento semejante logró vencer mi miedo a los ladrones, a las ratas y a la oscuridad. Un día bajé sola para mirar por la ventana del despacho privado y la de la cocina. Hay muchas personas que encuentran hermosa la naturaleza, a veces muchos pasan la noche al aire libre, los prisioneros y los hospitalizados esperan el día en que de nuevo podrán disfrutar del aire, pero pocos hay que se hallen como nosotros, encerrados y aislados con su nostalgia de lo que es accesible tanto a los pobres como a los ricos.

Contemplar el cielo, las nubes, la luna y las estrellas en verdad me tranquiliza y me devuelve la esperanza, no es algo que sólo suceda en mi imaginación. Es un remedio mucho mejor que la valeriana y el bromuro. La naturaleza me hace sentir humilde y me prepara para soportar todos los golpes con valentía.

Podría decirse que estaba escrito que sólo pudiera contemplar la naturaleza, muy pocas veces, por cierto, a través de sucios cristales o de cortinas llenas de polvo. Hace falta el placer de mirarla fuera. La naturaleza no tiene sustituto.

Tuya,
ANNE

290

Querida Kitty:

La señora Van Daan está desesperada y solamente habla de prisiones, de colgarse, de suicidarse, de pegarse un tiro en la cabeza. Está celosa porque Peter confía en mí y no en ella. Por otra parte, se siente vejada porque Dussel no corresponde a sus insinuaciones o no en la medida en que ella desea; teme que su marido se fume todo el dinero del abrigo de pieles y se pasa el día en peleas, insultos, llanto, quejas, risas y vuelta otra vez a los altercados.

¿Qué puede hacerse con una chiflada que lloriquea sin cesar? Nadie la toma en serio. Como es una mujer sin carácter, va con sus quejas con cualquiera que la quiera escuchar, con lo que provoca la insolencia de Peter, la irritación de su marido, a quien saca de quicio, y los cínicos comentarios de mi madre. ¡Es lamentable! No hay otro remedio que tomarlo todo a risa y no hacer caso de nada. Esto podrá parecer egoísta, pero es el único medio de defensa, cuando no se puede contar más que con uno mismo.

Kraler ha sido citado nuevamente para un servicio de trabajo de cuatro semanas. Va a intentar librarse por medio de un certificado médico y una carta de negocios. Koophuis está pensando en hacerse operar de su úlcera de estómago. Ayer, a las once, fueron cortados todos los teléfonos particulares.

Tuya,

ANNE

Querida Kitty:

Sin novedad. Los ingleses comenzaron su gran ofensiva sobre Cherburgo. Pim y el señor Van Daan creen que vamos a quedar liberados antes del 10 de octubre. Los rusos emprendieron su ofensiva sobre Vítebsk, tres años después de la invasión alemana.

Apenas nos quedan papas. En lo sucesivo, cada uno tendrá su ración.

Tuya,

ANNE

Martes, 27 de junio de 1944

Queridísima Kitty:

Nuestra moral va mejorando; todo marcha bien, muy bien. Hoy han caído Cherburgo, Vítebsk y Zhlobin. Los Aliados han tomado muchos prisioneros y han capturado un gran botín. A partir de ahora, los ingleses pueden desembarcar lo que quieran, incluido material pesado, pues disponen de un puerto. Tres semanas después del desembarco, dominan por completo el Cotentin. ¡Bien por los ingleses! El resultado es sorprendente. Durante las tres semanas que han seguido al día D, ni un solo día ha dejado de llover ni ha dejado de haber alguna tormenta, lo mismo aquí que en Francia. Sin embargo, el mal tiempo no ha impedido a los ingleses ni a los americanos mostrar su poderío. ¡Y de qué modo! A pesar de haber puesto en acción la famosa V2, los alemanes sólo han podido causar unos desperfectos insignificantes en Inglaterra y propaganda para la prensa alemana.

Por otra parte, los alemanes van a temblar más aún cuando vean que el peligro bolchevique no anda muy lejos.

Todas las mujeres alemanas de la región costera que no trabajan para el ejército han sido evacuadas hacia Groninga, Frisia y Güeldres. Mussert ha declarado que en el caso de un desembarco en Holanda, él vestirá el uniforme de soldado. ¿De verdad saldrá a luchar ese gordinflón? Podría haberlo hecho un poco antes, en el frente ruso. Finlandia, que había rechazado unas ofertas de paz, ha roto otra vez las negociaciones. Ya se arrepentirán esos idiotas. ¿Podrías decirme lo que habremos adelantado dentro de un mes?

Tuya,

ANNE

Viernes, 30 de junio de 1944

Querida Kitty:

Mal tiempo. La radio dice: *Bad weather at a stretch to the 30th of June.*

¿Qué te parece? Ya puedo jactarme de mis progresos de inglés, y la prueba de ello es que estoy leyendo *An Ideal Husband* con ayuda del diccionario. Noticias excelentes: ya cayeron Bobruisk, Mogilev y Orsha. Los rusos han tomado numerosos prisioneros.

En casa, todo marcha *all right,* con una apreciable mejora en la moral. Nuestros optimistas están ganando puntos. Elli ha cambiado su peinado y Miep tiene una semana de vacaciones. Éstas son las últimas noticias.

Tuya,

ANNE

Querida Kitty:

Se me encoge el corazón al oír a Peter, que más tarde podría muy bien convertirse en un malhechor o lanzarse a la especulación. A pesar de que sé muy bien que lo dice en broma, no por ello deja de darme la impresión de que lo asusta su propia debilidad de carácter. Margot y Peter me están diciendo siempre: "Si tuviéramos tu valor y tu fortaleza, tu perseverancia y tu tenacidad inquebrantable...".

Yo me pregunto si no dejarse influir por los demás es realmente una cualidad. Poco más o menos, sigo los consejos de mi propia conciencia. Está por ver si me equivoco o tengo razón.

No comprendo a los que dicen: "Soy débil", y se resignan a mantenerse débiles. El que tiene conciencia de su debilidad debe procurar superarse y corregir su propia naturaleza. Peter me replica: "Lo hago así, porque es más fácil". Esto me descorazona. ¿Qué quiere decir con que es fácil? ¿Quiere decir que es fácil la vida que se cifra en la pereza y la falta de honradez? No quiero creerlo. Es demasiado cómodo dejarse llevar por la seducción del dinero y de la propia debilidad.

He pensado mucho en la réplica que debo dar a Peter para inspirarle confianza en sí mismo y hacer crecer en él las ganas de corregirse, pero no sé si mi razonamiento es acertado.

Yo me imaginaba que tener la confianza de alguien era algo maravilloso, pero ahora que me veo en el caso, comprendo las dificultades que ofrece identificarse con el pensamiento del otro y acertar con las palabras adecuadas para contestarle. Ello me resulta tanto más difícil cuanto que los conceptos "fácil" y "dinero" me son totalmente extraños. Peter se ha colocado bajo mi dependencia, en cierto modo, y esto es lo que me resulta difícil admitir, cualesquiera que sean las circunstancias. El Peter muchacho tiene poca confianza en sí mismo, y lo que yo pienso es que le será todavía más difícil confiar en sus propias fuerzas cuando sea hombre consciente, pues le será mucho más difícil abrirse paso a través de los múltiples problemas que la vida ofrece, sin dejar de ser recto y perseverante. Esto me obsesiona y paso los días tratando de hallar un medio radical que pueda curarlo de esta palabra terrible: "fácil".

Lo que le parece tan fácil y atractivo lo arrastrará hacia un abismo sin fondo donde no hay amigos ni se encuentra apoyo, ni nada que se parezca a la belleza; un abismo que es casi imposible remontar. ¿Cómo puedo yo hacerle comprender esto?

Todos vivimos sin saber por qué ni con qué objeto, y siempre buscando la felicidad; vivimos juntos y cada uno de una manera diferente. Los tres, Margot, Peter y yo, hemos sido educados en un buen ambiente, no nos faltan cualidades para los estudios y ante nosotros se abren posibilidades de hacer algo, y muchas razones para esperar la felicidad, pero... depende de nosotros merecerla o no. Para merecer la dicha, hay que hacer el bien y trabajar sin descanso; no se llega a ella por la especulación y la holganza. La pereza *seduce*, el trabajo *satisface*.

No comprendo a las personas que no aman el trabajo, pero éste no es el caso de Peter. Lo que le falta a Peter es un objetivo determinado. Se cree poco inteligente e incapaz de obtener resultados. El pobre no ha sabido nunca lo que es hacer felices a los demás, y esto es precisamente lo que yo puedo enseñarle. La religión no es nada para él. Habla de Jesucristo burlándose, y hasta blasfema. Yo no soy ortodoxa, pero cada vez que veo su desdén, su soledad y su pobreza de espíritu, tengo pena.

Los que tienen una religión pueden estar contentos, pues no es patrimonio de todas las criaturas creer en las cosas del cielo.

El purgatorio, el infierno y el cielo no son admitidos por todos, y hasta llego a creer que no es necesario temer el castigo después de la muerte, pero una religión, no importa cuál, mantiene a los hombres en el camino recto. El temor de Dios es, en cierto modo, lo mismo que la estima del propio honor y de la propia conciencia. La humanidad sería mejor si cada noche, antes de acostarse, cada uno evocara lo que ha hecho durante el día, bueno y malo, pues sin darse cuenta se esforzaría en corregirse, y probablemente al correr del tiempo podrían obtenerse buenos resultados. Este sencillo medio está al alcance de todo el mundo, cuesta poco y es indudable que lleva a alguna parte. "Es en una conciencia tranquila donde se saca la fuerza". El que ignore esto puede aprenderlo y vivir la experiencia.

Tuya,

ANNE

Sábado, 8 de julio de 1944

Querida Kitty:

El apoderado, M. B., ha vuelto del campo con una cantidad industrial de fresas, polvorientas y llenas de arena, pero fresas. Veinticuatro cajitas para el despacho y para nosotros. Nos hemos puesto inmediatamente a la tarea y la misma noche contemplábamos con satisfacción seis botes de conserva y ocho de mermelada. A la mañana siguiente, Miep propuso preparar la mermelada para el despacho.

A las doce y media, el terreno estaba libre y la puerta de la calle cerrada, así que subimos el resto de las cajitas. Las subieron mi padre, Peter y el señor Van Daan. Yo me ocupé de calentar agua, Margot de buscar una cubeta y, en fin, todo el mundo se puso a trabajar. Yo me sentía algo extraña en pleno día, en la cocina del despacho, llena a rebosar, con Miep, Elli, Koophuis, Henk y mi padre. Habríase dicho que era la brigada de los suministros.

Evidentemente, las cortinas de las ventanas nos aíslan, pero nuestras voces y el crujido de las puertas me ponían la piel de gallina. Se me ocurrió la idea de que no éramos seres que se ocultan y de que podíamos salir a la calle en cualquier momento. Llenamos la cacerola y la subimos a nuestras habitaciones. En la cocina, el resto de la familia se ocupaba de limpiar las fresas, de las que iban a parar más a la boca que a la cubeta. Pronto nos hizo falta otra cubeta y Peter bajó por ella a la cocina del otro piso. Desde allí oyó llamar dos veces a la puerta; soltó la cubeta y se precipitó escaleras arriba cerrando tras de sí la puerta-armario. Estábamos impacientes, al ver las fresas que quedaban por lavar y sin poder usar el agua de los grifos, pero había que obedecer rigurosamente la consigna: "En caso de que alguien esté en la casa, cerrar los grifos a fin de evitar el ruido de la circulación del agua por las tuberías".

Henk llegó a la una y nos dijo que había sido el cartero. Peter volvió a bajar, oyó el timbre de la puerta y subió otra vez apresuradamente. Yo me puse a la escucha, primero en la puerta-armario y después me aventuré hasta la escalera. Peter se reunió conmigo y nos inclinamos sobre la balaustrada hasta que oímos las voces familiares de los nuestros. Peter descendió unos peldaños y llamó:

—¡Elli!

Nadie contestó y volvió a llamar:

—¡Elli!

El estrépito de la cocina ahogaba la voz de Peter. Entonces, él se lanzó escaleras abajo. Yo me quedé quieta, con los nervios en tensión, hasta que oí:

—Lárgate, Peter. El contador está abajo y no puedes quedarte aquí.

Era la voz de Koophuis. Peter volvió suspirando y cerramos la puerta-armario. Kraler llegó a la una y media exclamando:

—¡Vaya! Por todas partes veo fresas… Fresas en el desayuno, Henk comiendo fresas, fresas por todas partes. Vengo aquí para dejar de ver tantas bolitas encarnadas y los encuentro a ustedes lavándolas.

Pusimos el resto en conserva. La misma noche saltaron las tapas de dos botes, y enseguida mi padre hizo mermelada con las fresas que contenían. A la mañana siguiente comprobamos que otros dos frascos estaban abiertos y después de comer, se abrieron otros cuatro. Era que el señor Van Daan no las había esterilizado bastante, y papá tuvo que dedicarse a hacer mermelada todas las tardes. Comimos compota de fresas, el yogur con fresas, el pan con fresas, fresas para postre, fresas con azúcar y fresas con avena. Durante dos días ha sido una especie de vals de las fresas, hasta que terminamos las reservas, excepto las de los botes que habíamos guardado bajo llave.

—Ven a ver, Anne —me dijo Margot llamándome—. El vendedor de verduras de la esquina nos mandó nueve kilos de chícharos frescos.

—¡Qué amable! —contesté.

En efecto, muy amable, pero el trabajo de desgranarlos… ¡puaj…!

—Mañana por la mañana, todo el mundo a desgranar chícharos —anunció mi madre.

En efecto, el día siguiente por la mañana la cacerola de hierro esmaltado apareció encima de la mesa después del desayuno y pronto estuvo llena de chícharos hasta los bordes. El trabajo de desgranar es fastidioso. Es un arte separar la piel interior de la vaina, pero cuando se ha conseguido, la vaina tiene muy buen gusto. Esto lo ignoran muchos. Y el gusto no es todo: tiene la enorme ventaja de brindar tres veces más comida.

Separar esta piel interior es un trabajo preciso y meticuloso que debería reservarse a los dentistas pedantes y a los burócratas de precisión, pero para una impaciente como yo, es un suplicio. Empezamos a las nueve y media. A las diez y media me levanté y a las once y media me volví a sentar. Me zumbaban los oídos, había que quebrar las puntas, estirar los hilos, quitar la piel y separarla de la vaina, etc., etc. La cabeza me daba vueltas, y no veía más que verde y verde, aquí un gusanillo, un hilo, una vaina podrida, otra verde, verde, verde, más verde.

Se atonta una, y como hay que hacer algo para evitarlo, me puse a hablar sin ton ni son y dije un sinfín de tonterías, que hicieron reír a todo el mundo, pero que me hicieron embrutecer poco a poco. Cada hilo que quitaba me hacía comprender mejor que nunca que yo no seré únicamente un ama de casa.

Por fin, al mediodía almorzamos, pero después volvimos al trabajo hasta la una y cuarto. Al terminar, estaba algo mareada y los demás también, unos más y otros menos. Dormí hasta las cuatro y todavía estoy atontada por esos chícharos.

Tuya,

ANNE

Sábado, 15 de julio de 1944

Querida Kitty:

Leímos un libro de la biblioteca que tiene un título provocativo: *Hoe Vindt U Het Moderne Jonge Meisje?* (*¿Qué piensa* *usted de las muchachas modernas?*). Me gustaría hablarte de esto.

La autora se lanza a una crítica a fondo de "la juventud de hoy", sin desaprobarla en absoluto. Por ejemplo, no dice que la juventud de hoy no sirva para nada. Al contrario, la autora cree que si la juventud quisiera, o se lo propusiera, podría ayudar a construir un mundo mejor y más hermoso, puesto que posee medios para ello. Sin embargo, prefiere ocuparse de cosas superficiales sin dignarse a echar una mirada a lo que es esencialmente bello.

Ciertos pasajes me produjeron la impresión de ser personalmente atacada por la autora. Por esto, quiero defenderme haciéndote mi confidente.

El rasgo más sobresaliente de mi carácter es el conocimiento de mí misma. Los que me conocen me salvarán de mentir. Puedo contemplar mis actos como si se tratara de los de otra persona. A esta Anne de todos los días puedo mirarla sin prejuicios y sin sentirme inclinada a excusarla de alguna manera, a fin de observar si lo que ella hace está bien o mal. Esta "conciencia" de mí no me abandona nunca. No digo una palabra sin pensar: "Esto debí haberlo dicho de otro modo", o: "No está mal". Me acuso de muchas cosas y cada vez estoy más convencida de la razón que tiene mi padre al decir: "Cada niño hace su propia educación". Los padres pueden aconsejarnos e indicarnos el camino recto, por supuesto, pero la formación esencial de nuestro carácter está en nuestras propias manos.

Añade a esto que tengo un valor extraordinario para vivir, que me siento fuerte y capaz de emprender cualquier cosa, y que me considero libre y joven. Cuando me di cuenta de ello por primera vez, me sentí dichosa, pues me parece que no me doblegué fácilmente bajo los reveses a que toda persona se halla expuesta.

Pero de esto te he hablado ya muchas veces. Yo quisiera adentrarme en el capítulo "Mi padre y mi madre no me comprenden". Mis padres me han mimado siempre, han sido muy cariñosos conmigo, me han defendido en toda ocasión y han hecho todo lo que estaba a su alcance. Y, no obstante, me he sentido terriblemente sola durante mucho tiempo, excluida, abandonada, incomprendida. Mi padre ha hecho lo que ha podido para atemperar mi rebelión, pero no ha servido de nada. Me he curado al reconocer mis errores y sacar de ellos la correspondiente lección.

¿Cómo es que en mi lucha mi padre nunca ha sido un apoyo y, al tenderme la mano para socorrerme, ha fallado el golpe? Mi padre no ha enfocado bien la cosa: siempre me ha tratado como una niña que pasa por la edad ingrata. Parece extraño esto en él, pues sólo él me ha dado siempre mucha confianza y, asimismo, es el único que me ha dado la sensación de que me considera una chica inteligente. Pero ha olvidado algo esencial: mis luchas para remontar la corriente, infinitamente más importantes para mí que cualquier otra cosa. Yo no quería oír hablar de "la edad ingrata", "de otras muchachas" y de "esto ya pasará"; no quería ser tratada como una muchacha como las otras, sino como Anne, tal como es. Pim no lo ha comprendido. Por otra parte, soy incapaz de confiar en alguien que a su vez no confía en mí y, como sé poco de mi padre, me resulta imposible aventurarme sola por el camino de la intimidad.

Pim se sitúa siempre en el punto de vista del padre que tiene la experiencia de los años y que conoce esta clase de inclinaciones porque ha pasado por ellas y las considera deleznables. El resultado es que, a pesar de buscar mi amistad con todas sus fuerzas, es incapaz de compartirla.

Todo esto me ha llevado a la conclusión de que no comunico a nadie, excepto a mi Diario, y muy pocas veces a Margot, mi concepción de la vida y mis teorías tan meditadas. He ocultado a mi padre todo lo que me emocionaba. Nunca he compartido con él mis ideales y me he apartado voluntariamente de él.

No me ha sido posible hacer otra cosa. Me he dejado guiar por mis sentimientos y he actuado de acuerdo con mi conciencia para encontrar el reposo. Mi tranquilidad y mi equilibrio los he construido sobre una base inestable y los perdería por completo si tuviera que soportar críticas sobre esta obra aún inacabada. Por duro que pueda parecer, ni siquiera a Pim le permitiría criticarlas, pues no sólo no le he permitido formar parte alguna en mi vida interior, sino que a menudo lo he rechazado con irritabilidad y lo he alejado todavía más.

Esto me da mucho que pensar. ¿Cómo es que Pim me irrita tanto? Apenas aprendo nada trabajando con él y sus caricias me parecen afectadas. Querría estar tranquila y querría, sobre todo, que me dejara un poco en paz... hasta el día que vea delante de él a una Anne adulta y segura de sí. ¿Es ésta la razón? Lo cierto es que el recuerdo de sus reproches a raíz de mi malhadada carta me corroe todavía. Sí, es muy difícil ser fuerte y valiente desde todos los puntos de vista.

Sin embargo, no es ésta la causa de mi mayor decepción. No, Peter me preocupa mucho más que mi padre. Me doy perfecta cuenta de que soy yo quien lo ha conquistado y no al revés. Yo lo he idealizado difuminando sus perfiles, imaginándomelo sensible y cariñoso, un muchacho necesitado de cariño y amistad. Ya había llegado a un punto en que necesitaba alguien a quien contar mis cuitas, un amigo que me mostrara el camino a seguir, y al atraerlo lenta, pero sólidamente hacia mí, lo conquisté, no sin dificultad. Al final, después de haber despertado en él su amistad hacia mí, llegamos, sin querer, a relaciones íntimas que, pensándolo bien, ahora me parecen inadmisibles.

Nos hemos confiado muchos secretos, pero hasta aquí hemos guardado silencio sobre lo que llenaba y llena aún mi corazón. No logro siempre hacerme una idea exacta de Peter. ¿Es superficial o su timidez lo hace ser reservado incluso conmigo? Pero, aparte de esto, cometí el grave error de descartar todas las posibilidades de asegurar nuestra amistad intentando acercarme a él con esas relaciones íntimas. Él no pide más que amor y yo le gusto más cada día, me doy perfecta cuenta de ello. Por lo que a él se refiere, creo que nuestros encuentros le bastan y, en cambio, a mí me producen el efecto de un nuevo esfuerzo que cada vez hay que renovar, sin poder decidirme a abordar las cuestiones que me gustaría aclarar de una vez por todas. He atraído a Peter a la fuerza, mucho más de lo que él cree. Y ahora, ocurre que se aferra a mí, y yo, por mi parte, no encuentro el medio radical de apartarlo de mí para ponerlo sobre él mismo. Me di cuenta muy pronto de que no podía ser el amigo con quien yo compartiera mis pensamientos. No he parado de querer elevarlo por encima de sus limitados y estrechos puntos de vista y magnificarlo en su juventud.

"Pues, en el fondo, la juventud es más solitaria que la vejez." Esta frase, que leí en un libro cuyo título no recuerdo, ha quedado grabada en mi mente porque me parece acertada.

¿Sería acaso más difícil para los mayores que para los jóvenes nuestra estancia aquí? No, esto no es verdad. Los adultos tienen formadas opiniones sobre todas las cosas y no vacilan como nosotros ante sus actos en la vida. Para nosotros, los jóvenes, resulta doblemente penoso sostener nuestras opiniones en un tiempo en que el idealismo está por completo aniquilado, en que los hombres dejan traslucir sus peores cualidades, en que la verdad y el derecho y Dios son puestos en duda.

Quien piense que los mayores de nuestro refugio tienen la

vida más difícil, no llega a comprender hasta qué punto nos vemos asaltados por problemas para los cuales somos todavía demasiado jóvenes, pero que no por ello dejan de imponérsenos, hasta que, después de mucho tiempo, creemos haber encontrado una solución que no resiste frente a los hechos, que acaban por destruirla. Ésta es la dureza de nuestra época. Apenas germinan en nosotros los idealismos, los sueños y las bellas esperanzas, son alcanzados y destrozados por la realidad.

Lo que me asombra es no haber abandonado por completo mis esperanzas, que parecen absurdas e irrealizables. Y, sin embargo, me aferro a ellas a pesar de todo y sigo creyendo en la innata bondad del hombre. Me es por completo imposible construir sobre una base de muerte, de miseria y de confusión. Veo el mundo transformado cada vez más en un desierto y oigo cada vez más fuerte el estruendo del trueno que tal vez se acerca anunciando nuestra muerte. Me sumo al dolor de millones de personas y, no obstante, al contemplar el cielo pienso que todo esto cambiará y volverá a reinar la bondad, que hasta estos crueles días acabarán, y de nuevo el mundo se encaminará por los senderos del orden, el sosiego y la paz. Mientras esperamos, se trata de preservar nuestros pensamientos y velar por ellos para el caso que, en el futuro, tengan todavía alguna vigencia.

Tuya,

ANNE

Viernes, 21 de julio de 1944

Querida Kitty:

Esto marcha y cada día se ofrecen mayores motivos de esperanza. Sí, esto va muy bien. ¡Noticias increíbles! Un atentado contra Hitler, no por judíos comunistas o por capitalistas ingleses, sino por un general de la nobleza alemana, un conde y joven, además. La divina Providencia ha salvado la vida del Führer, que se ha librado con unos rasguños y quemaduras. ¡Ha sido una lástima! En cambio, el atentado ha costado la vida de varios generales y oficiales que estaban alrededor de Hitler. El principal criminal ha sido fusilado.

Esto demuestra que muchos oficiales y generales están hartos de la guerra y verían con gusto a Hitler precipitarse a los infiernos. Después de la muerte de Hitler, parece que los alemanes desearían establecer una dictadura militar a fin de estipular la paz con los Aliados, lo que les permitiría rearmarse y volver a las andadas dentro de veinte años. Tal vez la Providencia ha evitado deliberadamente su muerte, pues para los Aliados será más fácil y más ventajoso esperar a que los alemanes empiecen a devorarse entre ellos. Así les quedará menos trabajo a los rusos y a los ingleses, que podrán dedicarse más deprisa a la reconstrucción de sus propias ciudades.

Pero aún no hemos llegado a ese punto y debemos evitar anticiparnos a los hechos. Sin embargo, lo que te digo, ¿no es una realidad tangible, una sólidamente establecida? Por excepción, no te estoy abrumando con mis idealismos imposibles.

Hitler tuvo la gentileza de hablar a su pueblo, fiel y devoto, para comunicarle que a partir de hoy los militares estarán a las órdenes de la Gestapo. Además, cualquier soldado que sepa que uno de sus superiores está implicado en el vil y cobarde atentado, tiene el derecho de meterle una bala en el cuerpo sin otra forma de proceso.

Esto va a ser divertido. Fritz tiene los pies hechos polvo por una marcha penosa y su superior le reprende. Fritz toma su fusil y grita: "¡Fuiste tú quien quiso asesinar a nuestro Führer!

¡Aquí tienes tu recompensa!". Y el orgulloso oficial que tuvo la osadía de reñir al pequeño Fritz desaparece en las brumas de la vida eterna, o de la muerte eterna. ¿Cómo quieres tú que esto no acabe así? Los señores oficiales se van a ensuciar en los pantalones ante sus soldados o ante los inferiores que tengan la audacia de gritar más que ellos. ¿Me comprendes? No sé si te lo he puesto muy difícil. El caso es que estoy demasiado alegre para guardar las formas, alegre ante la idea de que podré sentarme de nuevo en las bancas de la escuela en octubre. Bueno, ¿no te he dicho antes que no hay que anticiparse nunca? Perdóname, por algo me llaman un "revoltijo de contradicciones".

Tuya,
ANNE

Martes, 1 de agosto de 1944

Querida Kitty:

"Un revoltijo de contradicciones" son las últimas palabras de mi carta anterior y las primeras de ésta. ¿Puedes explicarme qué significa esto exactamente? ¿Qué quiere decir contradicción? Como tantas otras palabras, ésta tiene dos sentidos: contradicción exterior y contradicción interior.

El primer sentido es sencillo de explicar: no doblegarse a las opiniones ajenas; saber, mejor que el otro, decir la última palabra, en fin, todas las características desagradables por las cuales soy muy conocida. Pero por lo que se refiere al segundo sentido, no soy conocida. Éste es mi secreto.

Te lo he dicho ya: mi alma está dividida en dos, por decirlo así. La primera parte alberga mi hilaridad, mi afición a burlarme de todo, mi alegría de vivir y, sobre todo, mi tendencia a tomarlo todo a la ligera. Yo entiendo por esto no ofenderme por un devaneo, por un abrazo o por un cuento inconveniente. Esta primera parte está constantemente al acecho intentando rechazar a la otra, la más bella, más pura y más profunda. El lado bueno de la pequeña Anne nadie lo conoce. Es por esto que tan poca gente me quiere de verdad.

Puedo pasarme una tarde entera haciendo el payaso hasta que la gente llega a desear perderme de vista un mes, por lo menos. En el fondo, es lo mismo que para los sesudos varones representa un filme amoroso: una agradable diversión para pasar un rato y que pronto se olvida. No está mal. Pero cuando se trata de mí, no se dice "no está mal", sino menos que esto. Me molesta decírtelo, pero ¿por qué no he de hacerlo si sé que es verdad? Este lado que toma la vida a la ligera, el lado superficial, adelantará siempre al lado profundo y será, por consiguiente, el que vencerá siempre. No puedes imaginarte cuántas veces he intentado rechazarlo, molerlo a palos, ocultarlo, porque, en realidad, no es más que la mitad del todo que se llama Anne. Esto no sirve de nada, y yo sé por qué.

Tiemblo de miedo al pensar que los que me conocen tal como me muestro puedan descubrir que tengo otro lado, el mejor y más bello. Temo que se burlen de mí, que me tachen de ridícula y sentimental, que no me tomen en serio, pero es mi lado superficial el que en realidad está acostumbrado y poco trabajo le cuesta soportarlo. La otra Anne, la que es "seria y tierna", no podría resistirlo. Cuando consigo, esforzándome mucho, dejar el campo libre a la Anne Buena un cuarto de hora, se crispa y se encoge como una gata en cuanto hay que alzar la voz y le deja la palabra a la Anne número uno, para desaparecer enseguida, antes de que me dé cuenta.

Anne la Tierna nunca se ha mostrado acompañada, ni siquiera una vez, pero en la soledad su voz domina casi siempre. Yo sé exactamente cómo querría ser, puesto que lo soy... interiormente, pero lo sé yo sola. Tal vez, no, con toda certeza, es ésta la razón por la cual llamo dichosa a mi naturaleza interior mientras los demás encuentran dichosa mi naturaleza exterior. En mi interior, Anne la Pura me indica el camino. Al exterior, no soy más que una cabrita que se ha soltado de su cuerda, alocada y petulante.

Como ya te he dicho, veo y siento las cosas de una manera totalmente diferente de como las expreso hablando. Por esto me llaman, sucesivamente, enamoradiza, romántica y pedante. Anne la Alegre se ríe de esto, contesta con insolencia y levanta los hombros con indiferencia, finge que se burla, pero, por desgracia, Anne la Dulce reacciona justo de la manera contraria. Para ser completamente franca, te confesaré que no me burlo de todo, que me esfuerzo mucho por cambiar, pero que me enfrento siempre contra ejércitos más fuertes que yo.

La que no se oye, solloza en mi interior: "Mira lo que has conseguido: malas opiniones, caras burlonas o consternadas, antipatías, y todo esto porque no escuchas los buenos consejos de tu lado bueno". Yo bien quisiera escucharlos, pero no sirve de nada. Cuando estoy seria y tranquila, doy la impresión de que estoy representando otra comedia y deprisa recurro a alguna pequeña broma, e incluso me abstengo de hablar con mi propia familia, que, persuadida entonces de que estoy enferma, me hace tragar píldoras contra la jaqueca y los nervios, me mira la garganta, me pone la mano en la frente para ver si tengo fiebre, me pregunta si estoy resfriada y acaba por criticar mi mal humor. Cuando se ocupan demasiado de mí, me pongo arisca y después triste y volviendo una vez más mi corazón hacia el lado malo para ocultar mi lado bueno, sigo buscando el medio de llegar a ser la que me gustaría ser, la que sería capaz de ser, si… no hubiera otra gente en el mundo.

Tuya,

Anne

NOTA FINAL

Aquí termina el *Diario* de Anne Frank. El 4 de agosto de 1944, la Feld-Polizei llevó a cabo un registro en el anexo. Todos sus moradores, y además Kraler y Koophuis, fueron detenidos y enviados a campos de concentración.

La Gestapo saqueó el refugio, dejando por el suelo, en completo desorden, libros viejos, revistas y periódicos, entre los cuales Miep y Elli encontraron el Diario de Anne. A excepción de algunos pasajes que no tienen ningún interés para el público, el texto original fue publicado íntegro.

De todos los refugiados en el anexo, sólo volvió el padre de Anne. Kraler y Koophuis resistieron las privaciones de los campos de concentración holandeses, y volvieron a sus hogares.

En marzo de 1945, Anne murió en el campo de concentración de Bergen-Belsen, dos meses antes de la liberación de Holanda.

CUENTOS DE ANNE FRANK

Además de su diario, Anne Frank escribió cuentos, ensayos, recuerdos personales y los primeros cinco capítulos de una novela inconclusa: *La vida de Cady*. Esta última la anotó en la parte de atrás de uno de sus cuadernos del diario, mientras que los fragmentos breves se compilaron en otro diario que comenzó el 2 de septiembre de 1943. Estos textos, junto con el resto de sus manuscritos, fueron rescatados de su escondite por Miep Gies y Bep Voskuijl tras el arresto de Anne Frank por la Gestapo el 4 de agosto de 1944. En la actualidad, los cuentos manuscritos de Anne se hallan en la Casa de Anne Frank y el Archivo Documental de la Guerra, en Ámsterdam.

Para esta edición se han seleccionado algunos de sus cuentos más significativos y conmovedores. En sus palabras hallamos una imaginación, humanidad y bondad sin límites. Son pequeñas historias que muestran el incipiente y enorme talento literario de esta jovencita, cuya deseada carrera como escritora no sabemos cuán lejos podría haber llegado: "Escribir lo arregla todo, aleja las preocupaciones y levanta el ánimo. Pero, y esto es lo que importa, ¿llegaré a escribir algo importante? ¿Podré ser periodista o autora de novelas? ¡Espero que sí, lo espero con todo mi corazón! Escribiendo puedo expresarlo todo, mis pensamientos, mis ideas y mis fantasías".

¿Por qué?

El *¿por qué?* forma parte de mí desde que era tan pequeña que apenas sabía hablar.

Es sabido que los niños todo lo preguntan porque, para ellos, casi todo es desconocido. En mí, ese afán de preguntar estuvo siempre muy desarrollado y, al cabo de los años, continúo preguntando.

En honor a la verdad, he de decir que mis padres contestaron siempre a mis preguntas con la mayor paciencia, pero cuando empecé a importunar a los extraños, la mayoría se cansaba pronto del "fastidioso interrogatorio".

Tengo que admitir que, a fuerza de preguntas, se llega a cansar a la gente; pero preguntando se aprende, aunque no mucho. De lo contrario, a estas alturas yo sería ya, por lo menos, profesora.

Cuando me hice mayor, comprendí que no se puede preguntar a todo el mundo y que hay muchos *¿por qué?* que no tienen ninguna respuesta.

En vista de esto, traté de contestar mis propias preguntas mediante grave reflexión. Y llegué a la conclusión de que las preguntas que no se pueden formular abiertamente o traducir en palabras pueden contestarse "desde dentro".

Por eso, *¿por qué?* representa para mí no tan sólo una pregunta, sino también reflexión.

Vayamos ahora a este segundo aspecto de la palabra. Si, antes de obrar, todos nos preguntáramos siempre *¿por qué?*, estoy segura de que seríamos mucho mejores y más honrados. Es muy fácil ser bueno y honrado si no olvidamos la autocensura.

En mi opinión, el mayor signo de debilidad que puede dar un hombre es no reconocer sus errores y sus vicios (todos los tenemos). Esto vale tanto para los niños como para los mayores. La mayoría opina que los padres tienen que educar a sus hijos y procurar formar su carácter, pero no es verdad, ni mucho menos.

Son los mismos niños los que han de educarse y adquirir su carácter. A muchos les parecerá absurdo, pero no lo es. Un niño, por pequeño que sea, es ya una persona con su propia conciencia. Hay que tratar al niño de modo que descubra su propia conciencia, incluso recurriendo a los más severos castigos. Eso es educarlo.

Con los jóvenes de catorce y quince años, de nada sirven los castigos. Ellos saben mejor que nadie que ni siquiera sus padres pueden obligarlos a obrar contra su voluntad por medio de castigos. En estos casos, hay que usar la persuasión. Pero no es mi propósito dar consejos pedagógicos. Lo único que quiero decir es que para todos, grandes y pequeños, el *¿por qué?* tiene mucha importancia.

Preguntando se aprende, es cierto, si la pregunta nos hace pensar, que por mucho pensar nadie es más malo ni más tonto: al contrario.

(Sin fecha.)

¡Dar!*

¿Cuántos de los que viven en casas cómodas y cálidas tienen idea de la vida que han de soportar los pobres?

¿Cuántas de esas personas que se consideran "buenas" y "caritativas" se han preguntado alguna vez cómo viven tantos y tantos semejantes suyos, grandes y pequeños? Sí, algunas veces habrán arrojado un *groschen* a un mendigo, pero para cerrar luego la puerta apresuradamente. ¡Y a la mayoría incluso les repugna rozar aquella mano! ¿Es o no verdad? ¡Y después se extrañan de que los mendigos sean tan desvergonzados! ¿Es que el verse tratados como perros, más que como seres humanos, no les ha de inducir a mostrar desvergüenza? Es triste, muy triste, que en un país como Holanda, dotado de una buena legislación social y de una población honrada, la gente sea tratada de este modo. Para la mayoría de los ciudadanos acomodados, el mendigo es un ser inferior, repulsivo y sucio. Pero ¿quién se ha preguntado alguna vez por qué? Comparen a sus hijos con los hijos de los mendigos. ¿Dónde está la diferencia? Los suyos están limpios y hermosos, los otros, sucios y flacos. ¿Eso es todo? Sí, ahí está toda la diferencia. Si a un pequeño mendigo se le viste con buenas ropas, se le alimenta bien y se le enseñan buenos modales, la diferencia habrá desaparecido.

Todos los hombres nacen iguales. Todos vienen al mundo indefensos e inocentes. Todos los hombres respiran el mismo aire. Muchos creen en el mismo Dios. Y, a pesar de todo, para

---

* "Por mucho dar nadie se arruina", refrán de la abuela de Anne, que a menudo citaba la familia Frank.

muchos, las diferencias son enormes. Y son enormes porque nunca se han detenido a pensar de dónde provienen tales diferencias. Si lo hubieran hecho, no habrían tardado en darse cuenta de que, en realidad, no existen.

Todos los hombres nacen iguales y todos han de morir. Nadie puede llevarse de este mundo sus riquezas. La fortuna, el poder y los honores duran pocos años. ¿Por qué aferrarse, pues, con tanto afán a lo que es efímero? ¿Por qué los que tanto tienen no pueden dar a sus semejantes lo que a ellos les sobra?

Y, lo que es más importante, no arrojar la limosna, sino darla con amor. Todo el mundo tiene derecho a ser tratado con consideración. ¿Por qué nos merece más respeto una mujer rica que una pobre? ¿Sabe alguien cuál es la mejor de las dos? La calidad de una persona no se mide por su riqueza ni por su poder, sino por su bondad. Todos los hombres, por ser hombres, tienen sus flaquezas y sus defectos, pero todos nacieron con grandes cualidades. Lo que hay que hacer es fomentarlas, en lugar de aplastarlas. Hay que tratar a los pobres como seres humanos. No basta con darles dinero, alimentos o ropas. Además, no todo el mundo está en disposición de dar cosas así.

Hay que empezar por lo pequeño. Por ejemplo, en el tranvía, ceder el asiento lo mismo a las mujeres elegantes que a las de condición humilde. Disculparse cuando se da un pisotón a un pobre con la misma cortesía que cuando se pisa a un rico. Esto cuesta poco y, en cambio, consuela tanto… A los pequeños mendigos, que de tantas cosas carecen, ¿por qué no ofrecerles un poco de afecto? Es sabido que el buen ejemplo engendra buenas acciones. ¿Por qué no eres tú el primero? Los demás no tardarían en imitarte. Los hombres se volverían más amables y generosos hasta que, al fin, nadie miraría a los pobres con desprecio.

¡Oh, si pudiéramos darnos cuenta, primero en Holanda, luego en Europa y, por fin, en todo el mundo, de que no obramos con rectitud! ¡Si pudiéramos amar a nuestros semejantes, si pudiéramos comprender que todos somos iguales y que las cosas de este mundo son pasajeras!

¡Qué maravilloso es que no tengamos que esperar ni un minuto para empezar a cambiar el mundo, poquito a poco! ¡Qué maravilloso es que todos, grandes y pequeños, podamos contribuir a imponer la justicia! ¡Y pensar que la mayoría busca la justicia en lugares tan insólitos, y luego se queja de que no la encuentra!

Abre los ojos, sé tú el primero en hacer justicia. Da todo lo que puedas. Porque siempre se puede dar algo, aunque no sea más que afecto. Si la gente no fuera tan tacaña de simpatía, habría en el mundo más amor y más justicia. Da y recibirás mucho más de lo que nunca creíste posible recibir. ¡Da una y otra vez, sé fuerte, resiste y da! "Por mucho dar nadie se arruina."

Si lo hacemos así, dentro de un par de generaciones los hombres no tendrán que compadecerse de los pequeños mendigos, pues éstos no serán ya dignos de compasión.

En el mundo hay sitio, riqueza, dinero y belleza para todos. Dios nos ha dado bastante. Vamos, pues, a repartir sus dones con justicia.

26 de marzo de 1944

Kaatje

Kaatje es una niña del barrio. Cuando hace buen tiempo, desde mi ventana la veo jugar en el jardín.

Kaatje tiene un vestido rojo para los domingos y otro floreado para cada día. Tiene el cabello muy rubio, casi blanco, que lleva recogido en dos coletas, y los ojos muy azules. Kaatje tiene una madre que la quiere mucho, pero no tiene padre. La mamá de Kaatje es lavandera. Se pasa el día fuera, limpiando las casas de los demás y, por las noches, lava ropa. A las once de la noche, todavía sacude alfombras y tiende la ropa lavada.

Kaatje tiene seis hermanos. En la casa hay un pequeñito llorón que se agarra a las faldas de la hermana cuando la madre les grita: "¡A la cama!". Kaatje tiene un gatito negro. Lo quiere mucho y lo cuida muy bien. Por las noches, a la hora de acostarse, la oigo llamar: "Bis, bis, bis, *Kat-je, Kat-je*". Por eso a ella la llaman Kaatje. A lo mejor no es ése su nombre, pero tiene cara de llamarse así.

Kaatje tiene también dos conejitos, uno blanco y otro castaño, que saltan de un lado para otro, sobre la hierba, al pie de la escalerilla que lleva al apartamento de Kaatje.

Algunas veces, Kaatje también se enfada, como todos los niños, y también se pelea con sus hermanos. Cuando Kaatje se enfada, muerde, y pega puñetazos y puntapiés. Los pequeños sienten por su hermana un gran respeto. Y es que ella tiene mucha fuerza.

—Baja a la tienda, Kaatje —le dice su madre.

Kaatje se tapa los oídos inmediatamente, para poder decir, sin faltar a la verdad, que no la oyó. A Kaatje no le gusta ir a la tienda, pero tampoco le gusta decir mentiras. Kaatje no miente nunca, eso se ve enseguida si la miras a los ojos, los azules ojos de Kaatje.

Kaatje tiene un hermano de dieciséis años que ya trabaja como aprendiz. Al chico le gusta darse aires de hombre y hacer de papá. A Piet, Kaatje no se atreve a llevarle la contraria, pues él es fuerte, y Kaatje sabe bien que cuando se le obedece siempre cae algo dulce. Kaatje es muy golosa, como sus hermanas.

El domingo, cuando repican las campanas, la madre de Kaatje lleva a misa a todos sus pequeños. Kaatje reza por su papá, que está en el cielo, y por su mamá, para que viva muchos años. Después, todos van a pasear. A Kaatje le gusta pasear. Van por el parque hasta la puerta de Artis, el jardín zoológico de Ámsterdam, pero no entran. No entrarán hasta dentro de unos dos meses, en septiembre, cuando la entrada cueste sólo un cuarto de *gulden*. O, tal vez, el día del cumpleaños de Kaatje. Ése será su regalo. Para otros regalos no hay dinero.

A menudo, Kaatje consuela a su madre. Por la noche, cuando ha trabajado mucho y se siente cansada, la mujer se echa a llorar. Entonces, Kaatje le promete que, cuando sea mayor, le comprará todo lo que le haga falta.

A Kaatje le gustaría ser mayor muy pronto. Entonces ganará dinero y podrá comprar bonitos vestidos y caramelos para los pequeños, como hace Piet. Pero, antes, tiene que aprender muchas cosas e ir a la escuela. Su madre quiere que vaya a la Escuela del Hogar, pero Kaatje no. Ella no quiere trabajar como sirvienta, sino entrar en una fábrica. Le gustaría ser como las muchachas que ve pasar por las mañanas, camino del trabajo. En la fábrica no estaría sola. Allí se puede charlar alegremente y eso es lo que más le agrada a Kaatje. En el colegio, a menudo la ponen de cara a la pared por parlanchina. Pero, en general, es una buena estudiante.

Kaatje quiere mucho a su profesora, que es muy buena y muy sabia. ¡Qué difícil ser tan sabia! Kaatje se conformaría con menos. Su mamá siempre dice que las chicas muy sabias no encuentran marido, y a Kaatje no le gustaría quedarse soltera. Porque Kaatje también quiere tener niños, pero no niños como sus hermanos. Sus hijos tendrán el cabello negro y rizado, no rubio pajizo, que no es bonito, y tampoco tendrán pecas. Kaatje las tiene a millares. Tampoco quiere tener tantos niños como su madre; dos o tres, y basta. Claro que para esas cosas todavía falta mucho tiempo, pero no tanto como el transcurrido hasta ahora.

—¡Kaatje! —grita la madre—. Ven inmediatamente. No seas mala. ¿Dónde te has metido? ¡A la cama! Ya estabas soñando otra vez.

Kaatje suspira. Precisamente cuando estaba haciendo unos planes tan hermosos...

7 de agosto de 1943

El sueño de Eva

PRIMERA PARTE

—Buenas noches, Eva. Que descanses.

—Igualmente, mamá.

La luz se apagó y, durante un momento, Eva no vio nada. Luego, cuando se acostumbró a la oscuridad, advirtió que las cortinas no estaban corridas del todo. Por el hueco, Eva veía la cara de pastel de la luna. La luna estaba quieta en el cielo, sin moverse, sonriendo a todos por igual.

—¡Quién pudiera ser como ella! —suspiró Eva—. Siempre tranquila y amable con todos. Todo el mundo me querría. ¡Qué dicha!

Eva se puso a pensar en la luna y a compararse con ella, a pesar de que la niña comprendía que no era más que una insignificancia. De tanto pensar, se le cerraron los ojos y sus pensamientos se convirtieron en un sueño. Al día siguiente, Eva recordaba aquel sueño con tanta claridad que llegó a pensar si no habría ocurrido en verdad.

Eva se encontraba en la puerta de un inmenso parque. Miraba a través de la verja, sin decidirse a entrar. Iba ya a dar media vuelta, cuando salió del parque una figurita con alas que le dijo:

—Vamos, Eva, entra. ¿Es que no sabes adónde vas?

—No —dijo Eva tímidamente.

—Yo te enseñaré el camino —y la pequeña hada la tomó de la mano.

Eva iba a menudo a parques con su madre y su abuela, pero nunca había visto ninguno tan hermoso como aquél.

Allí había gran variedad de flores, árboles y muchos prados, insectos de todas clases y multitud de animalitos como ardillas y tortugas.

El hada le habló de muchas cosas, y Eva olvidó su timidez hasta el punto que empezó a hacer preguntas, pero el hada la hizo callar rápidamente, poniéndole uno de sus minúsculos deditos sobre los labios.

—Voy a enseñártelo y explicártelo todo ordenadamente, y al final podrás preguntarme lo que no hayas entendido, pero mientras yo hable, debes permanecer callada y no interrumpirme. Si no obedeces, te mandaré enseguida a tu casa y seguirás siendo tan tonta como el resto de la gente. Bien, empecemos. Ante todo, debes saber que aquí la reina de las flores es la rosa. Es tan hermosa y huele tan bien que a todos ha cautivado, aunque su más entusiasta admirador es ella misma. La rosa es bella, elegante y olorosa, pero cuando algo la contraría enseguida muestra las espinas. La rosa es como una niña mimada: hermosa, elegante y, a primera vista, simpática; pero si la miras más de cerca o te ocupas de otra y ella se siente postergada, enseguida saca las uñas. Se compadece a sí misma y por eso todos la quieren. Sus maneras son estudiadas y remilgadas.

—Pero, hada, ¿por qué es entonces la rosa la reina de las flores?

—Porque casi todos los hombres se dejan deslumbrar por las apariencias. Pocos hubieran elegido a otra flor si hubieran tenido ocasión de hacerlo. La rosa es fina y elegante y, entre las flores, como ocurre en el mundo, no se mira si hay otra que, aunque más fea por fuera, sea más hermosa por dentro y pueda gobernar mejor.

—Dime, hada, ¿a ti no te gusta la rosa?

—Claro que sí, Eva. La rosa es bella por fuera y, si no quisiera estar siempre en primer término, sería hasta simpática, pero como se cree la reina, se imagina ser más hermosa de lo que en realidad es y, mientras piense así, será orgullosa, y los seres orgullosos me desagradan.

—¿Es Leentje orgullosa? Es bonita y, además, muy rica, por lo que se ha convertido en la reina de la clase.

—Piensa un poco, Eva, y tendrás que admitir que Marietje le lleva la contraria. Leentje procura que todas las niñas la dejen a un lado. Va diciendo a todas que Marietje es fea y pobre. Todas ustedes hacen lo que quiere Leentje porque temen perder su amistad. Y perder la amistad de Leentje sería para ustedes mucho peor que hacer enfadar al director. No irías más a su casa y quedarían separadas del resto de la clase. Pero, con el tiempo, las niñas como Leentje se quedan solas. Cuando las demás se hacen mayores, se rebelan contra ellas. Eva, si esto ocurre antes de que sea demasiado tarde, puede ser un bien para Leentje, pues así podrá corregirse antes de quedarse sola para siempre.

—Entonces, ¿tengo que tratar de convencer a las demás para que no obedezcan a Leentje?

—Sí. Al principio se enfadará contigo, pero cuando entre en razón, comprenderá que debe estar agradecida y encontrará mejores amigas que hasta ahora.

—Ya comprendo. Dime, hada, ¿soy yo también tan orgullosa como la rosa?

—Escucha, Eva, las personas que se hacen seriamente esta pregunta no son orgullosas, pues a los orgullosos no se les ocurre nunca pensar que lo son. Tú misma puedes, pues, contestar a esa pregunta. Sigamos. Mira, ¿no es preciosa?

El hada se había arrodillado al lado de una campanilla azul que la brisa hacía temblar sobre la hierba.

—Esta campanilla es amable, buena y humilde. Trae alegría al mundo: repica para las flores como las campanas de la iglesia lo hacen para los hombres. Ayuda y consuela a las flores. La campanilla nunca se siente sola, porque tiene música en el corazón. Es mucho más feliz que la rosa. No se preocupa por conseguir el halago de los demás. La rosa sólo vive para ser admirada; cuando no tiene a nadie que la admire, se siente desdichada. Tiene el corazón vacío, le falta alegría. La campanilla, por el contrario, aunque no sea tan hermosa, tiene "verdaderos" amigos que la quieren por su alegría, y estos amigos viven en el corazón de la flor.

—Y la campanilla también es hermosa.

—Sí, aunque no tan llamativa como la rosa y, por desgracia, mucha gente se deja deslumbrar fácilmente.

—Pero muchas veces yo me siento sola y me gustaría tener amigos alrededor. ¿No es eso natural?

—Tú no puedes hacer nada. Pero cuando seas mayor, oirás la música en tu corazón, estoy segura.

—Continúa tu explicación, hada. Lo que me dices me parece hermoso, igual que tú.

—Mira hacia arriba.

Con su pequeño dedito, el hada señaló un viejo y corpulento castaño.

—¡Qué árbol más imponente!, ¿verdad?

—Oh, sí. ¡Qué grande! ¿Cuántos años tendrá, hada?

—Seguramente, más de ciento cincuenta, pero todavía es hermoso y no se siente viejo. Todos lo admiran por su fuerza. Sin embargo, porque es fuerte, se muestra indiferente a la admiración. No soporta a nadie y en todo es egoísta y duro de corazón. Por su aspecto, parece generoso y dispuesto a ayudar a todo el mundo, pero las apariencias engañan. El castaño es feliz cuando nadie lo importuna con sus penas. Vive despreocupadamente, pero a nadie da alegría. Los demás árboles y flores lo saben; por eso, cuando algo los aflige, van a contarlo al pino, que es amable y comprensivo, y no se acercan al castaño. Pero, a pesar de todo, también el castaño tiene una tenue musiquilla en su enorme corazón. Ama a los pájaros. Para ellos, siempre tiene las ramas abiertas, y les brinda un poco de protección, aunque no mucha.

—¿Se puede comparar el castaño con cierta clase de personas?

—Tampoco eso debes preguntarlo, pequeña Eva. Todos los seres vivientes pueden compararse entre sí. El castaño no es ninguna excepción. No es del todo malo, pero no acaba de ser bueno. No hace daño a nadie, se limita a vivir su vida y se da por satisfecho. ¿Más preguntas, Eva?

—No, lo comprendo todo, y te doy las gracias por tus explicaciones, hada. Ahora tengo que volver a casa. Ven otro día a buscarme, para seguir contándome cosas.

—Eso no es posible. Que duermas bien, Eva —y el hada se marchó.

Eva se despertó. La luna había cedido su sitio al sol, y el reloj cucú daba las siete.

SEGUNDA PARTE

Aquel sueño produjo en Eva una fuerte impresión. Casi a diario, corregía sus pequeñas faltas al recordar los consejos del hada.

Procuraba, también, no dejar que Leentje se saliera con la suya. Las personas como Leentje enseguida se dan cuenta si alguien les lleva la contraria o quiere derribarlas de su pedestal, así que cuando Eva proponía que mandara otra, Leentje se defendía con todas sus fuerzas. Sus "leales" (así se llamaban las niñas que seguían a Leentje "en lo bueno y en lo malo", como decían ellas) se lanzaron sobre Eva, la "mandona", pero ésta advirtió, con alegría, que Leentje no la trataba con tanta desconsideración como a Marietje.

Ésta era una niña muy menuda y muy tímida. Eva no conseguía explicarse cómo se atrevía a contradecir a Leentje. Y, bien mirado, Marietje resultaba mucho más simpática que Leentje.

A su madre, Eva no le habló del hada. Hasta entonces siempre se lo había contado todo, pero ahora sentía, por primera vez, el deseo de guardar el secreto. Tenía la impresión de que su madre no la comprendería. El hada era tan hermosa... Además, su madre no había estado en el parque ni había podido verla. Y Eva no se consideraba capaz de describírsela.

Pero el sueño ejerció sobre Eva tal influencia que su madre no tardó en darse cuenta del cambio que se había producido en su hija. Hablaba de forma más sensata y no se encaprichaba por tonterías. Mas como la niña no explicaba lo que la había transformado, su madre no se atrevía a preguntárselo. Y así fue pasando el tiempo. Eva no olvidaba nunca los consejos del hada, a los que añadía nuevas reflexiones. Al hada no volvió a verla.

Leentje no era ya la que siempre mandaba en el juego. Las niñas se turnaban en el puesto. Al principio, Leentje se puso furiosa, pero cuando se dio cuenta de que con su actitud no conseguía nada, se volvió más amable. Al fin, sus compañeras la trataban como una más, y Leentje no reincidió en sus errores.

Finalmente, Eva se decidió a contar a su madre toda la historia. Le sorprendió un poco que, lejos de tomarla a risa, le dijera:

—Tuviste suerte de que el hada te eligiera precisamente a ti, hija mía. No creo que considerara aptos a muchos niños. Procura hacer honor a su confianza y no hables de esto con nadie más. No te apartes nunca de sus consejos.

Eva creció haciendo el bien siempre que podía. Cuando cumplió los dieciséis años (a los cuatro años de la visita del hada) era una muchacha amable y caritativa. Cada vez que hacía una buena acción, sentía una gran alegría en su interior, y al fin comprendió lo que el hada había querido decir cuando habló de la música en el corazón.

Un día, súbitamente, comprendió quién era el hada. Vio claramente que había sido su propia conciencia la que habló en aquel sueño, pero se sintió contenta de que, para hacerlo, tomara forma de hada.

6 de octubre de 1943

Ilusiones de estrella

(En contestación a la sempiterna pregunta de la señora Van Daan de por qué no quiero ser artista de cine)

Yo tenía diecisiete años, una cara bonita, una espléndida mata de cabello negro, la mirada alegre y muchas ilusiones. Soñaba con ser famosa, con que mi nombre corriera de boca en boca. Para mí, lo de menos era en qué campo y de qué forma alcanzaría la fama. A los catorce años, decía: más adelante, y a los diecisiete seguía diciendo lo mismo. De estos planes mis padres no sabían ni una palabra. Comprendía que lo mejor era no decir nada, pues cuando se presentara la oportunidad de empezar mi carrera, mis padres poca cosa harían por ayudarme.

Que nadie se imagine, no obstante, que yo me tomaba mis ilusiones demasiado en serio y que no pensaba en otra cosa. Al contrario, siempre me gustó el estudio. A los quince años, presenté mis exámenes en el Instituto y, después, me matriculé en una escuela de idiomas. Por la mañana asistía a clase y por la tarde primero me quedaba en casa a estudiar y luego iba a jugar al tenis.

Cierto día (estábamos en otoño), al poner en orden mi armario, entre estuches y cajones, encontré una vieja caja de zapatos en la que, con grandes letras, estaba escrito: "Artistas de cine". En el acto recordé que, tiempo atrás, mis padres me habían dicho que tirara la caja a la basura, y yo la escondí en lo más profundo del armario, para que nadie pudiera encontrarla.

Destapé la caja, empecé a sacar las ligas que sujetaban los paquetes de fotografías y me sumí en la contemplación de aquellos rostros maquillados. Dos horas después, con un violento sobresalto, noté que alguien me daba unas palmaditas en el hombro. Entonces me di cuenta de que estaba sentada en el suelo, rodeada de montones de papeles y cajas. Tuve que dar un salto para poder salir de allí e ir a tomar el té.

Aquel día tiré muchas cosas, pero no la caja de fotografías. Por la noche, al contemplar nuevamente mi hallazgo, encontré algo más: un sobre lleno de fotografías de distintos tamaños de la familia Lane, tres de cuyas hijas eran estrellas de cine. Allí estaba también la dirección de las tres. Tomé papel y pluma y, en inglés, escribí una carta a la más joven, Priscilla Lane.

Sin decir ni una palabra a nadie, envié la carta. En ella pedía fotografías de Priscilla y de sus hermanas, y les rogaba que me escribieran, pues sentía gran interés por su familia.

Pasaron más de dos meses y, aunque me hubiera costado trabajo reconocerlo, había abandonado toda esperanza de recibir contestación. Las hermanas Lane no iban a contestar las innumerables cartas que recibían de sus admiradores.

Pero una mañana, mi padre me entregó un sobre dirigido a la señorita Anne Franklin. Lo rasgué rápidamente. Los de casa estaban llenos de curiosidad. Entonces les expliqué lo de mi carta y les leí la contestación.

Priscilla me decía, poco más o menos, que no podía mandarme ninguna fotografía hasta saber algo más de mí, pero que volvería a escribirme muy gustosa si yo le contaba cosas de mí y de mi familia. Yo le contesté, con toda sinceridad, que, más que su carrera, me interesaba su modo de vida, si salía mucho de noche, si su hermana Rosemary hacía tantas películas como ella, etc. Luego, ella me pidió que la llamara Pat. A Priscilla le gustaban mis cartas, según me dijo, y casi siempre me contestaba sin retraso.

Sosteníamos nuestra correspondencia en inglés, de modo que mis padres no podían poner inconvenientes, ya que con ellas practicaba ese idioma. Priscilla me decía que iba al estudio casi a diario y me explicaba lo que hacía durante todo el día. Me enviaba mis cartas corregidas, para que tomara nota de los errores, pero luego tenía que devolvérselas. También me envió toda una colección de fotografías.

Priscilla era soltera y no tenía novio, a pesar de que ya había cumplido veinticinco años. La diferencia de edad entre nosotras no suponía ningún inconveniente para nuestra amistad, y yo estaba muy orgullosa de mi amiga la estrella.

Pasó el invierno. Al empezar la primavera, llegó una carta de los Lane, en la que Priscilla me preguntaba si me gustaría pasar un par de meses en su casa. De alegría, di un salto hasta el techo, pero no contaba con los innumerables inconvenientes con los que se opondrían mis padres. Que si yo no podía ir sola a América, que si no tenía bastantes vestidos, que si no podía dejarlos durante tanto tiempo, que si no debía aceptar la invitación… En fin, todos esos reparos que suelen poner los padres que se preocupan del bienestar de sus hijos. Pero a mí se me había metido en la cabeza ir a América. Hice a Priscilla una lista de todos los inconvenientes y ella los fue rechazando uno por uno. En primer lugar, no debía temer viajar sola. Su señorita de compañía tenía que ir a La Haya a ver a su familia y, a su regreso a América, podría llevarme con ella. Para el regreso, también me encontraría algún acompañante.

Naturalmente, vería muchas cosas de California. Pero mis padres no habían agotado los inconvenientes. Ahora decían que, dado que no conocía a toda la familia, quizá no me sentiría a gusto…

Yo estaba furiosa. Parecía como si mis padres no quisieran dejarme disfrutar de aquella inesperada dicha. Pero Priscilla se mostró amabilísima en todo momento y, al fin, después de una carta muy simpática de la señora Lane, mi viaje quedó decidido.

Seguí estudiando con ahínco durante los meses de mayo y junio y, como la amiga de Priscilla debía llegar a Ámsterdam el 18 de julio, a primeros de ese mes empezamos a hacer los preparativos del viaje.

El día señalado, papá y yo fuimos a la estación a esperar a la señorita Kalkwood. Priscilla me había mandado una fotografía, y yo la reconocí inmediatamente entre la multitud de viajeros. La señorita Kalkwood era una mujer bajita, de cabello rubio tirando a blanco, que hablaba mucho y muy aprisa, y de aspecto muy simpático.

Papá, que, por haber vivido varios años en América, habla el inglés perfectamente, entabló conversación con la señorita Kalkwood, y, de vez en cuando, yo intervenía.

Se había acordado que la señorita Kalkwood pasaría una semana con nosotros y después emprenderíamos el viaje. La semana pasó muy aprisa y, antes de que terminara el primer día, ella y yo éramos ya buenas amigas. El 25 de julio me levanté tan emocionada que apenas pude desayunar. En cambio, la señorita Kalkwood estaba como si nada. Claro que ella había hecho ya el viaje una vez.

Toda la familia nos acompañó a Schiphol. Por fin, empezó mi viaje a América.

Estuvimos volando cinco días. Al quinto día, por la tarde, aterrizamos cerca de Hollywood. Priscilla y su hermana Rosemary, un año mayor que ella, nos esperaban en el aeropuerto. Como yo me sentía algo cansada por el viaje, nos llevaron en automóvil a un hotel situado cerca de allí. A la mañana siguiente, desayunamos con buen apetito y nos subimos todas en el automóvil, que conducía la propia Rosemary.

Al cabo de tres horas de viaje, llegamos a la mansión de los Lane, donde se me ofreció un cariñoso recibimiento. La señora Lane me llevó a un precioso dormitorio con balcón que durante dos meses sería mío.

En la hospitalaria casa de los Lane, en la que siempre había bulla y diversión, donde a cada paso se tropezaba uno con gatos de todas clases, donde las tres famosas estrellas ayudaban a su madre mucho más que yo a la mía y donde tanto había que ver, cualquiera tenía que sentirse a gusto. Yo hacía grandes progresos en inglés, sin duda porque la lengua no me era del todo extraña.

Priscilla tuvo libres las dos primeras semanas de mi estancia en América y me enseñó los alrededores de Hollywood. Casi a diario íbamos a la playa, donde cada día me presentaba a nuevas celebridades. Una de las mejores amigas de Priscilla era Madge Bellamy, que a menudo nos acompañaba en nuestras excursiones.

Nadie hubiera podido suponer que Priscilla tuviera once años más que yo. Pasábamos por amigas con toda naturalidad. Oh, maravilla: cuando Priscilla tuvo que volver al estudio de la Warner Bros., me permitió acompañarla. Mientras ella ensayaba, yo me quedé en su camerino.

Aquel día terminó pronto su trabajo y me enseñó los estudios.

—Oye, Anne, tengo una idea. Mañana por la mañana, temprano, te presentas en uno de esos despachos por los que pasan todas las chicas guapas, para que te hagan una prueba. Sólo para divertirnos, por supuesto.

—¡Fantástico! —contesté yo, entusiasmada. Y al día siguiente, allá fui. Las chicas hacían fila frente a la puerta. Al cabo de media hora pude entrar en el despacho. No obstante, no me atendían aún, pues había unas veinticinco muchachas delante de mí. Esperé una o dos horas más y, por fin, llegó mi turno.

Sonó un timbre y, fatigada, entré en un despacho en el que había un caballero de media edad, sentado detrás de una mesa. Me saludó con cierta sequedad, me preguntó mi nombre y dirección, y se mostró muy sorprendido cuando le dije que vivía con los Lane. Cuando terminó su interrogatorio, me miró con ojos penetrantes y preguntó:

—¿En verdad quiere ser artista de cine?

—Sí, si tengo aptitudes —contesté yo.

Entonces pulsó un timbre y, al momento, entró una muchacha muy elegante que me indicó que la siguiera. Abrió una puerta y yo tuve que cerrar los ojos, deslumbrada por la luz que había en aquella habitación.

Desde detrás de un complicado aparato, un joven me saludó algo más amablemente que el caballero de antes y me hizo sentar en un taburete alto. Me sacó varias fotografías y llamó a la señorita, que me volvió a llevar con el "viejo". Éste prometió que me avisaría si debía volver o no. Por fin, con alegría, tomé el camino de la casa de los Lane.

Una semana después tuve noticias del señor Harwich (Priscilla me había dicho su nombre). En su carta me decía que las pruebas habían resultado satisfactorias y que fuera a verlo al día siguiente a las tres. Yo creía que tenía ya un contrato en el bolsillo. El señor Harwich me preguntó si quería posar como modelo para un anuncio de raquetas de tenis. El trabajo duraría una semana. Cuando me expuso las condiciones, acepté. Llamó por teléfono al fabricante y aquella misma tarde nos presentaron.

Al día siguiente acudí al estudio del fotógrafo, al que debía ir a diario durante una semana. Mi trabajo consistía en cambiarme de ropa a una velocidad de vértigo, posar de pie, posar sentada, caminar de un lado para otro, sonreír, volver a cambiarme, volver a sonreír... y todo esto con mucho maquillaje. Cuando llegué a casa por la noche, me dejé caer en la cama muerta de cansancio.

Al cabo de tres días, casi no podía ya ni sonreír, pero tenía que cumplir mi compromiso con el fabricante. Pero el cuarto día por la tarde, al llegar a casa de los Lane, estaba tan pálida que la señora Lane me prohibió volver a posar como modelo. Ella misma telefoneó al fabricante y rescindió el compromiso.

Desde el fondo de mi corazón, se lo agradecí.

A partir de aquel momento, disfruté sin más obstáculos de mis inolvidables vacaciones, y quedé para siempre curada de mis ansias de celebridad. Había visto de cerca la vida de los famosos.

24 de diciembre de 1943

Katrientje

Katrientje estaba frente a la granja, sentada al sol sobre una piedra. La niña meditaba profundamente. Katrientje era una de esas criaturas que con los años se convierten en...* por haber tenido siempre que pensar mucho. ¿Y en qué pensaba la niña del delantal? Sólo ella lo sabía. A nadie revelaba sus pensamientos: era demasiado reservada.

No tenía amigas ni esperaba tenerlas; hasta su madre la encontraba extraña y, por desgracia, la niña se daba cuenta. El padre tenía demasiado trabajo para ocuparse de su única hija. Por eso, Trientje no tenía a nadie más que a sí misma. No le daba pena estar siempre sola: nunca había conocido otra vida y con poco se conformaba.

Pero aquella calurosa mañana de verano suspiró profundamente mientras dejaba vagar la mirada por los campos de trigo. ¡Qué hermoso sería poder jugar con aquellas niñas! ¡Cómo corrían y reían! ¡Ellas sí que se divertían!

Ahora se acercaban. ¿Irían a buscarla? ¡Oh, qué pena, se estaban riendo de ella! Ahora las oía claramente, y la llamaban de aquel modo que ella tanto aborrecía, Trientje la Boba, ese nombre que siempre oía cuchichear a su espalda. ¡Qué desdichada se sentía! De buena gana hubiera echado a correr hacia la casa, pero entonces se hubieran reído aún más.

¡Pobrecita, no es la primera vez en tu vida que te sientes desgraciada y ansías la compañía de otras niñas!

---

* Ilegible en el manuscrito.

—¡Trientje, Trien! ¡A comer!

La niña se levantó suspirando y, lentamente, entró en la casa.

—¡Qué cara tan larga trae nuestra hija! Ella siempre tan contenta —exclamó la campesina al ver entrar a la niña, más triste que nunca—. ¿Es que no puedes decir algo por una vez? —continuó la mujer.

Su tono era muy áspero, pero ella no se daba cuenta, y es que siempre había deseado tener una niña alegre y retozona.

—Sí, mamá.

Su voz apenas era perceptible.

—Toda la mañana fuera de casa, sin hacer nada. ¿Dónde te habías metido?

—Ahí afuera.

Trientje sentía un nudo en la garganta, pero la madre interpretó mal la aflicción de la niña y, llena de curiosidad, se propuso averiguar lo que su hija había estado haciendo durante toda la mañana.

—Contesta bien, por una vez. Quiero saber de dónde vienes, ¿entiendes? Y basta de bobadas.

Al oír la aborrecida palabra, Katrientje no pudo contener las lágrimas.

—¡Otra vez llorando! Eres una llorona. ¿Es que no puedes decir de dónde vienes? ¿Acaso es un secreto?

La pobre criatura no podía articular palabra. Los sollozos la ahogaban. Se puso en pie de un salto, derribó la silla y salió corriendo de la habitación en dirección a la buhardilla. Una vez allí, se dejó caer sobre un montón de sacos que había en un rincón y siguió llorando. Abajo, la campesina, encogiéndose de hombros, empezó a recoger la mesa. La conducta de su hija no le extrañó. A menudo tenía estas explosiones de llanto. Lo mejor era dejarla sola. ¿Era así como se comportaba una muchacha de doce años?

En la buhardilla, Trien, ya más calmada, se puso a reflexionar nuevamente. Lo mejor sería bajar y decirle a su madre que se había pasado la mañana sentada en aquella piedra. Haría todo el trabajo por la tarde. Así vería que no la asustaba trabajar. Si le preguntaba por qué se había pasado toda la mañana sin hacer nada, le diría que porque necesitaba pensar. Aquella tarde, cuando hubiera vendido los huevos, iría al pueblo y le compraría un dedal de plata. Para eso todavía le quedaría bastante dinero. Entonces, su madre vería que no era tan boba. Sus pensamientos se detuvieron un momento. ¿Cómo librarse de aquel detestable mote?

¡Ya tenía la solución! Si después de pagar el dedal le sobraba algo de dinero, compraría una bolsa de *Snaapjes* (así llaman los niños en Holanda a unos caramelos rojos y pegajosos) y, al día siguiente, los repartiría entre las niñas de la escuela. Entonces les preguntaría si podía jugar con ellas. Así verían que ella también sabía jugar y nunca volverían a llamarla más que Trientje, a secas.

Todavía un poco temerosa, se levantó y fue al encuentro de su madre. Al verla, ésta le preguntó:

—¿Ya se te pasó el berrinche?

A Trientje le faltó valor para volver a hablar de lo ocurrido. Sin decir palabra, se puso a fregar los cristales de las ventanas.

Al caer la tarde, Trientje tomó el cesto de los huevos y se encaminó, presurosa, hacia el pueblo. Al cabo de media hora llegó a la casa de su primera cliente, que la estaba esperando en la puerta, con un plato de porcelana en la mano.

—Dame diez huevos, niña —le dijo la señora, amablemente.

Trien le entregó lo pedido y después de despedirse, continuó su camino. Tres cuartos de hora más tarde, el cesto estaba vacío. Trien entró en una tiendecita donde sabía que podía encontrar de todo. Salió de allí con un bonito dedal y un cucurucho de caramelos, y emprendió el regreso hacia su casa. A mitad del camino, vio venir, en dirección contraria, a dos de las niñas que aquella mañana se habían burlado de ella. Haciendo un esfuerzo, dominó el impulso de esconderse y, con el corazón palpitante, siguió andando.

—¡Mira, mira, Trientje la Boba, la Boba, la Boba!

Trien perdió todo su valor. Sin saber exactamente lo que hacía, tomó los caramelos y se los tendió a las niñas. Con un movimiento rápido, una de ellas agarró la bolsa y echó a correr. La otra la siguió y, antes de desaparecer en un recodo del camino, se volvió y sacó la lengua.

Trientje se dejó caer al lado del camino y rompió a llorar con gran desconsuelo. Lloró y lloró hasta no poder más. Era ya casi de noche cuando tomó nuevamente el cesto, que se había volcado, y se encaminó hacia casa. Tirado entre la hierba, quedó el reluciente dedal de plata…

12 de febrero de 1944

La florista

Cada mañana, a las siete y media, se abre la puerta de la casita situada en las afueras del pueblo. Por ella sale una niña cargada con un cesto de flores en cada mano. Después de cerrar la puerta, toma los cestos y se pone en camino. La gente del pueblo que se cruza con ella, a la que la chiquilla saluda alegremente, la mira con pena, y todos dicen lo mismo: "Este camino es demasiado largo y penoso para una niña de doce años".

Pero ella no advierte las miradas de sus vecinos y sigue caminando, lo más aprisa que puede. Porque el camino hasta la ciudad es largo en verdad. Dos horas y media, andando deprisa y con un pesado cesto en cada mano, no es cosa de broma.

Cuando, por fin, la niña atraviesa las calles de la ciudad, se siente muy cansada y sólo la sostiene la perspectiva de descansar pronto. La pequeña es valerosa y no afloja el paso hasta que llega a su puesto del mercado. Entonces se sienta y empieza la espera...

A menudo tiene que esperar todo el día, pues a la pobre florista no le sobran los clientes. Más de una vez, Krista ha tenido que volver a casa con los cestos todavía medio llenos.

Pero hoy es diferente. Hoy es miércoles. El mercado está muy concurrido. A su alrededor, las vendedoras pregonan sus mercancías y el aire está lleno de gritos y voces irritadas. Los que pasan por allí apenas oyen la vocecilla de la niña, que queda ahogada por aquel griterío. Pero Krista no se cansa de repetir durante todo el día:

—Flores... bonitas flores... A diez céntimos el manojo. ¿Quién quiere bonitas flores?

Y cuando los que han terminado sus compras ven el cesto lleno de flores, dan con gusto un *groschen* por uno de aquellos lindos ramilletes.

A las doce, Krista se levanta de su silla y va al otro extremo del mercado, donde está el cafetero que cada mañana le invita una taza de café con mucha azúcar. Para él reserva Krista su mejor ramillete.

Luego, vuelve a su puesto y de nuevo se pone a vocear su mercancía. A las tres y media se levanta, toma los cestos y vuelve al pueblo. Camina más despacio que por la mañana, y es que ahora Krista está cansada, muy cansada. Invierte tres horas en el camino y llega a casa hasta las seis y media.

Todo sigue igual que como lo dejó por la mañana, frío, triste y poco acogedor. Su hermana, con la que comparte la casa, trabaja en el pueblo desde la mañana hasta la noche. Krista no se toma un descanso. En cuanto entra en casa, empieza a pelar papas y a limpiar verduras y cuando, por fin, a las siete y media, llega a casa su hermana, las dos se sientan a la mesa para compartir la frugal cena.

A las ocho de la noche vuelve a abrirse la puerta de la casita y la niña sale de nuevo con un cesto en cada mano. Ahora se dirige a los campos que rodean la casa. No va muy lejos. Empieza a tomar flores de todas clases y de todos colores. Mientras el sol se pone, la niña sigue recogiendo flores.

Por fin, los dos cestos están llenos. El sol ha desaparecido y Krista se echa sobre la hierba, con las manos cruzadas en la nuca. Con ojos muy abiertos contempla el cielo azul pálido.

Éste es el mejor momento del día. Que nadie se imagine que esta niña es desgraciada. En ningún momento se siente así, y nunca lo sentirá mientras cada día pueda salir al campo y tenderse entre las flores a contemplar el cielo.

Allí olvida el cansancio y el griterío del mercado. Sólo desea una cosa: poder disponer todos los días de aquel cuartito de hora para quedarse a solas con Dios y la naturaleza.

20 de febrero de 1944

El ángel de la guarda

Hace muchos años, una anciana vivía con su nieta en una casita situada en el lindero de un bosque. Los padres de la niña habían muerto y la abuela cuidaba de ella.

El paisaje en que vivían era muy solitario, pero ellas dos no echaban de menos a nadie, y se encontraban muy a gusto, la una en compañía de la otra.

Una mañana, la anciana no pudo levantarse de la cama. Tenía dolores en todo el cuerpo. Su nieta, que tenía ya catorce años, la cuidó lo mejor que pudo.

Al cabo de cinco días, la anciana murió, y la muchacha se quedó sola en la casa. Como no conocía a nadie, ni necesitaba de nadie para enterrar a su abuela, ella misma cavó una profunda fosa al pie de un viejo árbol del bosque y allí enterró a su abuela.

Cuando la pobre muchacha volvió a la casa, la encontró muy triste y vacía. Se echó sobre la cama y se puso a llorar con gran desconsuelo. Así pasó todo el día.

Al llegar la noche, se levantó para prepararse algo de comer.

De este modo transcurrieron varios días. La muchacha estaba muy abatida y no hacía más que llorar por su querida abuelita. Entonces ocurrió algo que, de la noche a la mañana, lo cambió todo.

Una noche, mientras la muchacha dormía, se le apareció su abuela. Iba vestida de blanco. Sus blancos cabellos le caían sobre los hombros y llevaba una lucecita en la mano. La joven se la quedó mirando y esperó a que la aparición empezara a hablar.

—Querida mía —le dijo su abuela—, hace ya cuatro semanas que te observo y no haces más que llorar y dormir.

"Esto no puede ser. He venido para decirte que debes trabajar, hilar, cuidar de la casa y arreglarte. No pienses que porque me haya muerto no me ocupo de ti. Desde el cielo, no dejo de observarte. Soy tu ángel de la guarda y estoy a tu lado, igual que antes.

"Vuelve a tu trabajo sin acobardarte y no olvides que tu abuela no te abandona."

Con estas palabras desapareció, y la muchacha siguió durmiendo. Pero al despertar, a la mañana siguiente, recordó las palabras de su abuela y sintió una gran alegría al comprender que no estaba sola.

Volvió al trabajo, se compró una rueca en el mercado e hizo lo que le había dicho su abuela.

Años más tarde, también en este mundo encontró compañía. Se casó con un molinero muy trabajador.

Durante toda su vida pensó en su abuela con agradecimiento por no haberla dejado sola y siempre creyó que aunque hubiera encontrado otra compañía, su ángel guardián no la abandonaría nunca.

22 de febrero de 1944

La felicidad

Antes de empezar mi relato, voy a resumir mi vida hasta hoy.

No tengo madre (en realidad, no llegué a conocerla), y mi padre no tiene tiempo para mí.

Cuando murió mamá, yo tenía dos años: mi padre me confió a unas personas muy buenas, con las que estuve cinco años. A los siete, ingresé en un internado, en el que permanecí hasta los catorce. Cuando, por fin, salí de allí, mi padre me llevó a vivir con él.

Ahora estamos en una pensión, y yo voy al Instituto. Mi vida transcurría con toda normalidad hasta que... sí, hasta que llegó Jacques.

Jacques y sus padres vinieron a vivir a nuestra pensión. Él y yo nos cruzamos varias veces en la escalera, luego nos encontramos casualmente en el parque y, después, fuimos varias veces a pasear por el bosque.

Jacques me parecía un muchacho muy simpático, aunque callado y algo taciturno, pero creo que eso era precisamente lo que más me atraía. Nuestros paseos se hicieron más y más frecuentes. Ahora él a menudo entra en mi habitación a charlar o yo voy a la suya. Hasta hoy, no había conocido tan a fondo a ningún muchacho y me sorprendió mucho que no fuera un bravucón como los chicos de la escuela.

Dejé de pensar tanto en mí y empecé a pensar en Jacques. Yo sabía que sus padres siempre estaban peleándose, y comprendía que a él esto debía molestarlo mucho, pues una de sus características más acentuadas es su amor a la paz.

A menudo me sentía triste y sola, seguramente porque no tengo madre y nunca tuve una amiga en quien confiar. A Jacques le ocurría lo mismo. No tenía amigos íntimos y también él necesitaba confiar en alguien. Pero yo no podía dar el primer paso, y siempre hablábamos de cosas insustanciales.

Un día, entró en mi habitación con un pretexto cualquiera. Yo estaba sentada en un almohadón, mirando al cielo.

—¿Te molesto? —me preguntó al entrar.

—No, de ninguna manera —contesté volviéndome hacia él—. Pasa y siéntate. ¿A ti te gusta soñar despierto?

Él apoyó la frente en el cristal de la ventana.

—Sí, yo también sueño a menudo. ¿Sabes cómo le llamo a eso? Contemplar la historia del mundo.

—Una frase feliz, muy apropiada. No se me olvidará —dije yo, entusiasmada.

—Sí.

Él me miró con una de sus raras sonrisas que siempre me desconcertaban. No sabía de qué se reía.

Nos pusimos a hablar de cosas triviales y, al cabo de media hora, se marchó.

A los pocos días, volvió a entrar. Yo estaba sentada en el mismo sitio, y él se colocó otra vez junto a la ventana. Hacía un día espléndido. El cielo tenía un azul intenso. La ventana estaba muy alta. No veíamos las casas; por lo menos, yo no miraba hacia abajo. De las ramas del pelado castaño que había delante de la casa colgaban gotas de rocío que el sol hacía brillar. Los pájaros revoloteaban junto a la ventana y por todas partes se oían trinos.

No podría explicar lo que nos pasó, pero ninguno de los dos se atrevía a decir ni una palabra. Estábamos juntos en la misma habitación y bastante cerca uno de otro, pero casi ni nos mirábamos. Sólo mirábamos al cielo y hablábamos con nosotros mismos. Hablo por los dos porque estoy segura de que él sentía lo mismo que yo, y tenía tan pocas ganas como yo de romper el silencio. Al cabo de un cuarto de hora, dijo:

—Cuando contemplas esto, ¿no te parece una locura que la gente se pelee? ¡Ahora todo parece carecer de importancia! Claro que no siempre pienso así.

Me miró con timidez, como temiendo que no lo comprendiera, pero yo me sentía muy contenta de que él esperase mi respuesta y de haber encontrado, por fin, alguien con quien podía compartir mis ideas.

—¿Sabes lo que pienso? —dije yo—. Que es una tontería pelearse con los que nos son indiferentes. Con los demás, ya es otra cosa, porque, como los queremos, nos duele más.

—También tú lo crees así. Sin embargo, en tu familia no hay discusiones.

—No muchas, pero sí las suficientes para saber lo que es eso. Para mí, lo más triste es que la mayoría de la gente vaya sola por el mundo.

—¿Qué quieres decir?

Jacques me miró fijamente. Yo decidí explicarme mejor. Tal vez conseguiría ayudarlo.

—Quiero decir que muchas personas, casadas o no, se sienten solas porque no tienen a nadie a quien comunicar sus pensamientos, y esto es lo que yo siento que me falta.

—Yo también —fue lo único que dijo él. Volvimos a contemplar el cielo durante un rato. Luego, él prosiguió—: Los que no tienen a nadie con quien hablar, como tú dices, carecen de mucho. Y esto es, precisamente, la causa de mi abatimiento.

—No estoy de acuerdo. No es que, en determinado momento, no puedas sentirte triste, contra eso no puedes hacer nada.

Pero saber de antemano que tienes que estarlo... ¡Eso no! Pues cuando estás triste, lo que buscas es, precisamente, la felicidad, y no la consigues porque no tienes con quien hablar. Pero la felicidad está en ti mismo y una vez que la hayas encontrado, ya nunca podrás perderla. No me refiero sólo a las cosas materiales, sino a las del espíritu. Yo creo que cuando una persona encuentra la felicidad en sí misma, nunca más la pierde.

—¿Y cómo la encontraste tú?

—Ven conmigo —le dije, poniéndome de pie. Lo llevé a la buhardilla. Desde la ventana se alcanzaba a ver un buen pedazo de cielo—. Mira, si quieres encontrar la felicidad en ti, tienes que salir de casa un día como hoy, con mucho sol y cielo azul, o asomarte a una ventana como ésta, desde la que se vea toda la ciudad bajo un cielo sin nubes.

"Voy a decirte lo que a mí me ocurrió. Estaba en el internado. Aquello era un asco. Cuanto mayor me hacía, peor la pasaba. Un mediodía, después de la clase, salí al campo sola. Allí me senté y me puse a soñar un poquito. Al mirar al cielo me di cuenta de que hacía un día maravilloso. Hasta aquel momento no lo había advertido, porque estaba demasiado absorta en mis propias penas.

"Pero al mirar en torno mío, me di cuenta de que todo era tan hermoso y dejé de oír aquella vocecita que no hablaba más que de cosas tristes. Entonces no sentí sino que lo que me rodeaba era bello y lo único verdadero.

"Allí me quedé más de media hora. Cuando, por fin, me levanté para volver a la aborrecida escuela, ya no me sentía deprimida; al contrario, todo me parecía hermoso y bueno, como era en realidad.

"Más tarde comprendí que aquel día, por primera vez, había encontrado la felicidad en mí y que en todas partes se podía ser feliz."

—¿Y entonces cambiaste? —preguntó él en voz baja.

—Me sentía distinta cuando era feliz. Pero desde entonces no siempre he sido feliz, no creas. He seguido refunfuñando bastante, pero no he vuelto a sentirme tan desdichada como antes. Comprendo que mi tristeza venía de la compasión que sentía por mí, y que la felicidad nace de la alegría.

Cuando acabé de hablar, él siguió mirando por la ventana, pensativo, sin decir nada. Luego se volvió bruscamente hacia mí y me dijo:

—Todavía no he hallado la felicidad, pero he hallado algo más: una persona que me comprende.

Enseguida supe lo que quería decir y, desde aquel día, nunca más me he sentido sola.

12 de marzo de 1944

Miedo

Aquéllos fueron días de terror. A nuestro alrededor, tronaba la guerra y nadie sabía si, a la hora siguiente, seguiría con vida.

Yo vivía en la ciudad, con mis padres y hermanos, pero esperábamos ser evacuados de un momento a otro o tener que huir. Durante el día no se oían más que disparos. Por la noche, los fogonazos se sucedían de manera ininterrumpida y en nuestros oídos retumbaban detonaciones ahogadas, que parecían salir de las entrañas de la tierra.

No puedo describirlo. No recuerdo con claridad aquellos días de pesadilla. Sólo sé que el miedo no me dejaba ni un instante. Mis padres hacían cuanto podían por calmarme, sin conseguirlo. Yo no comía ni dormía, sólo temblaba.

Así pasó una semana, y llegó una noche que recuerdo como si hubiera sido ayer.

A las ocho y media, cuando parecía que las explosiones empezaban a amainar, y yo me acababa de recostar, vestida, en un diván para dormitar un poco, se oyeron dos espantosas detonaciones que nos llenaron de pavor. Todos nos levantamos como si nos hubieran pinchado, y salimos al corredor.

Incluso mamá, casi siempre tan serena, había palidecido. Las explosiones continuaron cadenciosamente. De pronto, se oyó un tremendo estallido seguido de un horrible griterío. Yo salí corriendo tan aprisa como pude. Con una mochila colgada del hombro y vestida con ropa abrigadora, escapé de allí. No sabía adónde iba, sólo quería alejarme de aquel brasero.

A mi alrededor, corría la gente gritando; la calle estaba

iluminada por el resplandor de las llamas. Todo tenía un extraño color rojo.

No me acordaba de mis padres ni de mis hermanos, sólo pensaba en mí y en salir de allí. No experimentaba ningún cansancio, mi terror era mayor que nunca. No me di cuenta de que había perdido la mochila. Yo sólo corría.

No podría decir cuánto rato estuve corriendo entre las casas que ardían y la multitud que chillaba de miedo. De pronto, advertí que a mi alrededor se había hecho el silencio. Miré en torno, como si acabara de despertar de un sueño, y no vi a nadie. Allí no había incendios ni bombas ni gente.

Me detuve, miré con más atención lo que me rodeaba. Me encontraba en un prado. Sobre mi cabeza brillaban las estrellas y la luna. El aire estaba limpio y la noche era fresca, pero sin que hiciera frío.

No se oía nada. Cansada, me dejé caer en la hierba, extendí la manta que todavía llevaba colgada del brazo y me tumbé encima de ella.

Miré al cielo. De pronto, me di cuenta de que ya no tenía miedo; al contrario, estaba muy tranquila.

Lo increíble era que no pensaba en mi familia ni la echaba de menos. Lo único que quería era descansar. Al poco rato, me quedé dormida entre la hierba y bajo las estrellas. Cuando desperté, acababa de salir el sol. Enseguida supe dónde estaba. A la luz del día, divisé, a lo lejos, la silueta familiar de las casas que se levantaban en las afueras de nuestra ciudad.

Me restregué los ojos. Por allí no se veía a nadie. Sólo los tréboles y los dientes de león me hacían compañía. Volví a recostarme sobre las mantas y me puse a pensar en lo que iba a hacer, pero mi pensamiento volvía, una y otra vez, a aquella maravillosa sensación que me había embargado por la noche cuando, al verme en el prado, todos mis temores se desvanecieron.

Después encontré a mis padres y, juntos, nos fuimos a otra ciudad. Ahora, que la guerra ha terminado, he comprendido por qué se esfumó entonces mi temor.

Al encontrarme a solas con la naturaleza, comprendí, aun sin darme cuenta, que el miedo no sirve de nada. Todo aquel que sienta miedo, como yo lo sentí entonces, debería procurar identificarse con la naturaleza, pues Dios está mucho más cerca de lo que supone la mayoría de los hombres.

Desde aquel momento, a pesar de que cerca de mí han caído muchas bombas, nunca más he tenido miedo.

25 de marzo de 1944

Riek

Eran las cuatro y cuarto. Yo iba por una calle bastante tranquila, camino de una pastelería cercana. De una calle lateral, tomadas del brazo y charlando animadamente, salieron dos jovencitas de unos doce o catorce años, que tomaron el mismo camino.

Casi siempre resulta interesante escuchar el parloteo de semejantes personajes, no sólo porque la cosa más insignificante les causa risa, sino porque su risa es contagiosa, y todo el que ande cerca acaba por reír con ellas.

Eso me ocurrió a mí. Iba detrás de las dos amigas y hasta mí llegaba su conversación, que giraba en torno a la compra de un pastelillo de un *groschen*. Deliberaban, muy entusiasmadas, sobre lo que iban a comprar con su dinero, relamiéndose de antemano con las golosinas que recíprocamente se proponían. Al llegar al escaparate de la pastelería, consumaron su elección. Desde detrás de ellas, yo podía ver los pasteles, de modo que, cuando entraron en la tienda, ya sabía lo que habían escogido.

No había mucha gente, y las dos muchachas se acercaron al mostrador. Pidieron sus dos pasteles y, con ellos en la mano, salieron a la calle. Medio minuto después, yo también había efectuado mi compra. Ellas seguían caminando delante de mí, hablando en voz alta. En la esquina siguiente había otra pastelería. Delante del escaparate, una niña contemplaba, con avidez, las golosinas.

Las dos afortunadas propietarias de los pasteles se pararon junto a la niña, para contemplar también el espectáculo, y no tardaron en trabar conversación con ella. Cuando llegué a la esquina, llevaban ya algún tiempo hablando, por lo que sólo pude oír el final de la conversación.

—¿Tanta hambre tienes? —preguntaba una de las jovencitas—. ¿Te comerías este pastel?

La niña movió la cabeza afirmativamente.

—No seas tonta, Riek —le dijo su amiga—. De prisa, méte-
te el pastel en la boca, como yo. Si se lo das a ésta, tú te quedas
sin él.

Riek no contestó. Indecisa, miró a la niña y el pastel. Con
un gesto rápido, se lo tendió a ella, diciéndole afectuosamente:

—Anda, cómetelo. Esta noche yo volveré a comer.

Rápidamente, antes de que la pequeña tuviera tiempo de
dar las gracias, las dos amigas desaparecieron. Yo seguí andando hacia la pequeña, que saboreaba el pastel con deleite. Al verme, me dijo:

—Señora, ¿quiere un poco? Me lo han regalado.

Yo le di las gracias y me marché sonriendo.

¿Quién les parece que debió quedar más satisfecha, Riek, su
amiga o la niña?

¡Yo creo que Riek!

(Sin fecha.)

El enano sabio

Érase una vez una pequeña sílfide llamada Dora. Dora era, además de hermosa, muy rica, y sus padres la mimaban terriblemente. Dora siempre reía, de la mañana a la noche; para ella, todo eran alegrías, y no había dolor que la preocupara.

En el mismo bosque en el que vivía Dora, habitaba también un duendecillo llamado Peldron. Peldron era todo lo contrario de Dora: mientras ella disfrutaba de todo lo bello, él se entristecía por el dolor que afligía al mundo y, sobre todo, al país de las hadas.

Cierto día, Dora tuvo que llevar un encargo de su madre al zapatero del pueblo, y quiso el azar que se encontrara con el taciturno Peldron.

Dora era en verdad encantadora, pero, como todos la encontraban tan simpática, era también bastante presumida. Como era tan traviesa, se fue corriendo hacia Peldron, le tomó su gorro puntiagudo y salió corriendo con el gorro en la mano, riéndose a carcajadas. Peldron se puso furioso por aquella insolencia. Golpeando el suelo con el pie, gritó:

—¡Devuélveme mi gorro! ¡Qué criatura más insoportable! ¡Devuélvemelo enseguida!

Pero Dora no tenía la menor intención de devolverlo. Siguió corriendo y escondió el gorro en el tronco hueco de un árbol. Luego, siguió su camino en dirección a la casa del zapatero. Después de una larga búsqueda, Peldron encontró su gorro. No le gustaban las bromas y tampoco Dora. Furioso, continuó su camino. De pronto, una voz muy profunda lo sacó de sus cavilaciones, tras un sobresalto.

—Óyeme, Peldron. Soy el enano más viejo del mundo, y

también el más pobre. ¿Podrías darme alguna cosa para que me compre comida?

Peldron movió la cabeza negativamente.

—No, no te doy nada. Lo mejor es que te mueras, así no tendrás que seguir soportando las miserias de este mundo —y siguió su camino sin volver la cabeza.

Cuando Dora cumplió su encargo en casa del zapatero, emprendió el regreso hacia su hogar. Por el camino, también encontró al viejo enano, que le pidió limosna.

—No —le dijo Dora—, no te doy dinero. No deberías ser pobre. El mundo es tan hermoso que no puedo perder el tiempo con pobres.

Y se fue, saltando y brincando.

Dando un suspiro, el enano se sentó en el musgo y se puso a pensar en lo que debía hacer con aquellas dos criaturas. El uno era demasiado pesimista, la otra demasiado alegre y, si no se corregían, ninguno de los dos haría nada de provecho en esta vida. Porque han de saber que el viejo enano no era ningún enano vulgar, sino un mago, pero uno bueno, que quería que todos los hombres, duendes y hadas fueran mejores para que el mundo fuera también mejor. Estuvo reflexionando durante una hora. Luego se levantó y, muy despacio, se encaminó hacia la casa de los padres de Dora.

Al día siguiente de su encuentro en el bosque, Dora y Peldron fueron encerrados en una casita. Estaban prisioneros. El enano se los había llevado para educarlos, y, cuando el enano tomaba semejante decisión, los padres no podían oponerse.

¿Qué debía hacer la pareja en aquella casita? No podían salir de allí ni pelearse, y debían trabajar durante todo el día. Éstas eran las tres condiciones impuestas por el enano. De modo que Dora trabajaba y bromeaba, y Peldron trabajaba y cavilaba. Cada tarde, a las siete, iba el enano para inspeccionar su labor, y luego los dejaba a su suerte.

¿Qué debían hacer para recobrar la libertad? Sólo esto: obedecer al enano. Pero eso se dice pronto.

No podrían salir de allí ni pelearse, y tenían que trabajar mucho.

¡Oh, qué penoso para Dora tener que ver a todas horas al soso de Peldron! Peldron aquí y Peldron allá, y siempre Peldron. Pero tampoco tenía mucho tiempo para hablar con él, pues Dora tenía que guisar (su madre le había enseñado), limpiar la casa y, si le quedaba tiempo, hilar.

Peldron, por su parte, tenía que pasar muchas horas en el huerto, partiendo leña y cultivando la tierra. Cuando terminaba el trabajo de la jornada, remendaba zapatos. A las siete, Dora lo llamaba para que fuera a cenar. Después, los dos estaban tan cansados que apenas les quedaban fuerzas para contestar al enano cuando éste iba, por la noche, a inspeccionar el trabajo.

Así vivieron durante una semana. Dora seguía tan retozona como de costumbre, pero ya empezaba a ver el lado serio de las cosas, y a comprender que había en el mundo mucha gente que sufría grandes penalidades, y que no era ningún lujo superfluo socorrer a esa gente en vez de sacársela de encima con un desplante.

Peldron, por su parte, había perdido también algo de su mal humor y ahora, algunas veces, mientras trabajaba, hasta silbaba o se reía de los chistes de Dora.

El domingo fueron con el enano a la capilla que en Elfendorf (así se llamaba el pueblo) estaba siempre muy concurrida.

Prestaron más atención que de costumbre a las palabras del enano párroco y, al volver a casa paseando por el bosque, se sintieron satisfechos.

—Porque se han portado bien, pueden pasar el día fuera, como solían hacer antes, pero recuerden que mañana tienen que volver al trabajo. No vuelvan a su casa ni vayan a la de ningún amigo. Ustedes dos tienen que seguir juntos.

Ninguno de los dos pensó en protestar. Ambos estaban encantados de poder ir al bosque. Pasaron el día bailando, contemplando los pájaros, las flores y el cielo azul, y disfrutaron del sol. Fueron felices.

Por la noche volvieron a la casita del enano y durmieron toda la noche de un tirón. A la mañana siguiente, reanudaron su trabajo. El enano los retuvo durante cuatro meses. Los domingos iban a la iglesia y luego al bosque, y durante la semana trabajaban con tesón. Al cabo de cuatro meses, una tarde, el enano tomó a uno de cada mano y los llevó al bosque.

—Hijos míos —les dijo—, muchas veces se habrán sentido enojados conmigo porque les impedía volver a sus casas. Estoy seguro de que los dos desean volver allí.

Ellos asintieron.

—Pero comprenderán, también, que su estancia aquí les ha servido de mucho.

No, ni Dora ni Peldron acababan de comprenderlo.

—Se lo voy a explicar. Los traje aquí para hacerles ver que en el mundo no todo es alegría ni todo es dolor. Ahora están mejor preparados para la vida. Dora es más seria y Peldron un poco más alegre, gracias a estos meses de convivencia, durante los cuales han tenido que modificar su modo de ser. Y me parece que se llevan mucho mejor que antes, ¿verdad, Peldron?

—Sí, Dora me resulta mucho más simpática —dijo el duendecillo.

—Vuelvan, pues, con sus padres, y recuerden siempre su estancia en la casita. Alégrense de todo lo bueno que les brinda la vida, pero no olviden a los que sufren, y procuren consolarlos y ayudarlos a soportar su desgracia. Todos los hombres pueden ayudarse entre sí; también las hadas y los duendes, y hasta los más pequeños, como ustedes dos, pueden hacerlo. Márchense, pues, y no me guarden rencor. Hice por ustedes lo que pude, y fue por su bien. Adiós, hijos míos.

—Adiós —dijeron Dora y Peldron, y, a toda prisa, se fueron cada uno a su casa.

El viejo enano se sentó en la hierba y deseó que todas las criaturas se dejaran conducir por el buen camino con la misma docilidad que aquellos dos.

Dora y Peldron vivieron felices toda la vida. Habían aprendido que al mundo se viene a reír y a llorar, cada cosa a su tiempo. Y después, mucho después, cuando fueron mayores, por propia voluntad, vivieron juntos en una casita. Dora se ocupaba de las labores caseras y Peldron trabajaba en el campo, igual que habían hecho entonces, cuando eran pequeños.

18 de abril de 1944

Blurry, el que quiso ver el mundo

Cuando Blurry era todavía muy pequeño, tuvo un día el deseo de librarse de la tutela de su mamá, la osa, y marcharse a ver el mundo.

Durante varios días, estuvo menos revoltoso que de costumbre, haciendo sus planes. Al cuarto día por la tarde, sus planes estaban trazados. A la mañana siguiente, muy temprano, bajaría al jardín, sigilosamente, desde luego, para que Miesje, su amita, no se diera cuenta. Luego, se arrastraría por un agujero de la valla y después… ¡después iría a ver el mundo!

Así lo hizo. Y con tanto cuidado que nadie advirtió su huida hasta varias horas después.

Al atravesar el agujero de la valla, Blurry quedó cubierto de tierra y basura, pero un oso, y en especial un osito de juguete, no se deja intimidar por un poco de polvo. Así pues, con los ojos muy abiertos para no tropezar con las piedras que cubrían el camino, Blurry, muy decidido, se dirigió hacia la calle principal.

Una vez allí, sintió miedo un momento, al ver a tanta gente y tan alta. A su lado, Blurry era una menudencia.

Lo mejor será hacerse a un lado, para que no me atropellen, pensó. Y era lo más prudente. Sí, Blurry era prudente, a pesar de que, aun siendo tan pequeño, quería ver el mundo.

Así pues, se colocó al borde de la acera, al lado opuesto a la pared, cuidando de no meterse entre la gente. De pronto, el corazón empezó a latirle con violencia. ¿Qué era aquello? A sus pies se abría un agujero negro. En realidad se trataba de una alcantarilla, pero Blurry no lo sabía y sintió vértigo. ¿Tendría que meterse allí? Miró con miedo a su alrededor, pero las piernas que, enfundadas en medias o en pantalones, se movían a su lado, pasaban junto al agujero como si tal cosa.

Sin acabar de recobrarse del susto, Blurry, con todo cuidado, se colocó nuevamente al lado de la pared.

Voy a ver el mundo. Pero ¿dónde estará el mundo? Todas estas piernas no me dejan verlo. Me parece que soy todavía demasiado pequeño para andar por el mundo. Pero no importa, si bebo mucha leche, pronto seré tan alto como toda esa gente. Así pues, voy a seguir adelante. De un modo u otro conseguiré mi propósito.

Y Blurry siguió adelante, sin hacer caso de aquellas piernas, gordas y delgadas, que pasaban por su lado. Pero ¿es que tendría que caminar siempre?

Sentía un hambre atroz. Además, empezaba a oscurecer. Blurry no pensó que necesitaría comer y dormir. Al hacer sus intrépidos planes de descubrimiento, se había olvidado de pensar en cosas tan prosaicas.

Suspiró y anduvo unos pasos más, hasta que vio una puerta abierta. Se quedó un momento en el umbral, dudando, pero al fin se decidió a entrar. Sin hacer ruido, se coló en la casa. La suerte le favoreció, pues, al cruzar otra puerta, debajo de una cosa con cuatro patas de madera, vio dos platos, uno lleno de leche y el otro lleno de sopa. Era tal su hambre que se bebió toda la leche de un trago, sin olvidarse de la nata y luego se tomó la sopa, hasta quedar muy feliz y satisfecho.

Pero ¡horror! ¿Qué era aquello que se acercaba? Una cosa blanca, con ojos verdes se dirigía lentamente hacia él, sin dejar de mirarlo. Cuando llegó a su lado, la cosa se detuvo y, con voz aguda, le preguntó:

—¿Quién eres tú y por qué te comiste mi sopa?

—Me llamo Blurry y voy a ver el mundo, pero para eso

tengo que alimentarme, así es que me comí lo que había en el plato. Claro que no sabía que fuera tuyo.

—Vaya, vaya, conque a ver el mundo. Pero ¿por qué tuviste que comer de mi platito?

—Porque no vi ningún otro —contestó Blurry, malhumorado, pero luego, rectificando, dijo con voz más amable—: ¿Cómo te llamas y qué clase de criatura eres?

—Me llamo Mirwa y pertenezco a la raza de los gatos de Angora. Mi ama dice que soy muy valiosa. Pero me aburro, siempre sola. Blurry, ¿por qué no te quedas una temporada conmigo?

—Me quedaré a dormir —dijo Blurry con frescura, como si con ello le hiciera un gran favor a la hermosa Mirwa—, pero mañana por la mañana tengo que continuar mi viaje.

De momento, Mirwa se dio por satisfecha.

—Ven conmigo —le dijo.

Y Blurry la siguió a otra habitación, en la que tampoco se veía más que patas. Patas de madera, gruesas y delgadas… Pero no, había algo más. En un rincón, había un cesto de mimbre y, encima, un almohadón de seda verde.

Mirwa, sin ningún cuidado, se subió al almohadón con las patas sucias; pero a Blurry le pareció que sería una pena ensuciarlo.

—¿Podría lavarme un poco? —preguntó.

—¡Pues claro! —contestó Mirwa—. Te lavaré yo misma.

Blurry no conocía aquel método de lavado. Si lo hubiera conocido, no le habría permitido empezar.

La gata le ordenó que se pusiera de pie y, con toda naturalidad, empezó a lamerle las patas. Blurry se estremeció y preguntó a Mirwa si aquél era su sistema de lavado.

—Sí —contestó ella—. Ya verás qué limpio y reluciente te dejo. Un osito de felpa bien limpio es bien recibido en todas partes y así podrás ver el mundo mucho antes.

Así es que Blurry tuvo que disimular sus estremecimientos y, como un osito valiente, no dijo esta boca es mía.

El lavado de Mirwa duró un buen rato. Blurry empezó a impacientarse. Le dolían las patas de permanecer tanto rato de pie, sin moverse. Al fin, quedó reluciente en verdad. Mirwa volvió a saltar al cesto y Blurry, muerto de cansancio, se echó a su lado. Mirwa se enroscó encima de él. Al cabo de cinco minutos, los dos estaban dormidos.

A la mañana siguiente, Blurry se despertó hecho un lío. Hasta después de un buen rato no supo qué era lo que tenía en la espalda. Mirwa roncaba suavemente. Blurry tenía ganas de desayunar, por lo que, sin contemplaciones, se sacudió de encima a su hospitalaria amiga y empezó a exigir:

—Mi desayuno, Mirwa. Tengo hambre.

Mirwa bostezó, luego erizó el pelo hasta parecer el doble de grande y le contestó:

—No, no te daré nada más. Mi amita no debe darse cuenta de que estás aquí. Márchate, pues, cuanto antes.

Mirwa saltó del cesto y Blurry no tuvo más remedio que seguirla. Cruzaron la habitación, una puerta, otra puerta y, finalmente, otra de cristal. Ya estaban fuera.

—Buen viaje, Blurry. ¡Hasta la vista! —dijo Mirwa, y desapareció.

Solo y menos seguro de sí que la víspera, Blurry cruzó el jardín y salió a la calle por un agujero de la valla. ¿Adónde iría ahora, y cuánto tardaría en ver el mundo? No lo sabía. Subía, despacito, por una calle cuando, de pronto, de una esquina salió a todo correr una bestia enorme. Hacía mucho ruido con la garganta y a Blurry le dolieron los oídos. Lleno de pavor, se arrimó a la pared de una casa. El gigante se detuvo delante de él y se le acercó. Blurry se echó a llorar de miedo, pero aquella fiera no hizo ningún caso de sus lágrimas; al contrario, se sentó sobre sus patas traseras y, con sus grandes ojazos, se puso a contemplar al "pobre osito". Blurry temblaba como una hoja. Finalmente, haciendo acopio de valor, preguntó:

—¿Qué quieres de mí?

—Sólo mirarte. Nunca había visto nada igual.

Blurry respiró aliviado. Vaya, también con aquel gigante se podía hablar. ¡Qué raro! ¿Por qué no lo entendía, entonces, su amita? Pero Blurry no tuvo mucho tiempo para reflexionar sobre ello, pues en aquel momento el animalote abrió la boca y enseñó todos los dientes. Blurry sintió un escalofrío mucho más violento que cuando Mirwa lo había lavado. ¿Qué iría a hacer con él?

Lo supo muy pronto. Y no le gustó. Sin más ni más, el animal lo tomó por la nuca con los dientes y echó a correr.

Blurry no podía llorar, se hubiera ahogado, y gritar, mucho menos. Lo único que podía hacer era temblar, y temblar no le infundía ningún valor.

Cierto es que ahora no tenía necesidad de andar. Si la nuca no le hubiera estado doliendo tanto, la cosa no habría sido del todo desagradable. Era casi como ir en auto. Aquel movimiento le produjo sueño. *¿Adónde me llevará? ¿Adónde...? ¿Adónde...?* Blurry acabó por dormirse.

Pero no durmió mucho rato. Por lo visto, la bestia se dio cuenta de pronto de que no sabía qué hacer con aquel bichejo que llevaba en la boca. Sin ningún miramiento, dejó caer a Blurry, no sin antes darle un buen mordisco en la nuca, y siguió corriendo.

Y el pobre osito que quería ver el mundo se quedó solo con su dolor. Se puso de pie para que la gente no lo pisara y, restregándose los ojos, miró a su alrededor.

Menos piernas, menos muros, más sol y menos piedras bajo las patas. ¿Sería aquello el mundo? No podía pensar. Le parecía que alguien le estaba dando martillazos en la cabeza. No quería seguir caminando, ¿para qué? ¿Adónde podía ir? Mirwa estaba muy lejos. Su mamá, más lejos aún, y con ella estaba su ama. Pero ¡no! Él había salido para ver el mundo, y tenía que continuar.

Oyó ruidos a su espalda y, asustado, volvió la cabeza. ¿Algún otro animal que querría morderlo? No. Era una niña que acababa de descubrirlo.

—Mira, mamá. Un osito. ¿Puedo tomarlo y llevármelo?

—No, hija. Está sucio y lleno de sangre.

—No importa. En casa lo lavaremos. Me lo llevaré para jugar con él.

Blurry no comprendió lo que decían, sus oídos entendían sólo el lenguaje de los animales, pero aquella niña rubia parecía simpática, por lo que no se resistió cuando lo envolvió en un pañuelo y lo puso en una bolsa. Y de este modo continuó Blurry su viaje por el mundo.

Cuando hubieron recorrido un buen trecho, la niña lo sacó de la bolsa y lo llevó en brazos. ¡Qué alegría! ¡Por fin podía ver las cosas desde arriba! Cuántas piedras, unas encima de otras, ¡y qué altas! De vez en cuando, un agujero pintado de blanco y, arriba, tocando el cielo, aquella cosa que seguramente sería un adorno, algo así como la pluma que su ama llevaba en el sombrero. Por allí salía humo. ¿Es que aquella pluma fumaba cigarrillos como el papá de su ama? ¡Qué divertido! Pero encima de las piedras había más, algo azul, y ahora venía una cosa blanca que tapaba lo azul, pero cuando hubo pasado por encima de sus cabezas, encima del humo volvía a estar azul como antes.

Allá lejos había algo que corría mucho, pero sin patas, con dos cosas redondas y planas. Desde luego, valía la pena ir a ver el mundo, en vez de quedarse por siempre en casa. ¿Para qué nacemos? Desde luego, no para quedarnos toda la vida al lado de mamá. Ver el mundo, vivir. Para eso quería Blurry hacerse mayor. ¡Oh, sí! Blurry sabía bien lo que quería.

Por fin, la niña se detuvo ante una puerta. Lo primero que vio Blurry al entrar fue una cosa muy parecida a Mirwa. Se llamaba gato, si mal no recordaba. El gato se restregó en las piernas de la niña rubia, pero ésta lo apartó a un lado y se fue con Blurry hacia una cosa blanca. Su ama tenía otra igual, pero Blurry no sabía cómo se llamaba. Aquella cosa estaba a bastante altura del suelo y era grande y resbaladiza. A un lado había unas llaves relucientes a las que se daba vueltas, y eso hizo entonces la niña. Lo metió allí dentro y empezó a lavarlo. Primero, la nuca, donde aquel animalote lo había mordido. Dolía, y Blurry se puso a gruñir, muy enfadado, pero sus gruñidos no parecieron conmover a nadie. Afortunadamente, aquel lavado no duró tanto como el de Mirwa, pero mojaba más y era más frío.

La niña acabó pronto, lo secó, lo envolvió en una toalla limpia y lo metió en una cama con ruedas, igual a la que su amita utilizaba para él.

¿Por qué lo metía en la cama? Blurry no estaba cansado ni tenía ganas de acostarse.

Así es que, en cuanto la niña salió de la habitación, él bajó de la cama y, después de cruzar muchas puertas, volvió a salir a la calle.

Ahora tengo que comer, pensó Blurry. Se puso a husmear. Por allí olía a comida. Guiándose por el olfato, llegó a la casa de donde salía el olor.

Por entre las piernas de una señora, Blurry se metió en la tienda. Detrás de un enorme armatoste había dos muchachas que no tardaron en descubrirlo. Aquellas dos muchachas trabajaban mucho durante todo el día, y no iban a despreciar aquella ayuda que venía a sus manos. Así es que lo tomaron y lo metieron en un cuarto bastante oscuro, en el que hacía un calor asfixiante. Pero la situación no era muy desagradable. Aquel cuarto, y eso era lo importante, estaba lleno de comida. En el suelo, y en estantes colocados alrededor de la habitación a escasa altura, había largas hileras de panecillos y pasteles. Blurry nunca había visto tantos ni tan buenos. Pero ¿qué era lo que había visto Blurry en realidad? No mucho, desde luego.

Blurry se lanzó ávidamente sobre los pasteles y comió tantos que casi le sentaron mal. Luego se dedicó a explorar. Verdaderamente, había mucho que ver. Aquello parecía Jauja. Por todas partes, panecillos, pasteles, tartas y galletas. Para tomarlos, no tenía más que alargar la mano. También había mucho movimiento y muchas piernas blancas, pero eran completamente distintas de las que se veían por la calle.

No se puede decir que le dejaran mucho tiempo para explorar. Las muchachas, que no lo perdían de vista, le pusieron una escoba en la mano y, por señas, le indicaron que tenía que barrer. ¡Claro que sabía barrer! A menudo, había visto a su mamá hacerlo. Muy animoso, se puso manos a la obra. Pero no era fácil. La escoba pesaba mucho y el polvo le hacía cosquillas en la nariz y lo obligaba a estornudar. Además, hacía mucho calor. Blurry notó que sus fuerzas lo abandonaban. No estaba acostumbrado al trabajo ni al calor. Pero cada vez que se paraba a descansar un momento, siempre había alguien que lo obligaba a seguir trabajando y que, además, le propinaba algún que otro golpe en las orejas.

¡Ojalá no me hubiera metido aquí!, pensaba Blurry. *Ahora no tendría que hacer este trabajo tan odioso.* Pero de nada iba a servir lamentarse. Había que barrer, y Blurry barría.

Después de dar muchas vueltas por la habitación, ya tenía toda la basura recogida. Entonces, una de las chicas lo tomó de la mano y lo llevó a un rincón en el que había un montoncito de virutas duras y amarillas. Lo dejó allí encima y Blurry comprendió que entonces podía dormir. Como si aquello fuera un cómodo sofá, se tendió cuan largo era y se quedó dormido.

A las siete de la mañana, lo obligaron a levantarse, lo dejaron comer golosinas hasta saciarse y lo pusieron de nuevo a trabajar. ¡Pobre Blurry! ¡Si todavía estaba cansado de la víspera! No estaba acostumbrado al trabajo y lo que más le molestaba era el calor. Le dolían los ojos y la cabeza, y le parecía que en su interior todo se hinchaba.

Por primera vez, añoró su hogar. Pensó en su mamá, en su amita, en su cama y en la cómoda vida que allí tenía. Pero ¿cómo podría llegar hasta allí? Escapar era imposible, pues estaba muy vigilado, y la única puerta que podía abrirse comunicaba con la habitación donde estaban las dos muchachas. Ellas le impedirían marcharse.

No, Blurry tendría que esperar.

No podía pensar con claridad. Se sentía débil y muy triste. De pronto, todo empezó a darle vueltas y tuvo que sentarse en el suelo. Nadie lo regañó. Cuando pasó el mareo, reanudó su trabajo.

A todo se acostumbra uno, y Blurry acabó por acostumbrarse a aquella vida. Después de trabajar desde la mañana hasta la noche durante una semana, no hubiera sabido hacer nada más.

Los ositos olvidan pronto, afortunadamente. Aunque Blurry no olvidaba ni a su mamá ni su viejo hogar. Pero ahora parecía tan lejano, tan inaccesible…

Una tarde, las dos muchachas que lo habían tomado leyeron el siguiente anuncio en el periódico: "Se gratificará devolución de un osito pardo. Se llama Blurry".

—¿Será el nuestro? —se preguntaron—. No sirve para trabajar, aunque de un osito tan pequeño no hay que esperar tal cosa. Será mejor que lo devolvamos, para que nos den la recompensa.

Entraron en el almacén y llamaron:

—¡Blurry!

Blurry levantó la cabeza. ¿Le habían llamado? La escoba cayó al suelo. El osito enderezó las orejas. Las muchachas se acercaron y volvieron a llamarle.

—¡Blurry!

Blurry fue corriendo hacia ellas.

—Sí, se llama Blurry. Hoy mismo iremos a devolverlo.

Aquella misma noche, Blurry fue devuelto a su ama y las dos muchachas recibieron la recompensa.

Por su escapatoria, Blurry recibió de su ama una buena paliza y, después, un beso. Su madre se limitó a decirle:

—Blurry, ¿por qué te escapaste?

—Quería ver el mundo.

—¿Y lo viste?

—Oh, vi mucho. Soy un oso con gran experiencia.

—Sí, ya lo sé. Pero lo que te pregunto es si viste el mundo.

—Pues… lo que se dice verlo… Es que no pude encontrarlo.

23 de abril de 1944

El hada

El hada a la que me refiero no es un hada común, como las que salen en los cuentos y habitan en el país de las hadas. ¡Oh, no! Mi hada era un hada especial. Su aspecto se salía de lo ordinario y su modo de obrar también. Y me preguntarán, ¿qué tenía esa hada de extraordinario?

Pues que no se limitaba a ayudar aquí un poco y allá otro poco, sino que se había impuesto la tarea de hacer felices a los hombres.

Esta hada tan extraordinaria se llamaba Ellen. Sus padres habían muerto cuando ella era todavía muy pequeña, pero le habían dejado mucho dinero. De modo que, ya desde niña, Ellen podía hacer todo lo que se le antojaba y comprar todo lo que quería. Otros niños, hadas o duendes se hubieran vuelto caprichosos, pero Ellen fue siempre extraordinaria y no se volvió caprichosa.

Cuando fue mayor, como todavía tenía mucho dinero, se compraba bonitos vestidos y comía los más exquisitos manjares.

Una mañana, al despertarse, empezó a pensar en qué destino iba a dar a todo aquel dinero.

A mí me sobra y, cuando me muera, no podré llevármelo. ¿Por qué, pues, no habría de utilizarlo en hacer felices a los demás?

Excelente propósito. Ellen decidió ponerlo en práctica sin tardar. Se levantó, se vistió, tomó un cesto de mimbre, lo llenó de dinero y salió de casa.

¿Por dónde empezaré?, se preguntó. *¡Ya sé! La viuda del leñador se alegrará de verme. Hace poco que murió su marido y la pobre mujer debe pasar muchos apuros.*

Canturreando, Ellen atravesó los prados en dirección a la cabaña del leñador. Llamó suavemente a la puerta.

—¡Adelante! —dijo una voz desde dentro.

Ellen abrió la puerta poco a poco y se asomó al interior. La habitación era oscura. En un rincón, sentada en una desvencijada mecedora, una viejecita estaba tejiendo.

Cuando Ellen entró en la casa y dejó un puñado de monedas de oro sobre la mesa, la pobre mujer se quedó boquiabierta. Ella sabía, como todo el mundo, que había que tomar los dones de las hadas y de los duendes sin rechistar. Por eso dijo a Ellen amablemente:

—Muchas gracias, pequeña. Pocas son las personas que dan sin pedir nada a cambio. Pero, por fortuna, los habitantes del reino de las hadas son una excepción.

—¿Qué quieres decir? —le preguntó Ellen, sorprendida.

—Pues que no abundan quienes se desprenden de algo a cambio de nada.

—¿En verdad? Pero ¿por qué habría de pedirte cosa alguna? Al contrario, estoy contenta porque ahora mi cesto pesa menos.

—Pues, en ese caso, muchas gracias.

Ellen se despidió y continuó su camino. Diez minutos después, llegó a otra casa. A pesar de que no conocía a quienes la habitaban, también llamó a la puerta. Al entrar se dio cuenta de que allí no hacía falta dinero. A los de la casa no les faltaban bienes materiales, sino felicidad.

La dueña de la casa la recibió también muy amablemente, pero no era una mujer alegre. Sus ojos no tenían el menor brillo y la expresión de su rostro era de suma tristeza.

Ellen se dijo que allí tendría que quedarse más tiempo. *Tal vez pueda ayudar a esta pobre mujer de algún modo*, pensó.

Y en cuanto la pequeña hada tomó asiento sobre un almohadón, la mujer empezó a contarle sus penas. Le dijo que su marido era malo y sus hijos desobedientes, y le habló de todo lo que la afligía. Ellen la escuchó con atención, haciendo alguna pregunta de vez en cuando e interesándose vivamente por las tribulaciones de la mujer. Cuando ésta terminó su relato, las dos permanecieron unos instantes en silencio. Luego, Ellen dijo:

—Buena mujer, nunca he experimentado penas como las que tú me cuentas y no sé de qué forma ayudarte, pero voy a darte un consejo. Es algo que yo hago siempre cuando me siento tan triste y tan sola como tú. Sal a pasear por el bosque una mañana de sol, luego siéntate sobre el musgo y contempla el cielo y los árboles. Entonces te sentirás reconfortada y verás cómo todo aquello que te parecía insoportable pierde importancia.

—¡Ay, hada! Este sistema resultará tan ineficaz como todos los que he probado hasta ahora —dijo la mujer.

—Inténtalo, aunque sea tan sólo una vez —insistió Ellen—. Cuando te encuentres a solas con la naturaleza, te olvidarás de todas tus penas. Te sentirás serena y contenta, comprenderás que Dios no te ha abandonado, como creías.

—Lo probaré, para complacerte —dijo al fin la mujer.

—Bien. Ahora me marcho. Volveré dentro de una semana, a la misma hora.

Ellen fue entrando en casi todas las casas, repartiendo alegría a los hombres. Cuando llegó la noche, tenía el cesto vacío, pero el corazón lleno. Sabía que su dinero estaba muy bien empleado, mucho mejor que si lo hubiera utilizado para comprarse vestidos caros.

A partir de aquel día, Ellen salía a menudo con el cestito al brazo, su alegre vestido de flores y una cinta en el cabello. Iba de casa en casa alegrando a la gente.

Incluso aquella mujer a la que no le faltaba el dinero, pero tampoco las penas, parecía más feliz.

¡Ellen sabía que su método era infalible!

En sus visitas, Ellen hizo muchos amigos. No eran duendes ni hadas, eran personas, simplemente.

Ellas le hablaban de su vida, y Ellen iba acumulando experiencia. Pronto tuvo una respuesta para cada pregunta.

Pero al calcular su dinero se equivocó y, al cabo de un año, no le quedaba más que lo justo para vivir.

El que crea que Ellen se afligió por ello o dejó de repartir dones, se equivoca. Ellen siguió dando, dinero no, pero sí consejos y palabras de aliento.

Y es que Ellen había aprendido que cuando uno se queda solo, después de perder a toda su familia, todavía puede hacer de su vida algo hermoso y que, por pobre que se sea, siempre se puede compartir con el prójimo la riqueza espiritual.

Cuando Ellen murió, siendo ya un hada muy vieja, todos la lloraron como a nadie habían llorado. Y muchas veces, mientras los hombres dormían, ella volvía para darles felices sueños. Incluso en sueños, recibían ellos los buenos consejos de la admirable Ellen.

12 de mayo de 1944

La vida de Cady

CAPÍTULO I

Cuando Cady abrió los ojos, lo primero que vio fue que a su alrededor todo era blanco. Lo último que recordaba era que alguien la había llamado... Un automóvil... Luego había caído al suelo y todo se había oscurecido. Sentía un agudo dolor en la pierna derecha y en el brazo izquierdo y, sin darse cuenta, suspiró levemente. Al momento se inclinó sobre ella un rostro amable que la miraba desde debajo de una cofia blanca.

—¿Duele mucho, pequeña? ¿Te acuerdas de lo que te ocurrió? —preguntó la monja.

—No es nada...

La hermana sonrió, y Cady prosiguió:

—¡Sí... un coche... me caí... y nada más!

—Dime cómo te llamas, para que podamos avisar a tus padres.

Cady se intranquilizó.

—Es que... —empezó.

—No te preocupes. No hace mucho que te estarán esperando. Todavía no hace una hora que estás aquí.

—Me llamo Carolina Dorotea van Altenhoven, Cady, y vivo en Zuider Amstellaan, 261.

—¿Te hacen falta tus padres?

Cady asintió. Estaba muy cansada y todo le dolía. Suspiró nuevamente y se durmió.

La hermana Ank, sentada junto a la cama del blanco cuartito del hospital, miró con inquietud la pálida carita que descansaba sobre la almohada. Su expresión era serena, como si no hubiera sucedido nada. ¡Pero algo muy malo había sucedido! Cady había sido atropellada por un automóvil que había dado vuelta en una esquina en el preciso momento en que la niña iba a cruzar la calle. El médico diagnosticó inmediatamente doble fractura de la pierna izquierda, magullamiento del brazo derecho y distintas lesiones en el pie izquierdo.

Llamaron con suavidad a la puerta. Una monja hizo entrar a una señora de estatura regular seguida de un caballero muy alto y bien parecido. La hermana Ank se puso en pie. Aquéllos debían ser los padres de Cady. La señora van Altenhoven estaba muy pálida. Miró a su hija con ojos angustiados. Ésta no se dio cuenta: seguía durmiendo.

—¡Oh, hermana, dígame qué le pasó! Estábamos intranquilos… pero no podíamos imaginar que le hubiera ocurrido un accidente. ¡Oh, no, no!

—Tranquilícese, señora. Su hija ya recobró el conocimiento.

La hermana Ank les contó lo poco que ella sabía del caso, quitándole importancia, por lo que ella misma empezó a sentirse más optimista. ¡Al fin y al cabo, tal vez se salvaría!

Mientras los mayores hablaban, Cady despertó. Al ver a sus padres allí, se sintió mucho peor que cuando estaba a solas con la hermana. Empezaron a asaltarle horribles pensamientos. Se veía convertida en una inválida para siempre, con un solo brazo, y cosas peores.

La señora van Altenhoven vio que su hija había despertado y se acercó a la cama.

—¿Te duele mucho? ¿Te encuentras mejor? ¿Quieres que me quede contigo? ¿Deseas algo?

Cady no podía contestar a todas aquellas preguntas. Movió la cabeza y esperó con impaciencia a que pasara aquel alboroto.

—¡Papá! —fue lo único que pudo decir.

El señor Van Altenhoven se sentó en el borde de la cama de hierro y, sin decir nada, acarició la mano sana de su hijita.

—Gracias, muchas gracias…

Cady no dijo más. Había vuelto a dormirse.

CAPÍTULO II

Había transcurrido una semana desde el accidente. Todos los días, mañana y tarde, la señora van Altenhoven iba a ver a su hija, pero no le permitían quedarse mucho rato con ella, pues la fatigaba con su charla. La monja que la cuidaba se dio cuenta de que Cady recibía con más alegría las visitas de su padre que las de su madre.

A la monja no le resultaba difícil cuidar a su enfermita. A pesar de que debía tener fuertes dolores, sobre todo cuando el médico la curaba, Cady nunca se quejaba ni se mostraba abatida.

Pasaba muchos ratos quieta en la cama, soñando despierta, mientras la hermana Ank leía o tejía a su lado. Después de los primeros días, Cady dormía menos y conversaba ya un poco, y con nadie mejor que con la hermana Ank. Era ésta una persona de hablar dulce y reposado. Era, precisamente, su calma lo que más le agradaba a Cady. Enseguida comprendió que siempre había echado de menos aquella serena simpatía. Pronto hubo entre ellas una atmósfera de comprensión y confianza.

Una mañana, al cabo de dos semanas, cuando Cady le había hablado ya mucho de sí misma, la hermana, con mucha discreción, le preguntó por su madre. Cady, que esperaba aquella pregunta, se alegró de poder comunicar a alguien sus sentimientos.

—¿Por qué me lo pregunta? ¿Acaso le parece que no soy buena con mi madre?

—No, nada de eso. Pero tengo la impresión de que la tratas con más frialdad que a tu padre.

—Tiene razón. Mi madre no me inspira verdadero cariño. Y eso me da mucha pena. ¡Ella es tan distinta de mí! Pero no es eso lo malo. Es que ella no comprende las cosas que a mí me parecen importantes. ¿Puede usted ayudarme, hermana Ank? Dígame qué puedo hacer para ser más buena con mi madre, para que no crea que la quiero menos que a papá. Yo sé que ella me quiere mucho, pues no tiene otros hijos.

—A mí me parece que tu madre se esfuerza también por acercarse a ti, pero no ha encontrado el camino.

—Oh, no, no es eso. Mamá cree que su actitud es irreprochable. Se asombraría si alguien le dijera que no sabe tratarme. Ella no tiene la menor duda de que toda la culpa es mía. Hermana Ank, quisiera que mi madre fuera como usted. ¡Echo tanto de menos a una madre verdadera! Y mamá nunca lo será. En este mundo, nadie tiene todo lo que desea. Los que me conocen están convencidos de que a mí nada me falta. Vivo en una casa bonita y papá y mamá se llevan bien, me dan todo lo que quiero… Pero ¿es que una madre comprensiva no ocupa un lugar importante en la vida de una chica? Tal vez a los muchachos les pase igual. ¡Qué sé yo! Seguramente tendrán la misma necesidad de una madre comprensiva, pero quizá para ellos sea distinto. Ahora comprendo qué es lo que le falta a mi madre. No tiene tacto. Habla de las cosas más delicadas con indiferencia, no comprende mis inquietudes y, no obstante, siempre dice que se interesa mucho por la juventud. No sabe lo que es paciencia ni ternura. Es una mujer, pero no una verdadera madre.

—No seas tan dura con ella, Cady. Tal vez sea muy distinta. Quizá haya sufrido mucho y prefiera eludir lo que podría herirla.

—No lo sé. ¿Qué saben los niños acerca de sus padres? ¿Quién les cuenta nada? Precisamente porque nunca he comprendido a mi madre ni ella a mí, nunca ha habido confianza entre nosotras.

—¿Y tu papá, Cady?

—Papá sabe que mamá y yo no nos entendemos. Él nos comprende a las dos. Es un hombre maravilloso. Trata de ofrecerme lo que echo de menos en mi madre. Pero tiene miedo de hablar de ello, y evita todos los temas de conversación que se refieran a mamá. Un hombre puede hacer mucho, pero no puede sustituir a una madre.

—Me gustaría contradecirte, Cady, pero no puedo. Sé que tienes razón. Es una lástima que se sientan tan alejadas una de otra. Quizá cuando tú seas mayor, todo se arregle. ¿No lo crees posible?

Cady se encogió de hombros casi imperceptiblemente.

—¡Hermana, es tanta la falta que me hace una madre! No puede imaginar cómo me gustaría tener a alguien en quien confiar plenamente y que confiara de la misma manera en mí.

La hermana Ank miró a Cady fijamente.

—No hablemos más de esto, hija mía. Pero me alegro de que me lo hayas contado.

CAPÍTULO III

Las semanas pasaron monótonamente. Cady recibía muchas visitas de amigos y conocidos, pero pasaba sola la mayor parte del día. Su estado había mejorado, y ahora le permitían sentarse en la cama y leer. Tenía una mesita, y sobre ella escribía, en un diario que le había comprado su padre, sus pensamientos y sus ideas. Nunca hubiera podido imaginarse que aquella ocupación le proporcionaría tanta distracción y consuelo.

La vida en el hospital era muy monótona. Todos los días eran iguales. El horario se cumplía siempre a rajatabla. Todo estaba muy silencioso y Cady, que ya no tenía dolores en el brazo ni en la pierna, hubiera preferido tener un poco más de bullicio alrededor. No obstante, los días pasaban con bastante rapidez. Cady no se aburría, pues todos le llevaban juegos con los que ella podía distraerse a solas y con una mano. Tampoco los libros de estudio la aburrían y a ellos dedicaba una parte del día.

Hacía ya tres meses que estaba en el hospital y pronto podría salir. Sus fracturas no eran tan graves como todos habían temido al principio, y los médicos estaban de acuerdo en afirmar que lo mejor sería mandarla a una clínica para que acabara de restablecerse.

Así pues, la señora van Altenhoven hizo el equipaje de Cady y la acompañó a la clínica, adonde llegaron después de varias horas de viaje en ambulancia. Allí, Cady se sentía mucho más sola. Sólo dos días a la semana podía recibir visitas. En la clínica, no tenía a la hermana Ank, y todo le resultaba extraño. Su única alegría era notar que recobraba rápidamente la salud.

Cuando se acostumbró a la clínica y pudo prescindir del cabestrillo, tuvo que aprender otra vez a caminar. Aquello fue horrible. Apoyándose en dos monjas, tenía que poner un pie en el suelo y luego el otro… y cada día vuelta a empezar, hasta que, por fin, sus piernas volvieron a habituarse al movimiento.

Fue un verdadero acontecimiento el día en que, apoyándose en un bastón y en una monja, pudo bajar al jardín. Desde aquel día, cuando hacía buen tiempo, Cady y la hermana Truus (así se llamaba la monja que siempre la acompañaba) se sentaban en una banca del jardín y charlaban o leían. Después, empezaron los paseos por el bosque. Tenían que caminar muy despacio, pues cuando, sin darse cuenta, Cady hacía algún movimiento brusco, sentía aún fuertes dolores. A pesar de todo, cada día esperaba con impaciencia la hora del paseo, para poder contemplar la naturaleza y hacerse la ilusión de que estaba curada.

CAPÍTULO IV

Tres semanas después, cuando Cady conocía ya todas las piedras del camino, el médico le preguntó si le gustaría salir sola de paseo. A Cady le entusiasmó la idea.

—¿En verdad puedo?

—Sí, sí, márchate donde no te veamos más —bromeó el médico.

Cuando Cady estuvo dispuesta, tomó el bastón y se dirigió hacia la puerta. Experimentaba una extraña sensación. Estaba tan acostumbrada a llevar a la hermana Truus a su lado... Aquel primer día no debía pasar de la verja del jardín. Media hora después, la hermana que estaba de guardia en su pabellón la vio entrar con las mejillas encendidas y una expresión de alegría en el rostro.

—Por lo que veo, el paseo te sentó bien.

A partir de aquel día, Cady bajaba a diario al jardín. En vista de que su estado mejoraba rápidamente, el médico pronto le permitió pasar de la verja. La región en la que estaba situada la clínica era muy tranquila. Por allí no había más casas que las villas que se encontraban a diez minutos.

A un lado del camino, Cady había descubierto una banca, que consistía en el tronco de un árbol caído, y, para hacerla más confortable, llevaba consigo unos pañuelos. Cada mañana se sentaba allí a leer o a soñar. A menudo, después de leer un par de páginas, dejaba caer el libro y se decía: *¿Qué me importa el libro? ¿No es mucho mejor contemplar todo esto? ¿No es mejor pensar en el mundo y en todo lo que hay en él, que leer las andanzas de la chica del libro?* Y miraba a su alrededor, los pájaros, las flores, las hormigas que, apresuradamente, pasaban entre sus pies, cargadas con briznas de hierba, y se sentía feliz. Entonces pensaba en cuándo podría volver a correr y saltar... Llegó a la conclusión de que su accidente, que tantos sinsabores le había ocasionado, tenía también su lado bueno. Cady comprendió que allí, en el bosque, en la clínica y en el silencio del hospital había descubierto en sí misma algo nuevo: había descubierto que era una persona con pensamientos e ideas propias, un ser independiente, alguien.

¿Por qué no se le había ocurrido nunca pensar en las personas con las que convivía, en sus propios padres?

¿Qué había dicho la hermana Ank? "Quizá tu madre haya sufrido mucho y prefiera eludir lo que podría herirla." A lo que ella había contestado: "¿Qué saben los hijos acerca de sus padres?".

¿Qué le hizo contestar con tanta amargura, si nunca lo había pensado detenidamente? Pero ¿acaso aquella respuesta no era cierta? ¿Qué saben los niños de los demás, de sus amigos, de sus familiares, de sus profesores? ¿Qué sabía ella de nadie, como no fuera su aspecto? ¿Había hablado alguna vez en serio con alguno de ellos? En lo más profundo de su corazón se sintió avergonzada, aunque todavía no sabía cómo empezar a estudiar a sus semejantes, y concluyó: *Al fin y al cabo, ¿de qué les serviría confiar en mí, si yo no puedo ayudarles?* Y a pesar de que no sabía cómo ayudar al prójimo, se dijo que sería muy grato que alguien confiara en ella. Poco tiempo atrás, hubiera deseado tener una persona en quien confiar, para no sentirse tan sola. ¿Acaso no desaparecería aquella sensación si ella tuviera una amiga a la que pudiera contárselo todo? Cierto, nunca había hecho nada por remediar su soledad, pero tampoco los demás se habían preocupado nunca por ella.

CAPÍTULO V

Cady tenía el carácter alegre y comunicativo. No obstante, no se sentía sola porque no tuviera con quien hablar; no, aquella sensación de soledad nacía de otra cosa.

Bueno, es una estupidez seguir dándole vueltas, se reprendió Cady mentalmente. Luego, se echó a reír. Tenía gracia que ahora, cuando nadie más la regañaba, lo hiciera ella. ¿Es que echaba de menos las reprimendas?

Al oír pasos, levantó vivamente la cabeza. Hasta entonces, no había visto nunca a nadie por aquellos alrededores. Los pasos se iban acercando. Al poco rato salió del bosque un muchacho de unos diecisiete años, que la saludó amablemente y siguió su camino.

¿Quién será?, se preguntó ella. *¿Alguien de las villas? Sí, seguramente. Por aquellos contornos no vivía nadie más.* Con este pensamiento, Cady olvidó el incidente, y no volvió a acordarse del muchacho hasta la mañana siguiente, en que él volvió a pasar por allí. Y así toda la semana, a la misma hora.

Una mañana, desde su banca, Cady lo vio salir del bosque como siempre, pero, al pasar por delante de ella, se detuvo y, tendiéndole la mano, dijo:

—Me llamo Hans Donkert. Ya es hora de que nos presentemos, ¿no te parece?

—Yo me llamo Cady van Altenhoven —contestó ella—, y estoy encantada de que te hayas parado aquí.

—Verás, temí que te pareciera ridículo que pasara todos los días por aquí sin decir nada, pero tampoco estaba muy seguro de que quisieras hablar conmigo. Por fin, la curiosidad venció y me atreví.

—¿Acaso da miedo hablar conmigo? —preguntó Cady, risueña.

—Si se te mira de cerca, no —siguió él la broma—. Dime, ¿vives en las villas o en la clínica? Aunque esto último me parece poco probable —se apresuró a añadir.

—¿Por qué? —preguntó Cady —. Naturalmente, estoy en la clínica. Me trituré una pierna, un brazo y un pie, y he necesitado seis meses para restablecerme.

—¿Tantas cosas a la vez?

—Sí. Cometí la tontería de dejarme atropellar por un automóvil. No te impresiones, tú mismo no acababas de creer que fuera una paciente.

Hans estaba realmente un poco impresionado, pero creyó más discreto no decir nada más sobre el particular.

—Yo vivo en la casa Dennegroen, allí detrás —dijo señalando con el dedo—. Te habrá llamado la atención que pase siempre a la misma hora. Es porque estoy de vacaciones, y cada mañana voy a visitar a un amigo mío para no aburrirme.

Cady hizo ademán de levantarse, y Hans, al observar que le costaba trabajo, le tendió la mano. Pero Cady era muy obstinada y no quiso tomarla.

—No te enfades, pero tengo que hacerlo sola.

Hans, que de todos modos quería ayudarla, se empeñó en llevarle el libro, y así tuvo un pretexto para acompañarla hasta la clínica. Al llegar a la verja, se despidieron como dos viejos amigos.

A la mañana siguiente, Cady no se sorprendió de que él llegara algo más temprano y se sentara a su lado. Hablaron mucho, pero de cosas sin importancia. Cady encontraba a Hans extraordinariamente simpático, pero se dijo que era una lástima que tuviera una conversación tan intrascendente.

Una mañana en que, como de costumbre, estaban sentados en el tronco, a cierta distancia uno de otro, la conversación no fluía con la facilidad habitual. Al final, se quedaron callados, con la mirada perdida en el vacío. Cady, que se había puesto a meditar, salió de su abstracción al darse cuenta de que él la estaba mirando fijamente. Los dos quedaron mirándose más tiempo del que hubieran querido, hasta que Cady desvió los ojos.

—Cady, ¿querrías decirme en qué estabas pensando?

Antes de responder, ella reflexionó unos momentos.

—Es muy complicado. No lo comprenderías. Seguramente te parecerían bobadas.

Cady se sintió repentinamente desalentada y, al terminar de hablar, le tembló la voz.

—¿Tan poco confías en mí? ¿Crees que no tengo también pensamientos e ideas que no comunico al primero que llega?

—No es que no confíe en ti. Lo que ocurre es que resulta tan complicado… en verdad, no sabría qué decirte.

Los dos clavaron los ojos en el suelo, con cara seria. Cady comprendió que Hans se sentía decepcionado, y le supo mal. De pronto le dijo:

—A veces, ¿no te sientes solo, aunque estés con tus amigos? Quiero decir, solo interiormente.

—A mí me parece que todos los jóvenes nos sentimos a veces más o menos solos. Sí, he sentido lo que tú dices, y hasta hoy no había hablado de ello con nadie. Los chicos nos sinceramos todavía menos que ustedes, y nos dan más miedo la incomprensión y el ridículo.

Cady lo miró fijamente y dijo:

—A menudo me pregunto por qué los hombres confían tan poco unos en otros, por qué son tan parcos en "verdaderas" palabras. A veces, con sólo unas cuantas frases, se podrían allanar tantos obstáculos, vencer dificultades…

Volvieron a quedarse en silencio durante un buen rato. Finalmente, Cady pareció tomar una decisión.

—¿Crees en Dios, Hans?

—Sí, creo firmemente en Dios.

—Últimamente he pensado mucho en Dios, pero hasta ahora no había hablado con nadie de mis pensamientos. Desde muy pequeña, mis padres me enseñaron a rezar al acostarme. Yo lo hacía de rutina, con el mismo ánimo con que me lavo los dientes. Nunca me paré a pensar en Dios; quiero decir, nunca me acordaba de Él, pues siempre he tenido todo lo que he deseado. Pero desde que sufrí el accidente, he pasado mucho tiempo sola y he podido meditar largamente. Una de las primeras noches que pasé aquí, me atasqué en mis oraciones. Entonces me di cuenta de que estaba distraída. Desde aquel día, he procurado corregirme; reflexiono sobre el significado de cada palabra, y he descubierto que las oraciones infantiles, esas oraciones en apariencia tan sencillas, encierran un significado mucho más hondo de lo que yo creía. Desde aquella noche, rezo también otras oraciones que me parecen bonitas. Otra noche, semanas después, volví a acostarme. Entonces me asaltó este pensamiento: ¿por qué va Dios a ayudarme, si mientras fui feliz nunca pensé en Él? Y comprendí que sería justo que Dios no se ocupara ahora de mí.

—En esto no estoy de acuerdo. Antes, cuando vivías feliz y contenta, no rezabas premeditadamente sin atención. Simplemente, te distraías. Ahora que buscas a Dios, porque sabes lo que es el dolor y la angustia; ahora que en verdad procuras ser como tú crees que debes ser, Dios no puede abandonarte.

Pensativa, Cady levantó la cabeza hacia las copas de los árboles.

—¿Cómo podemos estar seguros de que Dios existe, Hans? ¿Quién es Dios? ¿Qué es Dios? Hasta ahora, nadie lo ha visto. Muchas veces, tengo la impresión de que nuestros rezos se pierden en el aire.

—A esta pregunta sólo puedo contestar una cosa: nadie podrá decirte *quién* es Dios ni qué aspecto tiene, porque no hay quien lo sepa. Pero sí puedo decirte *qué* es Dios. Mira a tu alrededor, contempla las flores, los árboles, los animales y las personas, y entonces sabrás qué es Dios. Esta maravilla que vive y muere y se multiplica, a la que llamamos naturaleza, es Dios. Él lo hizo todo. No necesitas saber más, para hacerte una idea de qué es Dios. A esta maravilla, los hombres la han llamado Dios, como hubieran podido llamarla de otro modo. ¿No estás de acuerdo?

—Sí, te comprendo. También yo he pensado a menudo en ello. Muchas veces, cuando el médico me decía: "Haces grandes progresos, estoy casi seguro de que sanarás por completo", yo sentía un profundo agradecimiento. Y aparte de médicos y enfermeras, ¿a quién, sino a Dios, tenía que estar agradecida? Pero otras veces, cuando sentía fuertes dolores, pensaba que lo que yo llamaba Dios no era otra cosa que el destino. Y seguía moviéndome en círculo, sin hallar una salida. No obstante, al preguntarme a mí misma en qué creía, yo sabía a ciencia cierta que creía en Dios. A veces, cuando tengo alguna duda, hago como si pidiera consejo a Dios. Entonces sé, con seguridad, que la respuesta es acertada. Pero luego me pregunto si esa respuesta no habrá salido de mí.

—Como te digo, Dios hizo a los hombres y a todos los seres vivientes. Él nos dio el alma y la noción del bien. La respuesta sale de ti, pero también de Dios, pues Él te hizo como eres.

—¿Quieres decir que Dios habla conmigo a través de mí misma?

—Sí. Con todo lo que hemos hablado, nos hemos aproximado mucho mutuamente. Dame la mano, en señal de confianza. Si alguna vez uno de los dos se encuentra en dificultades y desea confiar en otra persona, por lo menos sabrá el camino que debe tomar.

Cady le tendió la mano. Permanecieron un buen rato tomados de la mano así, mientras en su interior sentían un gran sosiego.

Desde su conversación acerca de Dios, Cady y Hans se sintieron ligados por una firme amistad, mucho más profunda de lo que nadie hubiera podido imaginar. Entretanto, Cady había adquirido la costumbre de anotar en su Diario lo que ocurría a su alrededor. Y donde mejor expresaba sus sentimientos y sus ideas era sentada al aire libre, junto a Hans. Un día escribió:

"A pesar de que ahora tengo un amigo 'de verdad', no siempre me siento feliz y contenta. ¿Cambia todo el mundo con tanta facilidad? Pero si siempre estuviera contenta, quizá no meditaría cuanto hay que meditar.

"Siempre tengo presente nuestra conversación sobre la existencia de Dios, y, algunas veces, mientras leo, en la cama o en el bosque, me pregunto: '¿Cómo me habla Dios a través de mí misma?'. Y me pongo a reflexionar.

"Creo que Dios me habla 'a través de mí misma' porque, cuando creó a los hombres, a cada uno le dio un pedacito de su

Ser. Este 'pedacito' es lo que nos hace ver la diferencia entre el bien y el mal y lo que responde a nuestras preguntas. Este 'pedacito' es, para el hombre, lo que el desarrollo para las flores o los trinos para los pájaros.

"Pero Dios puso también en los hombres pasiones y codicia y, en cada uno, se libra una lucha entre estas pasiones y el amor al bien.

"Quién sabe si algún día los hombres prestarán más atención al 'pedacito de Dios', llamado conciencia, que a sus apetitos."

La situación de los judíos era cada vez peor. En 1942 debía decidirse la suerte de muchos de ellos. En julio empezaron las deportaciones de los muchachos y muchachas de dieciséis años. Fue una suerte que, al parecer, se olvidaran de Mary, la amiga de Cady. Después, no fueron sólo los jóvenes; todos iban siendo llamados. A fines del otoño y principios del invierno, Cady presenció cosas horribles. Por las noches, oía pasar los coches, los llantos de los niños y los fuertes portazos. Sentados debajo de la lámpara, el señor y la señora van Altenhoven y Cady se miraban angustiados. En sus ojos se leía la pregunta: ¿Quiénes faltarán mañana?

Una noche de diciembre, Cady decidió ir un momento a casa de Mary para distraerla un poco. Aquella noche el ruido de la calle era más fuerte que nunca. Cady tuvo que llamar tres veces a la puerta de los Hopken. Cuando Mary se asomó, recelosa, a la mirilla, Cady la tranquilizó. Entró en la habitación donde estaba reunida la familia. Todos vestían trajes de viaje (*Trainingsanzüge*) y estaban sentados, con las mochilas preparadas. Todos estaban muy pálidos, y nadie dijo una palabra cuando Cady entró en la habitación. ¿Cuántas noches llevarían esperando? La mirada de todos ellos era espantosa. A cada portazo que se oía en la calle, se estremecían. Con aquellos portazos parecían cerrarse las puertas de la vida.

A las diez, Cady se despidió. Comprendió que no tenía ningún objeto seguir allí. No le era posible ayudar ni animar a aquella gente, que parecía ya de otro mundo. La única que se conservaba serena era Mary. De vez en cuando movía la cabeza y sonreía, mirando a Cady, o se esforzaba por persuadir a sus padres y a sus hermanas para que comieran algo.

Mary la acompañó nuevamente hasta la puerta y, una vez que Cady salió, corrió el cerrojo. Con la linterna en la mano, Cady echó a correr en dirección a su casa. No había dado ni cinco pasos cuando se detuvo, alerta. Por la esquina llegaba el ruido de pisadas, como si se acercara todo un regimiento. En la oscuridad no podía distinguir nada, pero sabía bien qué era lo que se aproximaba y lo que aquel ruido significaba. Se pegó a la pared, apagó la linterna y rezó para que aquellos hombres no la descubrieran. Pero, de pronto, vio ante sí a un tipo de aspecto temible, pistola en mano, que la miraba con ojos penetrantes y cara de pocos amigos.

—*Mitgehen!* (¡Andando!) —fue lo único que dijo, empujándola violentamente.

—*Ich bin ein Christenmädchen von ehrbaren Eltern, Herr* (¡Soy cristiana, señor, y mis padres son gente honesta!) —se aventuró a decir Cady, temblando de pies a cabeza.

A toda costa debía conseguir que aquel individuo examinara su documento de identidad.

—*Was ehrbar, zeig dein Beweis!* (Honestos, ¿eh? ¡Enséñame tu documentación!).

Cady se la enseñó.

—*Warum hast du das nicht gleich gesagt?* (¿Por qué no lo dijiste antes?) —preguntó el hombre—. *So ein Lumpenpack!*

(¡Qué chusma!) —y antes de que Cady pudiera darse cuenta de lo que ocurría, se encontró en el suelo. Furioso por su equivocación, el alemán le había dado un violento empujón. Sin hacer caso del dolor, Cady se levantó rápidamente y echó a correr hacia su casa.

Transcurrió una semana sin que pudiera volver a ver a su amiga Mary. Pero un mediodía, dejando todo lo que tenía que hacer, decidió ir a visitarla otra vez. Antes de llegar a la casa de los Hopken, tuvo el presentimiento de que Mary no estaría ya allí. Efectivamente, la puerta estaba sellada.

Un gran abatimiento se apoderó de Cady. *¡Quién sabe dónde estará Mary a estas horas!*, pensó. Dio media vuelta y volvió a su casa. Al llegar, se encerró en su habitación y, sin quitarse el abrigo, se dejó caer en el sofá. Pensaba en Mary, sólo en ella.

¿Por qué habían de llevarse a Mary? ¿Por qué Mary debía sufrir aquel horrible destino, mientras ella podía seguir disfrutando de la vida? ¿Cuál era la diferencia entre las dos? ¿No eran las dos iguales? ¿Qué ley había quebrantado Mary? Aquello no podía ser más que una tremenda injusticia. De pronto, vio ante sus ojos la pequeña figura de Mary, encerrada en una celda, con la ropa hecha jirones, triste y demacrada. Sus ojos, más grandes que nunca, miraban a Cady con pena y reproche. Cady no pudo soportar aquella visión. Cayó de rodillas y rompió a llorar. Lloró y lloró hasta que un·fuerte temblor sacudió su cuerpo. Una y otra vez, creía ver los ojos de Mary que la miraban suplicantes, como pidiendo ayuda, una ayuda que Cady sabía que era incapaz de dar.

—¡Mary, perdóname, vuelve…!

Cady no sabía qué decir ni qué pensar. Ante aquella miseria que tan claramente veían sus ojos, las palabras no tenían ningún significado. En sus oídos resonaron portazos y llantos de niños, y ante sus ojos desfiló un grupo de hombres armados, brutales como el que la había arrojado al suelo. En medio de ellos, sola y desvalida, Mary... Mary, una niña igual que ella.

(Sin fecha.)

EPÍLOGO

El *Diario* de Anne Frank es uno de los libros más hermosos y desgarradores. Ameno y trágico, a la vez. Un libro escrito con el corazón: con candor y sinceridad, pero también con profunda inteligencia; un libro hermoso y triste, pero más hermoso que triste, porque la nobleza de espíritu de su adolescente autora, su optimismo, su alegría de vivir aun en las peores circunstancias, nos conmueven y nos hacen apreciar lo que somos y lo que tenemos y, por encima de todo, la libertad.

La belleza de este libro es también la belleza del alma de su autora, y si algunas de sus páginas están heridas de aflicción, esta aflicción jamás consigue apagar el gozo de vivir, el entusiasmo de estar vivo para hacer planes cuando termine el encierro obligado y cuando la existencia, que ha sido injusta, nos gratifique y nos sonría.

Digamos, pues, que el *Diario* de Anne Frank es el libro más triste y alegre que haya escrito jamás una adolescente casi niña: el libro de alguien que, por encima de cualquier cosa, quería vivir y ser feliz.

Es la obra de una adolescente a la que le fascinaba poner por escrito lo que vivía: lo bueno y lo malo, lo feliz y lo desdichado; un libro escrito con el deseo de compartir la experiencia íntima con alguien más —obviamente, con un lector, con una lectora—, como quien conversa con un amigo, con una amiga.

De hecho, la autora inventó a una amiga imaginaria, *Kitty*, con el fin de confiarle sus sentimientos y sus pensamientos más secretos, y *Kitty* es también el nombre del diario, pues sus páginas, que reciben las confidencias de Anne, personifican a esa amiga a la que se le puede confiar todo.

Annelies Marie Frank, mejor conocida como Anne Frank, nació en la ciudad de Fráncfort del Meno, Alemania, el 12 de junio de 1929, y cuando tenía 3 años, en 1933, en medio de un ambiente cada vez más amenazante y violento contra los judíos, alentado por Hitler y el nazismo, que controlaban Alemania, el padre de Anne decide abandonar su nación y llevarse a su familia a Holanda.

En Ámsterdam, capital de los Países Bajos (como se conoce también a Holanda), Anne pasaría su infancia relativamente feliz, hasta que el nazismo se fue extendiendo por toda Europa, pues Hitler se proponía dominar el mundo, y la persecución contra el pueblo judío llegó también a esa nación, que el ejército nazi controló a partir de mayo de 1940. A partir de este momento, más de cien mil judíos que habitaban Holanda fueron capturados y conducidos a los campos de concentración alemanes, y entre ellos sufrieron este destino Anne Frank, su familia y sus amigos.

En su *Diario*, que escribe entre el viernes 12 de junio de 1942 y el martes 1 de agosto de 1944, Anne Frank relata la historia de sus dos últimos años de vida, entre los 13 y los 15 años. Su narración se interrumpe cuando ella, junto con su familia, es hecha prisionera.

Los miembros de la familia (su padre, su madre, su hermana y ella) son separados y confinados en sitios diferentes. Anne es llevada al campo de concentración de Bergen-Belsen, donde morirá, contagiada de tifus, medio año después, entre febrero y marzo de 1945. Esto es, apenas unas semanas antes de que los británicos, en abril de 1945, liberaran a los sobrevivientes de ese lugar de terror donde Anne sufrió los últimos meses de su vida, ya sin la compañía de su querido diario, en cuya primera página, a manera de epígrafe, había escrito lo siguiente el 12 de junio de 1942, en su decimotercer cumpleaños: "Espero poder confiártelo todo como no he podido todavía hacerlo con nadie; espero también que serás para mí un gran sostén".

Encerrada con su hermana y sus padres, y en compañía de otra familia judía, en la sección de un edificio que ella denominó el "Anexo secreto", Anne Frank hizo de su diario la compañía más necesaria en tiempos del terror nazi, cuando Adolf Hitler perseguía y exterminaba a los judíos, y ellos debían huir o encontrar algún escondite. Así lo hicieron Otto y Edith Frank en Ámsterdam, con sus hijas Margot y Anne, y compartiendo el escondite con la familia Van Dann, ligera modificación del apellido real Van Pels: el padre, la madre y su hijo Peter; además de un octavo habitante: el dentista Albert Dussel, seudónimo que puso Anne, en su diario, a Fritz Pfeffer.

Poco más de dos años vivieron escondidos los ocho, hasta que fueron descubiertos por la policía de Hitler y llevados a los campos de concentración donde morirán todos, con excepción del padre de Anne, quien sobrevivió a Auschwitz y quien se encargará de que el diario de su hija se publique, luego de que Miep Gies, amiga de la familia Frank (y quien, junto con su esposo Jan, los ayudara durante todo el tiempo que permanecieron escondidos), encontrara en el "Anexo secreto", después del arresto, el diario de Anne, que conservó sin leerlo, con un respetuoso pudor y una conmovedora fidelidad.

Suele decirse que ningún gran libro se pierde jamás, que todos los grandes libros llegan siempre a su destino que es el lector. Ello es bastante probable (como ocurrió con las obras de Franz Kafka), pero lo cierto es que, sin el hallazgo del diario, y sin el especial afecto de Miep a la familia Frank, este libro indispensable que hoy tenemos en las manos y que se ha vuelto tan famoso no existiría. Existe, en gran medida, gracias a Miep Gies.

El *Diario* de Anne Frank es uno de los libros más célebres en la historia de la literatura universal. Sin embargo, a pesar de que su autora expresa siempre su deseo de ser escritora y periodista cuando hubiese terminado la guerra y, con ella, la persecución contra el pueblo judío, Anne lo escribió para sí misma. En una de sus primeras anotaciones, cuando todavía no era habitante del "Anexo secreto", correspondiente al sábado 20 de junio de 1942, Anne escribe, dirigiéndose a la imaginaria *Kitty*:

A fin de ser más clara, me explicaré más. Nadie querrá creer que una muchachita de trece años se encuentra sola en el mundo. Claro está que esto no es del todo verdad: tengo unos padres a los que quiero mucho y una hermana de dieciséis años; tengo, además, unas treinta compañeras y entre ellas algunas, digamos, amigas; tengo admiradores que me siguen con la mirada, y los que en clase están mal colocados para verme, intentan captar mi rostro por medio de espejitos de bolsillo.

Tengo otra familia, tíos y tías que me tratan con cariño, un hogar grato; en fin, en apariencia no me falta nada, excepto la Amiga. Con mis compañeras me limito a divertirme: no puedo hacer otra cosa. Las conversaciones versan sobre banalidades, y esto incluso con mis amigas, pues no existe la posibilidad de intimar, ésta es la cosa. Quizás esta falta de confianza sea un defecto mío, pero, sea como sea, estoy ante un hecho que lamento no poder ignorar.

Ésta es la razón de ser de este Diario. En él no me limitaré, como hacen muchas, a anotar simplemente los hechos. Mi Diario va a personificar a la Amiga, la Amiga que espero siempre. Y se llamará Kitty.

Kitty no me conoce aún, y por ello debo contarle a grandes rasgos la historia de mi vida.

Lo que viene después de esta anotación es el relato autobiográfico acerca de su familia y sobre la vida en Ámsterdam, antes de encontrar un escondite que los pusiera a salvo de la persecución nazi. Anne relata sus últimos días en libertad, con sus amigas y compañeros de escuela, incluido el festejo de su cumpleaños número 13 (el 12 de junio de 1942), justamente cuando le regalan el diario; los demás días serán sobre la vida en el escondite a partir del 10 de julio de 1942. Sobre ese día, Anne escribió lo siguiente: "Cuando llegamos a la casa sobre el Prinsengracht, Miep nos hizo subir al anexo y cerró la puerta en cuanto entramos. Estábamos solos. Margot, que había ido en bicicleta, nos esperaba ya".

Cuando Anne expresa sus dudas sobre el que alguien pudiera entender las historias que le escribía a *Kitty*, queda claro que, a pesar de haber escrito su diario para ella misma, en el fondo tenía la esperanza, y un enorme deseo, de que alguien, pasado el tiempo, pudiera leerlo: alguien, cualquier lector, como se lee el libro de un escritor al que no se conoce sino por lo que escribe.

La casi niña Anne Frank, que soñaba con ser escritora y que era una lectora voraz y, por cierto, nada complaciente con lo que leía, sino muy atenta y crítica, ya desde entonces pensaba en esa posibilidad de ser leída por otros, y es así como toma totalmente en serio ese oficio para el que poseía la vocación más dispuesta. Anne Frank era una escritora innata, y qué tan gran escritora era, a su edad, que el *Diario* que llevó durante dos años se convirtió en una de las más grandes obras de la literatura universal.

Anne Frank vivió menos de 16 años (quince años y ocho meses), y si el periodo que abarca su *Diario* trata de las muchas penalidades que sufren ella y los otros habitantes en su escondite, los últimos meses de Anne, su familia y sus demás compañeros del "Anexo secreto", que únicamente podemos imaginar, fueron más que terribles en los campos de concentración en los que los capataces de Hitler vejaron, torturaron y asesinaron a millones de personas.

Lo que Anne vivió en el "Anexo secreto", donde, entre tantas carencias e incomodidades, tuvo momentos felices, llenos de optimismo e incluso de humor, donde también sintió el feliz aleteo del enamoramiento, fue maravilloso, sin duda, frente a la realidad de sus últimos meses en el campo de concentración de Bergen-Belsen. Encerrada en el refugio clandestino conoció incluso la felicidad, y lo que vino después sólo puede ser definido como atrocidad, como uno de los más grandes horrores, consecuencia de la maldad llevada hasta los últimos extremos por Hitler y sus secuaces.

En el "Anexo secreto", incluso en los momentos más terribles, Anne se toma las cosas con gracia y con humor. El *Diario de Anne Frank* puede ser lo más triste y trágico que se quiera, pero es también un libro lleno de ese humor que revela o delata la alegría de vivir. Anne se da el lujo de ironizar sobre sí misma y sobre su desafortunada situación, y esto es algo que evita en todo momento la sensiblería o, su opuesto, la pedantería. Anne Frank de buena gana se burla un poco de Anne Frank, y lo hace maravillosamente. En la última anotación de su diario, correspondiente al martes 1 de agosto de 1944, la asombrosamente madura y juvenil Anne filosofa sobre su personalidad y nos entrega este autorretrato que es a la vez una autocrítica:

Te lo he dicho ya: mi alma está dividida en dos, por decirlo así. La primera parte alberga mi hilaridad, mi afición a burlarme de todo, mi alegría de vivir y, sobre todo, mi tendencia a tomarlo todo a la ligera. Yo entiendo por esto no ofenderme por un devaneo, por un abrazo o por un cuento inconveniente. Esta primera parte, está constantemente al acecho intentando rechazar a la otra, la más bella, más pura y más profunda. El lado bueno de la pequeña Anne nadie lo conoce. Es por esto que tan poca gente me quiere de veras.

Puedo pasarme una tarde entera haciendo el payaso hasta que la gente llega a desear perderme de vista un mes, por lo menos. En el fondo, es lo mismo que para los sesudos varones representa un filme amoroso: una agradable diversión para pasar un rato y que pronto se olvida. No está mal. Pero cuando se trata de mí, no se dice "no está mal", sino menos que esto. Me molesta decírtelo, pero ¿por qué no he de hacerlo si sé que es verdad? Este lado que toma la vida a la ligera, el lado superficial, adelantará siempre al lado profundo y será, por consiguiente, el que vencerá siempre. No puedes imaginarte cuántas veces he intentado rechazarlo, molerlo a palos, ocultarlo, porque, en realidad, no es más que la mitad del todo que se llama Anne. Esto no sirve de nada, y yo sé por qué.

Tiemblo de miedo al pensar que los que me conocen tal como me muestro puedan descubrir que tengo otro lado, el mejor y más bello. Temo que se burlen de mí, que me tachen de ridícula y sentimental, que no me tomen en serio, pero es mi lado superficial el que en realidad está acostumbrado y poco trabajo le cuesta soportarlo.

Ningún libro ha trascendido por producir aburrimiento en los lectores. Y el *Diario* de Anne Frank es todo, menos aburrido. Es un libro deliciosamente ameno, a pesar de la tragedia que lo recorre todo el tiempo. Anne Frank escribió una obra auténtica para nombrar sus temores, alegrías, emociones e ideas frente a la terrible persecución que sufría el pueblo judío a manos de Hitler y los nazis.

Pero, además, hay otro aspecto por el que sigue siendo un libro muy leído por las nuevas generaciones: a su sinceridad, frescura y sabia inocencia, hay que añadir lo bien escrito que está, y la forma prodigiosa en que su autora utiliza el recurso epistolar de un diario. Cada anotación es una carta, ya sea que tenga información sobre las noticias y los sucesos de la guerra o sobre lo que ocurre en el escondite, y, las más de las veces, las cartas únicamente contienen información y reflexión sobre la propia Anne: sobre sus gustos, sus disgustos, sus contrariedades con los adultos (incluidos sus padres), sus lecturas, sus pequeñas felicidades, sus grandes angustias y su inquebrantable deseo de vivir.

El *Diario* de Anne Frank sigue siendo leído y admirado no sólo porque se trata de un prodigio de escritura temperamental de una autora adolescente más madura, literariamente, que muchos viejos escritores, sino también porque es algo más que un diario. Es tal la habilidad literaria de Anne Frank que lo que nos ha dejado, en realidad, es una novela: una prodigiosa novela llena de tragedia, pero en cuyas páginas no falta la delicia del amor y el bálsamo del optimismo.

Se le conoce y ha pasado a la historia como el *Diario* de Anne Frank, pero ella misma menciona que, cuando termine la guerra y pueda salir del escondite, desea escribir un libro. Sin saberlo, propiamente, ya escribía ese libro, esa novela, en la forma de un diario. Es la novela de la tragedia familiar, pero también la novela de los sueños de una adolescente que despierta a la sensualidad y a la atracción sexual.

Anne la "ligera" y Anne la "profunda" maduran en una sola Anne, maravillosa, deslumbrante, sabia y graciosa, durante los dos años de reclusión en el "Anexo secreto". Esa Anne termina enamorándose de Peter, el hijo de la familia Van Dann (o

Van Pels), en esa clandestinidad que es descrita por la autora con la mayor sinceridad incluso en sus detalles más privados o escabrosos. Anne sabe conmover en sus descripciones, pero también sabe hacer reír, y ella misma ríe, ante situaciones incómodas, como cuando se refiere al uso de un pequeño recipiente de lata donde tenían que orinar todos. Con mucho sentido del humor, Anne reflexiona sobre el hecho de que esta práctica fuese mucho más fácil para Peter y los otros varones que para ella y las demás mujeres, y se entiende por qué.

Vivir encerrados en un lugar, con todas las carencias imaginables, con escasos alimentos, a veces descompuestos, con nada parecido a un alto placer ni mucho menos a un lujo, hace que la sensibilidad y la inteligencia se agudicen, del mismo modo que, en esas condiciones de precariedad y de ausencia de privacidad, puedan extremarse las peores actitudes de los seres humanos. En esas condiciones Anne encuentra en Peter al compañero ideal no sólo para hablar, sino también para permanecer en silencio durante minutos, compartiendo cada quien la felicidad de tener cerca, en contacto, juntos los cuerpos, a alguien a quien se necesita, en ese mundo carente de frivolidad y abierto por completo a los deseos y a los sueños: especialmente al deseo y al sueño de la libertad, pero también al deseo y al sueño del amor, que es una libertad que se cede al otro, atándose a él por voluntad propia, tal como lo dijera, inmejorablemente, el poeta español Luis Cernuda en un célebre poema:

Libertad no conozco sino la libertad de estar preso en alguien
cuyo nombre no puedo oír sin escalofrío;
alguien por quien me olvido de esta existencia mezquina,
por quien el día y la noche son para mí lo que quiera,
y mi cuerpo y espíritu flotan en su cuerpo y espíritu.

Literalmente, todo eso es así para Anne respecto a Peter. Y lo que más asombra es que esta adolescente enamorada jamás se abisme en la sensiblería. El amor es cursi, inexorablemente, pero la forma de hablar sobre el amor jamás es cursi en Anne Frank: es delicada, es gozosa, es plena de ensoñación, pero la reclusión y las carencias hacen que escriba como una paradójica adolescente madura.

Podemos afirmar que, entre todos los recluidos en el "Anexo secreto", incluidos los más viejos, la persona más madura de todas es Anne, sin que esto quiera decir que pierda su inocencia adolescente que le da al personaje un aura de mayor belleza. Y cuando vemos las fotografías que se han conservado de esa Anne, lo que nos atrae siempre es su hermosa sonrisa y su inteligente mirada: la Anne "ligera" y la Anne "profunda" en una sola Anne, fielmente reflejada en su *Diario*.

Es importante decir que cuando se publicó por primera vez el *Diario* de Anne Frank se dudó incluso de que la adolescente Annelies Marie Frank fuese realmente la autora de este libro tan bello, escrito a la vez con tanto candor y con tanta madurez. Pero nadie más que ella podía ser la autora, y su prodigio de madurez combinada con inocencia le viene no sólo del don literario, del talento indudable, sino también del aprendizaje emocional e intelectual: de su afán de cultura y, especialmente, de la frecuente lectura y el amor a los libros. Las páginas de este conmovedor testimonio rebosan de amor por la cultura escrita. Cada vez que Miep Gies lleva libros al refugio, Anne experimenta un goce especial, tal le llevaran un alimento exquisito.

La bella Anne Frank soñó con ser una escritora, pero ya lo era cuando escribía su *Diario*. Imaginó salir con vida de su escondite, ya derrotado Hitler y ya concluida la guerra, para dedicarse a la literatura y convertirse en una autora famosa. No imaginó que justamente con su *Diario* alcanzaría la fama mundial: una fama que, infortunadamente, ya no vio ni, por supuesto, gozó.

En su libro *1945: cómo el mundo descubrió el horror* (2015), Annette Wieviorka, una de las máximas especialistas en el tema de la persecución nazi contra el pueblo judío, señala lo siguiente sobre el *Diario*: "A veces se olvida que el libro no sedujo de entrada al público, y que las traducciones no fueron inmediatas". Hubo alguien decisivo en la historia del éxito de este libro, y no fue, por cierto, Otto Frank, sino Meyer Levin (1905-1981), el escritor y periodista estadunidense (uno de los primeros corresponsales de guerra que describieron el horror de los campos de concentración conforme los iban descubriendo y liberando los ejércitos aliados contra Hitler) que se obsesionó con la historia y la vida de Anne Frank y para quien, a decir de Wieviorka, "era imperativo honrar el que había sido su deseo: vivir después de muerta, permitiéndole expresar, según sus propias palabras, todo lo que llevaba dentro. Por un lado, la maduración psicológica de una joven; por otro, la tragedia de una de los seis millones de almas judías sepultadas. Los dos aspectos estaban íntimamente ligados y formaban un todo".

Si Anne Frank vivió sus últimos años entregada a la escritura de su *Diario*, Meyer Levin vivió los últimos suyos obsesionado por la figura de Anne Frank, e incluso llegó a discrepar y a tener serias diferencias con Otto Frank cuando supo que éste había censurado, para el público lector, algunas partes del manuscrito. Fue él quien escribió, en el *New York Times Books Review*, el primer gran artículo sobre la traducción en inglés del *Diario*, que apareció en la primera página del suplemento literario estadunidense el 15 de junio de 1952. Y fue así, dice Wieviorka, como Levin aseguró el destino de la obra.

Anne Frank "quizá era uno de los cuerpos de las fosas comunes de Bergen-Belsen", decía Levin, y había que volverla a la vida por medio de su escritura. A tal grado obsesionó a Levin este propósito que hubo quienes llegaron a afirmar que el *Diario* lo había escrito él y no Anne. Todo esto quedó desmentido cuando se hicieron públicas las imágenes de las libretas y las hojas sueltas del diario original de Anne en poder de su padre Otto Frank, a quien, cariñosamente, su hija llamaba Pim. Hoy ese diario y algunas hojas sueltas pueden mirarse, y admirarse, en la Casa Museo de Anne Frank, en Ámsterdam.

El *Diario* de Anne Frank —escribe Annette Wieviorka— es uno de los libros más traducidos (a más de 70 lenguas) y más vendidos del mundo (al menos 30 millones de ejemplares acumulados). Son incontables los museos, películas, libros, cómics… que se le han dedicado, y las novelas donde aparece la figura de la adolescente, como *La visita al maestro*, de Philip Roth. Cada año, más de un millón de personas de todos los países visitan la famosa casa del Prinsengracht de Ámsterdam, en la que vivió la familia Frank, convertida en museo en 1960.

En *La visita al maestro* (1979), Philip Roth (1933-2018) inventa un personaje, Amy Bellette, imaginando cómo pudo haber sido la vida de Annelies Marie Frank de haber sobrevivido al terror nazi. Todos los lectores del *Diario* de Anne Frank, todos los que la amamos después de leerla, hemos deseado más de una vez que hubiese sobrevivido. Físicamente no fue así, pero su escritura la mantiene viva y hermosa, "ligera" y "profunda", con sonriente optimismo, esperanzada, aguda como una frágil espina, graciosa y ocurrente incluso en la adversidad, y, sobre todo, joven para siempre.

En 2020, en pleno confinamiento global por la pandemia de COVID-19, Ronald Leopold, director ejecutivo de la Casa Museo de Anne Frank, en Ámsterdam, afirmó que el *Diario* es un espejo de la humanidad, pues "nos ofrece la oportunidad de sacar lecciones del pasado para los momentos más difíciles", como estos tiempos plenos de temor e incertidumbre.

En 2022 se cumplirán 80 años desde que, en su cumpleaños número 13 (el 12 de junio de 1942), Anne Frank comenzó la escritura de su *Diario* con el epígrafe hoy famoso en el que prometía confiar todo en esas páginas, como aún no lo había podido hacer con nadie, y deseando también que ese diario fuera un gran soporte para su vida.

Una de las primeras traducciones del *Diario* de Anne Frank fue la francesa, en 1950, y apareció con el título *L'Annexe*, justamente el título del libro que Annelies Marie Frank soñó escribir un día, cuando la guerra hubiese terminado, cuando Hitler ya hubiera sido derrotado y cuando el pueblo judío viviera ya sin ser perseguido. *El Anexo secreto*, mejor conocido como el *Diario* de Anne Frank, mantiene viva a esta autora: la más grande escritora adolescente que jamás haya existido.

JUAN DOMINGO ARGÜELLES

Anne Frank

Annelies Marie Frank, más conocida como Anne Frank, nació el 12 de junio de 1929 en Fráncfort del Meno, Alemania.

A principios de la formación del régimen nazi de Adolf Hitler, la familia Frank emigró a Ámsterdam. Con la ayuda de algunos amigos, entre ellos Miep Gies, los miembros de la familia Frank y otros cuatro judíos vivieron confinados dos años en el espacio conocido como "anexo secreto". Durante este tiempo, Anne escribió puntualmente en su diario, relatando la vida cotidiana en la clandestinidad, desde las incomodidades más ordinarias hasta su miedo a la captura. En él también habla de temas típicos de la adolescencia, así como de sus esperanzas para el futuro de convertirse en periodista o escritora. La última entrada de Anne en el diario fue escrita el 1 de agosto de 1944. Falleció en 1945 en el campo de concentración de Bergen-Belsen.

Otto Frank fue el único superviviente de la familia. Miep Gies encontró y conservó el diario de Anne entre los documentos que dejó la Gestapo y lo entregó más tarde al propio Otto. El *Diario* es el documento más leído del Holocausto y ha sido traducido a más de setenta idiomas.

ÍNDICE

OTROS TÍTULOS
DE LA COLECCIÓN

CLÁSICOS

Rebelión
en la granja
George
Orwell

GRANTRAVESÍA

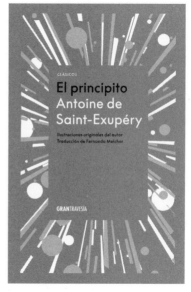

CLÁSICOS

El principito
Antoine de
Saint-Exupéry

Ilustraciones originales del autor
Traducción de Fernanda Melchor

GRANTRAVESÍA

Laura Meseguer (Barcelona, 1968) es una reconocida diseñadora de tipografías "nómada", formada entre La Haya y Barcelona. Su trabajo, alegre y riguroso, de gran vínculo con la escuela holandesa, se sitúa entre la tradición, el método y la expresividad más contemporánea. Ilustró la portada de esta edición del *Diario* de Anne Frank.

Carles Murillo (Barcelona, 1980), diseñador gráfico independiente especializado en diseño editorial y dirección de arte, desarrolló el concepto gráfico y el diseño de la colección Clásicos de Gran Travesía.

Para esta edición se han usado las familias tipográficas **Century Expanded** (Linotype, Morris Fuller Benton y Linn Boyd Benton) y **Supreme LL** (Lineto, Arve Båtevik).

Esta obra se imprimió y encuadernó en el mes de enero de 2023, en los talleres de Egedsa, que se localizan en la calle Roís de Corella, 12-16, nave 1, C.P. 08205, Sabadell (España).